Susanne Strobach | Claudia Pinkl
Scheidungskindern helfen

Edition Sozial

Susanne Strobach | Claudia Pinkl

# Scheidungskindern helfen

## 135 Übungen, um Kinder achtsam durch die Trennung zu begleiten

4., überarbeitete Auflage

BELTZ JUVENTA

Die Autorinnen

**Susanne Strobach**, MSc ist seit 2004 Scheidungsmediatorin in Wien (eingetragen auf der Liste des BM f. Justiz) und hat viele Jahre Gruppen mit Scheidungskindern begleitet. 2017 hat sie die Achtsamkeits-Akademie in Wien gegründet und den ersten Hochschullehrgang mit Abschluss Master of Science (MSc) zum Thema „Achtsamkeit in Bildung, Beratung & Gesundheitswesen" im deutschsprachigen Raum initiiert und mitentwickelt.
In ihren Mediationen verbindet sie neurowissenschaftliche Erkenntnisse mit Haltungen und Qualitäten der Achtsamkeit. Besonders gesegnet fühlt sie sich, wenn mit ihrer Begleitung Paare doch zusammenbleiben oder zu einer Beziehungsqualität finden, die sie davor nicht für möglich gehalten hätten. www.susannestrobach.at & www.achtsamkeits-akademie.at

**Claudia Pinkl**, MSc leitet seit 2015 ihr Institut für Bewusstseinsbildung in Niederösterreich, in dem kinesiologisches Lerncoaching und Persönlichkeitsbildung mit Hauptaugenmerk auf der von ihr entwickelten Methode Achtsamkeitsglas©. Sie hat selbst einen Master of Science in Achtsamkeit, lehrt an einer Pädagogischen Hochschule, hält Seminare und leitet Ausbildungen zum Thema Achtsamkeit, Kinesiologie und Biographiearbeit. www.claudiapinkl.com



FSC www.fsc.org MIX Papier | Fördert gute Waldnutzung FSC® C089473

Dieses Buch ist erhältlich als:
ISBN 978-3-7799-3172-0 Print
ISBN 978-3-7799-5843-7 E-Book (PDF)

4., überarbeitete Auflage 2021


in der Verlagsgruppe Beltz · Weinheim Basel
Werderstraße 10, 69469 Weinheim


Illustrationen: Matthieu Hess, Wien
Herstellung und Satz: Ulrike Poppel
Druck und Bindung: Beltz Grafische Betriebe, Bad Langensalza
Printed in Germany

Weitere Informationen zu unseren Autor_innen und Titeln finden Sie unter: www.beltz.de

# Vorwort

Liebe Leserinnen und Leser!

Bestimmt kennen Sie die Geschichte von dem 95-jährigen Ehepaar, das zu Gericht kommt, um sich scheiden zu lassen. „Aber, liebe Leute, in Ihrem Alter! Die paar Jahre werden sie doch auch noch miteinander auskommen können!“, wirft der Richter fast schmunzelnd ein. Doch die beiden meinen nur einstimmig: „Ja, lieber Herr Rat, wir wollten halt unseren Kindern durch die Scheidung keinen Schaden zufügen und haben deshalb gewartet, bis alle Kinder gestorben sind!“

Die Meinungen der Psychologinnen und Psychologen über Dauerfolgen bei Scheidungskindern gehen auseinander. So schmerzhaft eine Trennung für Kinder sein kann, so schmerzhaft kann auch die tägliche konfliktreiche Auseinandersetzung der Eltern sein. Die Entscheidung für oder gegen eine Trennung können nur die betroffenen Eltern für sich alleine auf der Paarebene fällen.

Basierend auf meinen langjährigen Erfahrungen in der Arbeit mit geschiedenen Elternteilen, wie auch mit Kindern aus Eineltern-, Stief- und Patchworkfamilien, habe ich im Laufe der Jahre eine Fülle an hilfreichen Übungen und Materialien gesammelt. Zusammengestellt in dem vorliegenden Buch, hoffe ich damit, Eltern wie auch Pädagogen*innen aus den Bereichen Schule, Kindergarten und Freizeit eine Entlastung anbieten zu können und Möglichkeiten und Wege aufzuzeigen, mit denen das Thema Scheidung/Trennung ein wenig aufgearbeitet werden kann; der Großteil liegt natürlich daran, wie die Eltern auch nach einer Trennung miteinander umgehen und wie gut beide Elternteile ihren Kindern erhalten bleiben.

Alle Übungen sind in sich abgeschlossen; der Zeitaufwand ist nie genau im Voraus abzusehen, da er davon abhängt, mit wie vielen Kindern Sie arbeiten, wie sehr diese auf ein Thema einsteigen und wie viel Raum für Gespräche Sie ihnen lassen. Mehr als eine Stunde werden Sie allerdings nicht benötigen, weshalb sich manche Übungen für Unterrichtsstunden genauso eignen wie für eine Freizeitgruppe in der Pfarre, im Hort, bei den Pfadfindern, in der Kita oder wo auch immer. Auch wenn nie alle Kinder persönlich betroffen sein werden, lernen sie so, Verständnis für manche schwer nachvollziehbaren Verhaltensweisen ihrer Kameradinnen und Kameraden aus Scheidungsfamilien zu entwickeln, und bekommen Anregungen, wie sie ihnen helfen können!

Das Buch soll:

1. Hintergrundwissen vermitteln, was in Scheidungskindern vorgehen kann,
2. aufzeigen, was Scheidungskinder brauchen,
3. eine Fülle an praktischen Übungen anbieten, wie verschiedenen typischen Verhaltensweisen begegnet werden kann.

In diesem Sinne hoffe ich, dass möglichst viele direkt (Eltern) und indirekt (Erzieher*innen, Lehrer*innen, Freizeitpädagogen*innen) Betroffene die Angebote dieses Buches nutzen!

Susanne Strobach — Wien, im September 2010

*Wir alle wollen geliebt werden*
*Wir alle wollen geliebt werden.*
*Werden wir nicht geliebt,*
*wollen wir bewundert werden.*
*Werden wir nicht bewundert,*
*wollen wir gefürchtet werden.*
*Werden wir nicht gefürchtet,*
*wollen wir gehasst und missachtet werden.*
*Wir wollen ein Gefühl in unseren Mitmenschen auslösen,*
*ganz gleich, um welches es sich dabei auch handeln mag.*
*Die Seele zittert vor der Leere*
*und sucht den Kontakt um jeden Preis.*

*(Hjalmar Söderberg (1869–1941), einer der berühmtesten und meistgelesenen schwedischen Schriftsteller des beginnenden 20. Jahrhunderts)*

# Vorwort zur 4. Auflage

Liebe Leserinnen und Leser,

Neunzehn Jahre sind seit dem Erscheinen dieses Buches vergangen und – ich gestehe, zu meiner Überraschung und großen Freude: Es hat sich als Standardwerk etabliert, das nun bereits in der 4. Auflage vor Ihnen liegt. Dafür einfach nur *Danke*!
In den vergangenen fast zwei Jahrzehnten hat ein Bereich im europäischen Raum Einzug gehalten, der aus meinem Leben und damit dem meiner Klientinnen und Klienten nicht mehr wegzudenken ist: *Achtsamkeit.*
Gerade im Kontext von Trennung und Scheidung leisten Haltungen wie Präsenz, Mitgefühl, Vertrauen, Nicht-Erzwingen, Nicht-Urteilen, Loslassen, Geduld, Anfängergeist und ja, auch Dankbarkeit und Großzügigkeit, einen unverzichtbaren Beitrag.
Umso mehr freut es mich, dass ich für diese Neuauflage Claudia Pinkl als Co-Autorin und Jörg Mangold, um das Thema Vater- bzw. Eltern-Sein mit dem sanften Licht der Achtsamkeit zu beleuchten, gewinnen konnte.
Möge dieses Buch alle Eltern erreichen, die ihren Kindern die Trennung/Scheidung so unbeschwert wie möglich gestalten wollen.
Mögen die Impulse aus diesem Buch Oma, Opa, Tante, Onkel, Paten und andere engagierte Familienmitglieder inspirieren, neutrale und für alle Betroffenen verständnis- und liebevolle Begleiter*innen zu sein.
Mögen Pädagoginnen und Pädagogen Anregungen für die Arbeit mit Kindern finden, um Kindern, die gerade leiden, hilfreiche Wegbegleitung zu sein, und bei den anderen Mitgefühl und Verständnis zu wecken.
Mögen alle Familien heilsame Wege durch Trennung und Scheidung finden.

Susanne Strobach                                        Wien, im Februar 2021

„ *Sorgen versenken*

## *Es einfach loslassen*

*Sorgen können unser Leben zur Hölle machen. Nehmen uns gefangen. Machen uns handlungsunfähig. Manche Situationen oder unangenehme Momente können wir einfach nicht beeinflussen. Nicht verändern. Nicht einmal mit viel Anstrengung. Nehmen wir sie einfach an – diese Situationen. Weil sie eben da sind. Und werden wir uns bewusst, dass auch diese vorübergehen. Schmeißen wir sie wie einen Stein in einen See und schauen wir ihnen beim Untergehen zu, während wir uns bewusst am Seeufer wahrnehmen.*

## *Erkennen, Annehmen und Loslassen.*

*Claudia Pinkl*

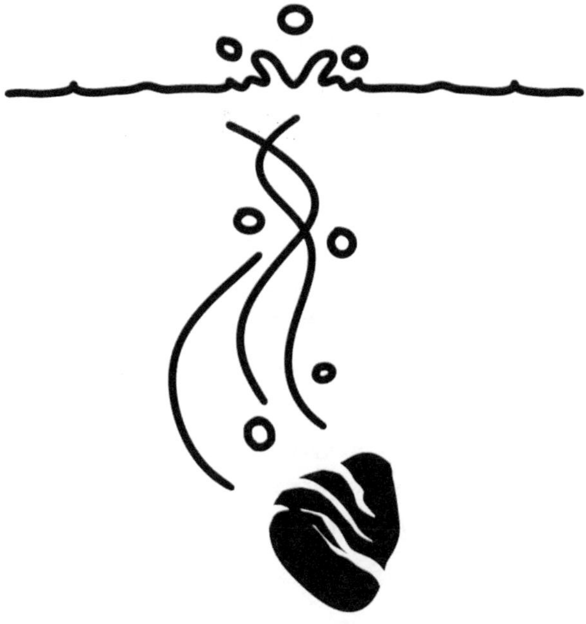

# Inhalt

# Teil I
# Eltern informieren

Im folgenden Abschnitt finden Sie Hintergrundwissen, das für Erwachsene aufbereitet wurde, um zu verstehen, was Trennungen oder Scheidungen in Kindern auslösen, wie sich Scheidungskinder fühlen und welche Stolpersteine in Bezug auf Trennung und Scheidung bei Kindern auftreten können. Dieses Wissen kann dabei helfen, sich und Ihren Kindern manche Krisen zu ersparen.

*Für dich zusammengefasst,*
*damit du verstehst,*
*wie es mir mit der Scheidung*
*ergehen kann.*

*Danke, dass du dich damit*
*auseinandersetzt!*

# 1. Wie erleben Kinder eine Trennung ihrer Eltern?

Während bei einem Todesfall die Familie gemeinsam trauert, die Umgebung Unterstützung anbietet, Verständnis für etwaige Probleme von Kindern äußert und es je nach Kultur verschiedene Rituale zum Umgang mit Tod gibt, fühlen sich bei einer Trennung oft alle Beteiligten alleingelassen.

Eine Scheidung ist kein punktuelles Ereignis, sondern das Ergebnis oft jahrelanger Konflikte und sie ist auch nicht abgeschlossen mit dem juristischen Akt. Der psychologische Scheidungszeitpunkt ist für jeden der Betroffenen ein anderer. Für einen Partner ist die familiäre Situation aus verschiedenen Gründen untragbar geworden und er beginnt sich innerlich aus der Beziehung zu verabschieden, er überlegt für sich, wie sein Leben in Zukunft gestaltet werden kann. Er leidet als erster unter dem Verlust von Liebe und Gemeinsamkeit. Wenn er die Scheidung anspricht, hat er schon einen Teil der Trauer bewältigt beziehungsweise verdrängt, damit sie ihn nicht bei den folgenden Auseinandersetzungen behindert. Mit der Mitteilung an den anderen, sich trennen zu wollen, wird dieser erstmals mit der in Änderung befindlichen Situation konfrontiert – trotz eigener langjähriger Unzufriedenheit trifft eine Scheidung viele oft unvorbereitet. Für die Kinder ist je nach Alter die Mitteilung der Eltern, sich trennen zu wollen, oder der tatsächliche Auszug eines Elternteils als psychologischer Scheidungszeitpunkt anzusehen.

Im Gegensatz zur Trauer nach einem Todesfall fällt sehr häufig auch der familiäre Rückhalt weg. Nicht selten kommt es vor, dass sich Eltern und Schwiegereltern einmischen und langjährige Freunde Partei für einen der beiden Partner ergreifen oder sich von beiden zurückziehen. Somit verlieren Kinder nicht nur einen Elternteil, sondern einen Großteil ihres sozialen Umfeldes, abgesehen von räumlichen Veränderungen durch Übersiedlung, Schulwechsel oder Eintritt in den Kindergarten oder die nachmittägliche Schulbetreuung bedingt durch die plötzliche Berufstätigkeit der Mutter.

Genauso wie der Trennungszeitpunkt von den einzelnen Familienmitgliedern zu unterschiedlichen Zeiten wahrgenommen wird, sind auch die Gründe, die zur Trennung führten, für jeden andere. Je jünger Kinder sind, umso weniger können sie die Scheidung getrennt von ihrer Person sehen. Für ein kleines Kind gibt es zwar eine Beziehung zwischen Papa und Mama, aber in erster Linie eine Beziehung zwischen Kind und Mama und zwischen Kind und Papa. Wenn nun ein Elternteil weggeht, fühlt sich das Kind persönlich verlassen. Es findet sich nicht liebenswert, nicht brav, nicht fleißig genug, um den Elternteil zum Bleiben bewegen zu können. Dementsprechend leiden alle Scheidungskinder an einem enormen Verlust ihres Selbstwertgefühls. Auch machen Kinder zum ersten Mal die Erfahrung, dass Liebe etwas ist, das aufhören kann! Unweigerlich stellen sie sich innerlich die Frage: Wann hört die Liebe zu mir auf?

Ein Scheidungskind neigt oft dazu, sich beim Besuch bei einem Elternteil besonders angepasst zu verhalten, um ja nicht zu riskieren, dass dieser es vielleicht gar nicht mehr sehen will. Auch der kleinste Konflikt zu Hause kann bei einem Scheidungskind ungeheure existenzbedrohliche Ängste auslösen, es darf ja nicht riskieren, auch weggehen zu müssen.

Ein Kind ist auf den Elternteil angewiesen, bei dem es lebt. Es unterliegt dem Zwang, alles zu unterlassen, was die Beziehung trüben könnte. Kinder tun das, was sie glauben, das von ihnen erwartet wird! Bewusst und unbewusst versuchen sie Konflikte zu vermeiden und verdrängen damit oft Aggressionen, die dann in anderen Bereichen ausgelebt werden, wo sie auf wenig Verständnis stoßen (zum Beispiel aggressives Verhalten gegen andere Kinder, ungezügelte Wutausbrüche aus geringfügigen Anlässen).

Bei einer Scheidung wird von allen Betroffenen etwas anderes betrauert; im Vordergrund steht meistens die Schuldfrage. Gerade Kinder haben ihre eigene Fantasievorstellung von der Paarbeziehung ihrer Eltern. Sie unterschätzen Konflikte, suchen Erklärungen und überbewerten ihre eigene Verantwortung. Der Wunsch nach der Ursprungsfamilie bleibt bei Scheidungskindern sehr lange aufrecht. (Als mein Ex-Mann einige Zeit nach unserer Scheidung wieder heiratete, war ich überzeugt, dass die ständigen Überredungsversuche meines damals siebenjährigen Sohnes, der Papa solle wieder zurückkommen, endlich aufhören würden. Er belehrte mich eines Besseren. Auf meinen Hinweis auf die neue Ehe seines Vaters meinte er nur: „Von der kann der Papa sich ja wieder scheiden lassen, so wie von dir, und dann kann er zu uns zurückkommen!")

Kinder versuchen oft, sich versöhnend in die Konflikte der Eltern einzumischen, manchmal sogar durch Krankheitssymptome, um die Eltern aus Sorge um Ihr Wohl wieder zusammenzuführen. Wenn das alles nichts nützt, führen Kinder die Trennung auf ein Scheitern ihrer Bemühungen zurück. Ihre Hilflosigkeit und Ohnmacht, etwas dagegen unternehmen zu können, führt zu Wut, die sich auf einen der beiden oder beide Elternteile richten kann. Schuldzuweisungen, die abwechselnd gegen einen der beiden Elternteile gerichtet sind, dienen nur der eigenen Entlastung und haben nichts mit einer objektiven Sicht der Dinge zu tun! Mit Schuld, die ich einem anderen zuweise, entlaste ich mich selbst! Schuldfantasien der Kinder bestärken sich oft auch durch die Erinnerung an Auseinandersetzungen der Eltern, die sich um Erziehungsfragen gedreht haben.

Ein Kind erlebt sich als Teil der Mutter und Teil des Vaters und ist das genetisch zu je 50% auch. Alles, was nun an einem der beiden Elternteile kritisiert wird, wird indirekt am Kind kritisiert! Der Familientherapeut Bert Hellinger meint sogar, dass derjenige das Sorgerecht für das gemeinsame Kind bekommen soll, der „den anderen im Kind am meisten achtet".

Ein Kind ist Zeit seines Lebens Repräsentant dieser Beziehung. Auch wenn es nie Kontakt zu einem Elternteil hat, sieht es ihm ähnlich und hat Eigenschaften oder Gewohnheiten von ihm! Wenn ich die Mutter/den Vater meines Kindes nicht akzeptiere, akzeptiere ich das gemeinsame Kind auch nicht. Ich werde immer – unbewusst – versuchen, das, was das Kind vom Ex-Partner/von der Ex-Partnerin hat, zu bekämpfen oder ändern zu wollen.

*„Kinder brauchen dann die meiste Liebe, wenn sie sie am wenigsten verdienen!"*

In einer aufrechten und guten Beziehung erfüllt jeder Partner eine so genannte Triangulierungsfunktion in Bezug auf den anderen und das Kind. Ein Beispiel dazu aus meiner Familie: Mein Sohn und ich hatten Krach wegen schlechter Schulnoten. Bevor es zum völligen Eklat kam, kam mein Freund nach Hause und besänftigte mich mit Zuhören und einer Umarmung und unternahm dann mit meinem Sohn den Versuch, einen Schaumkuss in der Mikrowelle zum Zerplatzen zu bringen. So konnte jeder von uns sein Gesicht wahren, das gemeinsame Lachen befreite von den auf beiden Seiten aufgestauten aggressiven Gefühlen und einige Zeit später konnten wir das Thema in Ruhe noch einmal aufgreifen. Solche Szenen fallen weg, wenn auf einmal nur mehr die Mutter/der Vater mit dem Kind alleine ist.

Gerade die Zeit nach einer Trennung stellt für Alleinerziehende die höchste Belastung dar: Zum Chaos in den Gefühlen kommt nicht selten das Chaos in der Wohnung, entweder durch den eigenen Auszug oder die fehlenden Sachen des Partners/der Partnerin. Manche Frauen müssen wieder in den Beruf einsteigen oder die Arbeitszeit aufstocken, manche Männer Überstunden machen, um Unterhaltszahlungen und neue Lebensumstände finanzieren zu können.

Jeder Handgriff muss alleine gemacht werden, für jedes Mal Weggehen, sei es zum Elternabend oder zum Arzt, muss Kinderbetreuung organisiert und bezahlt werden. Das Gefühl, mit der Situation nicht fertig zu werden, die Frage nach dem Warum und existenzielle Sorgen belasten die meisten Alleinerziehenden in der ersten Zeit nach der Trennung sehr. Dass da die Geduld mit den – oft gerade dann auch noch herausfordernden – Kindern fehlt, wundert niemanden. Aber was tun, um eine Entlastung der Situation herbeizuführen?

Sehr hilfreich hat sich das Vorhandensein eines neutralen Dritten erwiesen: ein Familienmitglied (Schwester, Bruder, Patentante oder -onkel), eine Kindergärtnerin, eine Lehrerin, eine psychologisch geschulte Fachkraft oder einfach eine beste Freundin oder ein bester Freund. Am besten gleich mehrere davon: für die Mutter, für den Vater, für das Kind!

Erst vor ein paar Tagen betreute ich mehrere Fünf- und Sechsjährige für zwei Stunden, während ihre Eltern bei einem Elternabend waren. Ich las ihnen eine Geschichte vor und hatte Mal- und Bastelmaterial mitgebracht. Wir sprachen darüber, warum manche Ölkreiden abgebrochen waren und was die Kinder gerne essen. Es dauerte keine halbe Stunde, da fing ein Kind zu berichten an, dass es zwei Papas habe, einen, den es selten sehe, und einen neuen. Sogleich erzählten auch die anderen, ob und wie oft sie ihre getrennt lebenden Väter sehen und wie es ihnen damit gehe. Ich hatte kein Wort von Scheidung gesagt, und auch die Geschichte handelte von etwas ganz anderem! Ich bot nur den geschützten Rahmen an und überließ es der Freiwilligkeit der Kinder, ob und was sie erzählen wollten! Können Sie sich vorstellen, wie groß der Druck in den Kindern sein muss, einer völlig fremden Person, die sie auch nie wiedersehen werden, so wichtige Details aus ihrem Leben anzuvertrauen?!

Ein Kind muss Gelegenheit bekommen, Fragen stellen zu können und ehrliche Antworten zu bekommen; es muss erfahren, dass Aggressionen normal sind und zur Trauer dazugehören; es muss seine Ängste artikulieren dürfen und Trost zugesprochen bekommen; es darf nicht in Loyalitätskonflikte gebracht werden. Es braucht viel Zeit, um wieder Vertrauen in seine Eltern fassen zu können und Sicherheit zu gewinnen, dass es auch der Elternteil, mit dem es nicht mehr zusammenlebt, immer noch liebt!

# 2. Altersspezifische Reaktionen und Hintergründe

Es gibt keine Trennung von Vater und Mutter, die ohne Folgen für die Psyche eines Kindes bleibt. Gleichzeitig verfügen auch Kinder bereits über Krisenbewältigungsstrategien, die allerdings nur zum Tragen kommen, wenn *Halt gebende Rahmenbedingungen* vorhanden sind. Wichtig für das Verarbeiten von Trauer und abhängig davon, wie lange der Trauerprozess dauert, sind:

- Dauer und Krisenintensität der Vorgeschichte,
- Alter des Kindes,
- emotional sichere Bindung an eine Bezugsperson,
- Qualität der Beziehung zum nicht-sorgeberechtigten Elternteil,
- soziales Umfeld (zum Beispiel Einbindung in Großfamilie, Gemeinde, Pfarre o. a.),
- finanzielle Situation nach der Trennung,
- Klima zwischen den getrennten Eltern,
- wie gut Einbindung in neue (Patchwork-)Familie gelingt.

Je jünger Kinder sind, desto mehr halten sie Verbote, Gebote und Verweigerungen der Eltern für Zeichen mangelnder Liebe. Es ist ein normales Phänomen, dass ein verletztes, gekränktes Kind am Höhepunkt seiner Wut die Eltern nicht sehen will, sie weg- oder sogar tot wünscht. Die Ausbrüche sind rasch wieder vorbei, zurück bleibt die Angst, die bösen Wünsche könnten in Erfüllung gehen. Im Normalfall stellt sich die Unbegründetheit dieser Befürchtungen heraus, und das Kind lernt zwischen Fantasie und Realität zu unterscheiden. Im Falle einer Scheidung erlebt das Kind seine Wünsche als erfüllt oder als Bestrafung für seine Wut.

*Wenn sich der Vater in den ersten Jahren des Kindes nicht stark eingebracht hat, haben Kinder bis zum 3. Lebensjahr* eine sehr enge Bindung an die Mutter und erleben eine Trennung „relativ“ unproblematisch. Symptome wie zum Beispiel Unruhezustände und körperliche Beschwerden sind in erster Linie eine Reaktion auf den Zustand der Mutter. (Die Probleme tauchen dann in späteren Jahren auf, wenn das Kind anfängt, nach dem Vater zu fragen, oder dieser den Kontakt intensivieren möchte.) Das gilt bitte nicht für Ehen, wo sich beide Elternteile intensiv um das Kind gekümmert haben!

*Zwischen dem 4. und dem 7. Lebensjahr* durchläuft das Kind wesentliche entwicklungspsychologische Stadien; es wendet seine in der Familie erworbenen Sozialverhaltensmuster auf Gleichaltrige und Gruppen an; Rollen und Einstellungen werden gelernt, die später als Grundschemata von Partnerschaften dienen. Gerade in dieser Phase ist die Auseinandersetzung mit dem gleich- beziehungsweise gegengeschlechtlichen Elternteil sehr wichtig!

Mögliche Reaktionen sind:

- Rückfälle in frühere Entwicklungsstadien (= regressives Verhalten), z. B. Fremdeln, Einnässen,
- verändertes Sprechverhalten (Rückfall in kindliche Ausdrucksformen),
- Aggressivität,
- Depressionsneigung,
- psychosomatische Störungen,
- Phobien (Ängste),
- Überbindung an den verbliebenen Elternteil,
- Schwierigkeiten beim Wechsel vom Kindergarten (vertraute Umgebung) in die Schule (von der Tagesstruktur bis zu anderen Kindern viele zusätzliche Veränderungen!).

*Zwischen 6 und 10 Jahren* ist die Phase der gleichgeschlechtlichen Identifikation; außerhäusliche Kontakte werden gepflegt, zum Beispiel Besuche von Jugend- oder Sportgruppen; die motorischen Bedürfnisse

werden stärker (Bewegungsdrang); es kommt zum Erlernen eines Zeitrhythmus.
Die in dieser Phase auftretende 6-Jahres-Krise kann diese Symptome noch verstärken. Die Schule stellt Leistungsanforderungen an das Kind.
In dieser Zeit beginnt das Kind die Trennungssituation auch rational zu verarbeiten; es wird Erklärungen immer zugänglicher. Gefühle können nach und nach verbal geäußert werden. Die Sorge um das Wohlergehen des ausgezogenen Elternteils ist sehr groß. (Ein wesentlicher Beruhigungsfaktor ist das Kennenlernen der neuen Umgebung des ausgezogenen Elternteils und guter Kontakt zu beiden Elternteilen!) Eine wichtige Rolle spielt die Befindlichkeit des Erziehungsberechtigten. Kinder sind sehr sensibel für „Schwingungen", selbst Aussagen wie „Ruf den Papa/die Mama doch mal an" oder „Es macht mir gar nichts aus, wenn du beim Papa/bei der Mama bist" werden nicht umgesetzt, wenn das Kind an der Glaubwürdigkeit zweifelt. Nicht Inhalt und Häufigkeit solcher Aussagen sind entscheidend, sondern die Frage, ob sie ehrlich gemeint sind!

Mögliche Reaktionen sind:

- vermehrte Angstreaktion,
- steigende Aggressivität,
- absinkende Belastbarkeit,
- Lern- und Konzentrationsschwierigkeiten,
- Leistungsverweigerung,
- Traurigkeit,
- Neigung zu sozialem oder emotionalem Rückzug,
- Überbindungsbedürfnis an verbliebenen Elternteil,
- Gefühl der Orientierungslosigkeit.

*Zwischen dem 10. Lebensjahr und der Pubertät* können Kinder ihre Konflikte erkennen und ausdrücken, allerdings fehlt gegenüber den Eltern die Offenheit, wenn das Klima aggressionsgeladen ist. Die Bewältigungsfristen dieser Altersgruppe sind durch größere Reife kürzer (sofern die Kinder Unterstützung bekommen!). Es besteht aller-

dings die Gefahr der Überforderung, wenn die Kinder sehr selbstständig und verständnisvoll handeln. Oft übernehmen sie bereitwillig Verantwortung (für den Haushalt oder jüngere Geschwister), was die Gefahr birgt, sie als Partnerersatz zu „missbrauchen". Der Kontakt zu Gleichaltrigen kommt dabei ebenfalls zu kurz. Kinder in diesem Alter können ihre Rolle in der Beziehung der Eltern relativ gut einschätzen. Konflikte werden ausgetragen und nicht weggeliebt. In diesem Alter besteht der nachhaltigste Wunsch nach Wiederherstellung der Ursprungsfamilie.
Als hilfreich haben sich in jeder Altersgruppe Geschwisterbeziehungen erwiesen – sie geben einander wechselseitig Rückhalt und die Kinder haben auch in aufrechter Ehe bei Konflikten die Möglichkeit „wegzuhören" (indem sie zum Beispiel miteinander spielen und so „weghören" können).

> *Die Arbeit läuft Dir nicht davon,*
> *wenn du deinem Kind den*
> *Regenbogen zeigst.*
> *Aber der Regenbogen wartet nicht,*
> *bis du mit der Arbeit fertig bist.*
>
> *Chinesische Weisheit*

# 3. Wie unterstütze ich Kinder bei Trennung/Scheidung der Eltern?

- Kinder brauchen sofortige und korrekte Informationen darüber, was passiert ist, was sich für sie verändern wird, wie ihre Zukunft aussehen wird. Kinder spüren jedenfalls, wenn etwas vor sich geht!
- Kinder brauchen die Möglichkeit, Fragen stellen zu können und klare, dem Alter entsprechende Antworten zu erhalten. Fantasien und Ängste sind bedrohlicher als die Realität!
- Kinder müssen die Möglichkeit haben, ihre Gefühle auszudrücken und (innerhalb der Familie) zu trauern – mit allen Emotionen, die dazugehören!
- Zeigen auch Sie Ihrem Kind, dass Sie traurig sind! Nur so erfährt ihr Kind, dass *alle* Emotionen da sein und gelebt werden dürfen.
- Erklären Sie Kindern, dass es verschiedene Arten von Liebe gibt. (Die Liebe zum Partner ist eine andere als die zu den Eltern oder zu Geschwistern!) Kinder fragen sich somit, wann die Liebe zu ihnen aufhört!
- Sprechen Sie immer gut über beide Elternteile! Jeder für sich ist in Ordnung, miteinander ging es eben auseinander.
- Erklären Sie dem Kind, dass es verschiedene Wahrheiten gibt. Jeder der Beteiligten sieht die Situation anders, aber alle haben Recht. Andernfalls muss das Kind annehmen, dass ein Elternteil es belügt.
- Kinder brauchen eine Bezugsperson (inner- oder außerhalb der Familie), die sie tröstet, die sie mit *allen* Emotionen liebt und verlässlich ist.
- Lassen Sie Ihr Kind in manchen Bereichen mitplanen. Entscheidungen, an denen sie mitbeteiligt waren, können sie leichter mittragen.
- Symptome vor oder nach Besuchstagen gehören zum Alltag! Jedes Verlassen eines Elternteils ist eine Wiederholung der Scheidung! Dazu kommt die Angst, was passiert mit Papa/Mama, wenn ich weg bin? Das Kind muss die veränderte Situation erst langsam ins Be-

wusstsein aufnehmen. Kinder brechen oft am Ende eines Besuchstages einen Streit vom Zaun, sodass beide froh sind, sich trennen zu können – der Abschied fällt dem Kind dadurch leichter!

- Wichtig ist, dass alles, was im Kind im Widerspruch steht, an die Oberfläche kommt (durch Malen, Gespräche, Geschichten, Rollenspiele ...) – erst dann ist eine Bearbeitung möglich!
- Kinder denken oftmals, dass sie der „Klebstoff" sind, der Eltern zusammenhält. Eine Trennung sehen Kinder dann als ihr eigenes Unvermögen an und sie beginnen, an sich und ihrem Potenzial zu zweifeln. Kinder müssen daher verstehen, dass sie nicht der Grund für die Trennung ihrer Eltern sind und dass sie nichts „falsch" gemacht haben, wenn sich ihre Eltern trennen.

*Wünsche losschicken*

## *Es loslassen*

*Da gibt es einen Wunsch, eine Idee. Etwas im Inneren, das gelebt werden will. Etwas, das vielleicht noch nicht umgesetzt ist. Etwas, das du gerne hättest.*
*Um es zu bekommen, musst du loslassen. Loslassen von der Vorstellung, wie es zu sein hat. Loslassen von dem Druck, es besitzen zu wollen. Loslassen von der Idee, es dein Eigen nennen zu können... Loslassen ist nicht leicht.*
*Loslassen ist nichts Banales. Loslassen ist eine der höchsten Künste in der Achtsamkeit.*

***Wenn du loslässt, hast du beide Hände frei.***

*Claudia Pinkl*

# 4. Altersgemäßer Zugang

## 4- bis 6-Jährige

**Wie wird Verlust erlebt?**

- Kinder erkennen, dass die Situation bei ihnen anders ist als bei anderen.
- Kinder erkennen, dass jemand fehlt in der Familie.
- Kinder glauben, dass ihr Verhalten die anderen beeinflusst, und entwickeln Schuldgefühle.
- Kinder bilden Fantasien aus über die Rückkehr des Elternteils.
- Kinder haben Angst, auch vom anderen Elternteil verlassen zu werden.
- Kinder haben Sehnsucht nach dem anderen Elternteil.
- Kinder ziehen sich in die Welt von Serien, Fantasiewesen und Videospielen zurück (und erleben dort die heile Welt), verweigern Kontakt mit fremden Erwachsenen.

**Mögliche Reaktionen**

- Rückfall in frühkindliche Entwicklungsstadien.
- Veränderung der gesprochenen Lautstärke.
- Bettnässen.
- Daumenlutschen.
- Nägel beißen.
- Rückfall in kindliches Sprachverhalten.
- Kopf- oder Bauchschmerzen.
- Einschlaf- und Durchschlafprobleme.
- Aggressives Verhalten (gegenüber anderen Kindern oder Elternteilen).
- Anhänglichkeit an den verbliebenen Elternteil.

**Hilfestellungen**

- Tägliche Routine beibehalten (gibt Sicherheit!).
- Darauf hinweisen, was vieles gleich geblieben ist, auch wenn ein Elternteil nicht mehr im selben Haushalt lebt. (Es ist nicht *alles* anders.)
- Zeit nehmen und dem Kind Aufmerksamkeit schenken – einfach miteinander spielen.
- Kuscheln, knuddeln, körperliche Streicheleinheiten geben, am Sofa zusammen lesen, gemeinsam ein Buch anschauen.
- Immer wieder – in kindgerechten Worten! – erklären, was passiert ist. (Wenn Kinder immer wieder dasselbe fragen, heißt das nicht, dass Sie etwas schlecht erklärt haben, sondern das Kind hinterfragt sich selbst, ob es die Dinge richtig verstanden hat und in sein Leben integrieren kann!)
- Dem Kind immer wieder versichern, dass es geliebt wird und nicht schuld an der Trennung ist.
- Wertschätzend, und wenn das emotional noch nicht möglich ist, zumindest neutral über den anderen Elternteil sprechen.
- Das Kind motivieren, Gefühle zu äußern und auszudrücken.
- Möglichkeiten aufzeigen, wie Aggressionen abgebaut werden können.

## 7- bis 11-Jährige

**Wie wird Verlust erlebt?**

- Traurige Grundstimmung.
- Verstärktes Weinen oder In-sich-Zurückziehen.
- Existenz- und Zukunftsängste (Geld, Wohnung, Nahrungsmittel).
- Versuch, die Situation geheim zu halten (ist ihnen peinlich).
- Loyalitätskonflikte.
- Versöhnungsfantasien.

**Mögliche Reaktionen**

- Abfall der schulischen Leistungen.
- Konflikte mit Freunden und Freundinnen.
- Aggressivität.
- Wechselnde Schuldzuweisungen an die Eltern.
- Identitätsprobleme.
- Kopf- oder Bauchschmerzen.
- Änderung der Körperhaltung und Lautstärke.
- Konzentrationsstörungen, weil sie nachdenken und in Gedanken versunken sind.
- Wunsch nach Ersatzbefriedigungen (Geschenke, Geld ...).
- Aufmüpfig sein und in den Vordergrund drängen.
- Ringen um Aufmerksamkeit des abwesenden Elternteils.

**Hilfestellungen**

- Tägliche Routine beibehalten (gibt Sicherheit!).
- Darauf hinweisen, was vieles gleich geblieben ist, auch wenn ein Elternteil nicht mehr im selben Haushalt lebt. (Es ist nicht *alles* anders.)
- Zeit nehmen und dem Kind Aufmerksamkeit schenken – zuhören.
- Kuscheln, knuddeln, körperliche Streicheleinheiten geben, auf dem Sofa zusammen lesen, fernsehen, ein Buch anschauen.
- Immer wieder erklären, was passiert ist. (Wenn Kinder immer wieder dasselbe fragen, heißt das nicht, dass Sie etwas schlecht erklärt haben, sondern das Kind hinterfragt sich selbst, ob es die Dinge richtig verstanden hat und in sein Leben integrieren kann!)
- Dem Kind immer wieder versichern, dass es geliebt wird und nicht schuld ist an der Trennung.
- Wertschätzend, und wenn das emotional noch nicht möglich ist, zumindest neutral über den anderen Elternteil sprechen.
- Das Kind motivieren, Gefühle zu äußern und auszudrücken.
- Möglichkeiten aufzeigen, wie Aggressionen abgebaut werden können.
- Nur in Rücksprache mit dem Kind (erinnern Sie sich, es kann dem Kind peinlich sein!): Gespräch mit Lehrer*in, Hort-Personal, Kita

oder Freizeitpädagogen*innen suchen. (Lehrer*innen nehmen verändertes Verhalten ihrer Schüler*innen wahr und können leichter damit umgehen, wenn sie den Hintergrund kennen. Je nach Unterrichtsgegenstand kann das Thema auch einmal in den Unterricht eingebaut werden.)

> *Achtsam Hin-Spüren*
>
> *Das Zentrum der Sprache*
> *ist Stille.*
> *Das Zentrum der Gefühle*
> *ist der Körper.*

# 5. Gründe, warum es Vätern oft schwerfällt, den Kontakt zu ihren Kindern aufrechtzuerhalten

*„Alltagsväter gehen mit ihren Kindern zum Zahnarzt, Sonntagsväter kaufen ihnen Zuckerstangen."*

- Vor allem wenn der Wunsch nach einer Trennung/Scheidung von ihnen ausgegangen ist, haben viele Väter ein schlechtes Gewissen ihren Kindern gegenüber und fürchten, von ihnen abgelehnt zu werden.
- Viele Mütter erschweren den Vätern den Kontakt zum Kind, vor allem auch wenn es auf einer Seite neue Partner gibt. Hat die Mutter einen neuen Partner, überwiegt oft der Wunsch nach einer „neuen, heilen" Familie, und der leibliche Vater wird als Störfaktor angesehen.
- Hat der Vater eine neue Partnerin, reagiert die Mutter oft aus Angst, das Kind an den Vater und dessen neue Frau zu verlieren, mit einem „Entzug" des Kindes. (Manchmal neigen Frauen dazu, sich mit der „neuen" Frau an der Seite des Ex-Partners zu vergleichen, und machen sich deshalb unnötigerweise klein, was oft zu Eifersucht mit entsprechenden Handlungen führt.)
- Wenn zwischen den Eltern nach der Trennung keine Entspannung eintritt, werden die Details von Besuchsregelungen oft als „Waffen" gegen den Elternteil eingesetzt, bei dem das Kind nicht ständig lebt, wobei das Kind in der Mitte steht und sich ständig zu positionieren versucht.
- Besonders die Übergabesituation wird durch fehlende Kommunikations- und Kooperationsbereitschaft oft als Belastung empfunden.
- Manche Väter lehnen den Kontakt zur Mutter ab.

- Manche Väter empfinden es als entwürdigend, den anderen Elternteil um Kontakt mit dem Kind „bitten" zu müssen.
- Manche Väter empfinden es als schmerzhaft, keine intensive Erziehungsverantwortung mehr für ihr Kind wahrnehmen zu können, und kümmern sich lieber gar nicht mehr um ihr Kind als ständig wieder den Schmerz zu erleben, ihr Kind „zurückgeben" zu müssen.

In meiner Praxis erlebe ich auch immer, dass Väter vor allem mit sehr jungen Kindern alleine nichts anzufangen wissen oder glauben, sie müssen ihren Kindern plötzlich an jedem Wochenende „Abenteuerurlaub" bieten. In Wirklichkeit hat keiner der Beteiligten Spaß dabei; die Kinder sind schnell überfordert und spüren, dass der Vater nicht wirklich mit dem Herzen dabei ist, und eigentlich würden sie lieber (so wie früher) einfach einen Nachmittag lang mit ihrem Papa auf der Couch kuscheln, Pizza essen und fernsehen. Die Väter sind selbst erschöpft und bräuchten im Anschluss erst richtig Wochenende zur Erholung. Die Mütter bekommen völlig „überdrehte" Kinder zurück und fühlen sich als Elternteil nicht unterstützt. Es gibt auch Väter, die sich als „Verlierer" sehen und an ihren Papa-Qualitäten zweifeln. Daher probieren sie sich als „Kumpel" aus, was ebenso wenig hilfreich ist.
Es bedarf einiger Zeit, um herauszufinden, wie die Wochenenden am lustvollsten für alle Beteiligten gestaltet werden können. Kinder brauchen Väter und keine Freizeitanimateure oder Kumpels!

*Als Vater kann ich die Mutter meines Kindes nicht ändern, aber ich kann meine Einstellung zu ihr ändern und damit ändert sich für alle Beteiligten schon sehr viel!*

Mit etwas Unterstützung und Verständnis durch die Mutter gelingt es den Vätern in den meisten Fällen jedoch innerhalb kurzer Zeit mit ihren Kindern sogar ein besseres Verhältnis aufzubauen als vorher bestanden hat, weil gemeinsam Zeit nun bewusst wahrgenommen wird. Wichtig ist, bis zum Alter von 14 Jahren das Kind auch trotz Widerstand zum Vater zu schicken! Jedes Kind liebt seine Eltern! In aufrechter Ehe wird auch erwartet, dass die Kinder beide Elternteile lieben und sich beiden gegenüber entsprechend höflich und wertschätzend, ehrlich und liebevoll verhalten. Im Falle einer Trennung darf sich daran nichts ändern. Wenn Kinder nicht zu einem Elternteil wollen, liegen dieser Weigerung in erster Linie Loyalitätskonflikte zugrunde (psychische und physische Gewalt natürlich ausgeschlossen!). Das Kind empfindet den Besuch bei einem Elternteil als Verrat am anderen oder macht sich Sorgen, was die Mama/der Papa in der Zwischenzeit tun wird. Wenn Frauen sehr unter einer Trennung leiden, haben die Kinder oft Angst, ihre Mütter allein zu lassen, auch wenn diese sie auffordern, doch den Papa zu besuchen. Ein Grund kann auch die Sorge sein, dass der andere Elternteil nicht mehr da ist, wenn das Kind zurückkommt. Erst die Zeit und das Erleben von klaren Strukturen helfen dem Kind, wieder Sicherheit und Vertrauen zu gewinnen.

*Als Mutter kann ich den Vater meines Kindes nicht ändern, aber ich kann meine Einstellung zu ihm ändern und damit ändert sich für alle Beteiligten schon sehr viel!*

Wir alle wissen, dass wir uns in verschiedenen Situationen unterschiedlich fühlen und verhalten. Es gibt Menschen, die uns „auf die Palme bringen“, egal was sie tun; Menschen, deren Gegenwart uns auslaugt und Energie raubt; genauso wie Menschen, die uns immer wieder aufrichten; die uns Lebensfreude schenken; deren Gegenwart uns Zuversicht und Selbstvertrauen schenkt. Je nachdem mit wem wir zusammen sind, verhalten auch wir uns immer anders. Auch unsere Ex-Partner*innen können sich nach der Trennung von uns beziehungsweise dem Verlassen einer auch für sie belastenden Situation völlig anders verhalten; eine andere Umgebung oder Partner*in kann einen „anderen Menschen“ aus ihnen machen.

Ich kann als Mutter nicht beeinflussen, wie sich der Vater verhält, aber ich kann ihm zugestehen, dass er auch unsicher ist in der neuen Situation und vielleicht in manchem überfordert. Ich kann meine Einstellung dahingehend lenken, dass auch der Vater meines Kindes Zeit braucht, um mit der veränderten Situation umgehen zu lernen, dass er aus Fehlern lernt, dass auch er verletzt ist. Wenn ich ihm Mitgefühl anstatt neuer Rachegelüste entgegenbringe und uns beiden Zeit gebe, wieder Vertrauen zueinander aufzubauen, schaffe ich damit die besten Voraussetzungen für eine dauerhafte und gute Beziehung zwischen mir und meinem Kind – genauso wie zwischen Kind und Vater.

Bedenken Sie, Sie tun das nicht für Ihre*n Ex! *Sie tun das ausschließlich für sich selbst!* Es wird Ihnen damit schneller besser gehen. Nichts bindet Menschen so sehr aneinander wie Hass. Es liegt nur an *Ihnen*, „in Liebe loszulassen".

> *Heilung durch Gift*
>
> *„Als Gott die Natur erschuf, hatte er Sorge, dass die Menschen nur schöne und essbare Pflanzen wertschätzen und die anderen vernichten würden.*
>
> *Darum verlieh er vielen giftigen Pflanzen Heilkräfte." (Chassidisch-jüdische Geschichte)*
>
> *Was, wenn wir diese Geschichte umlegen auf die Menschen in unserem Umfeld, die uns schwierig erscheinen, die uns nerven, vielleicht sogar betrügen, belügen, intrigieren …*
>
> - *Was an ihrem Verhalten kann uns „Heilung" bringen?*
> - *Wofür kann ihr Verhalten unser Bewusstsein schärfen?*
> - *Welche eigenen dunklen Seelenecken kann es in uns beleuchten?*

# 6. Es kommt Bewegung in die Trennungssache

## Aus Sicht des Mannes, Facharztes und Familientherapeuten sowie Patchwork-erfahrenen Vaters

Gastbeitrag von Jörg Mangold

In den meisten Familien – unabhängig von Konflikt und Trennung – ist der zeitliche Anteil von familiären Aufgaben und beruflicher Tätigkeit zwischen Müttern und Vätern, Frauen und Männern ungleich verteilt. In Österreich betrug die Quote Teilzeitarbeitender 2019 bei Männern 10,7 %, bei Frauen dagegen 47,7 %.

In Deutschland zeigte sich bei erwerbstätigen Eltern minderjähriger Kinder eine noch drastischere Verteilung in 2019: 93,6 % der Väter in Vollzeit und nur 6,4 % in Teilzeit, bei den Müttern dagegen 66,2 % in Teilzeit und nur 33,8 % in Vollzeit.

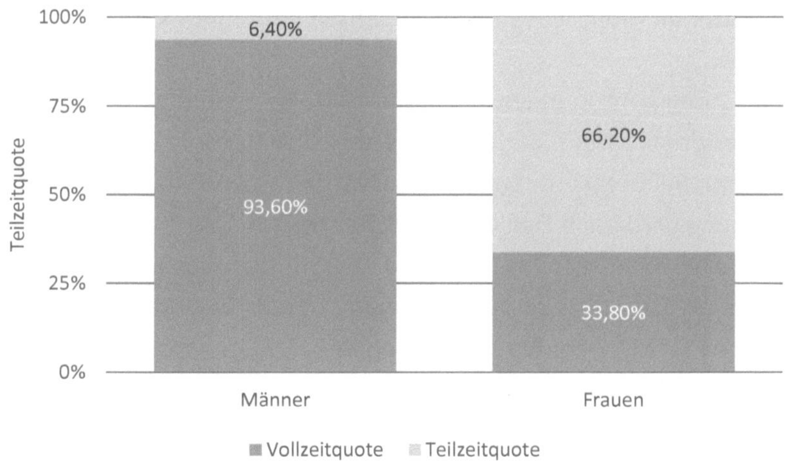


(Quelle: statista.com: Teilzeitquote in Österreich nach Geschlecht bis 2019)

Obwohl doch viel Bewegung in diese Rollenaufteilung gekommen ist und Väter häufiger Eltern- und Erziehungszeiten nehmen, ist das statistisch überwiegende Modell der in Vollzeit berufstätige Vater und die in Teilzeit berufstätige Mutter, die wiederum zusätzlich den Löwenanteil an Haushalt und Kindererziehung leistet. Das hat natürlich Auswirkungen auf die Präsenz als Bindungsperson, Präsenz im Alltag und die Zuordnung der Bezugspersonen im Alltag im Falle einer Trennung.

Aber je nach Engagement im Alltag vor der Trennung formiert sich heutzutage eine größere Gruppe Väter, die mit dem klassischen Umgangsmodell „14-tägig ein Wochenende mit ein bis zwei Übernachtungen" nicht zufrieden ist und einen paritätischeren Umgang und Beteiligung am Begleiten des Großwerdens der Kinder einfordert.

Das „Wechselmodell" in Deutschland oder „Doppelresidenzmodell" in Österreich hat deutlich an Popularität gewonnen und vor allem Studiendaten gesammelt, die zeigen, dass es für das Wohl der Kinder mindestens genauso hilfereich ist, wenn nicht gar besser.

Letztlich gilt an Väter in Trennung oder nach Scheidung der gleiche Appell wie an alle Väter: „Nehmt aktiv eure Vaterrolle wahr! Es ist eines der wichtigsten und beglückendsten Lebensaufgaben, die natürlich daneben auch anstrengend und fordernd sind." Wie viele Väter bedauern später im Alter, wesentliche Lebenszeit mit ihren Kindern verpasst zu haben.

Dieser Apell geht in einer besonderen Weise an alle getrennten oder geschiedenen Väter: „Bleibt aktiv. Lebt die Vaterrolle im Alltag so gut ihr könnt. Seid präsent. Eure Kinder werden es euch danken und diese Beziehung wird euch Dankbarkeit schenken im Alter."

Eltern sind nicht gleich Eltern und sowohl die Persönlichkeitsunterschiede als auch die Gender-Zuordnung ist für die Kinder hilfreich und erweitert ihr Erleben des Menschlichen.

Das männliche Fürsorgesystem mag mit etwas mehr körperlichem Abstand in die Elternschaft eingestiegen sein, so ohne Schwangerschaft, Geburt und Stillen am eigenen Leib zu erleben. Aber uns Männern ist es genauso möglich, Fürsorge, Bindung und Herzenswärme zu leben und in die Elternschaft einzubringen. Das sollte kein Nebenjob sein. Väter können ihre eigene Balance aus Fürsorge und Umsorgen versus

Spiel, Herausforderung, Autonomiegewährung mit Risikobereitschaft und Möglichkeit, sich zu erproben, anbieten.
Kinder sollten ein Recht auf beide Rollenmodelle haben: kochende Väter, handwerkende und berufstätige Mütter ..., aber auch auf das Erleben der Unterschiedlichkeit in der Elternrolle.

*Lasst die Trennungsväter nicht vom Haken, aber traut ihnen auch etwas zu.*

Die Elternschaft gut zu teilen, und zwar weniger aufzuteilen als geteilt wahrzunehmen, erfordert als erstes eine große innere Leistung: das Mann/Frau-Ich vom Vater/Mutter-Ich zu lösen und zu trennen.
Die Trennung oder Scheidung erfolgt ja auf der Mann-Frau-Ebene. Eltern bleiben wir immer. Je nachdem, wie viel Konflikt, Enttäuschung, Verletzung, Kränkung der letztlich erfolgten Trennung vorausgegangen ist, erfordert das viel innere Größe und manchmal auch wiederholte Arbeit. Es werden ja all die unliebsam gewordenen Eigenschaften oder Haltungen wieder vorgeführt, die auf der Mann-Frau-Ebene zum Lösen der Beziehung geführt haben, weil der Mann oder die Frau natürlich noch im Vater oder der Mutter steckt. Aber dies ist die Aufgabe der Erwachsenen.
Die Kinder haben das Recht, möglichst ungehindert ihre Beziehung zu Mutter und Vater gleichermaßen leben zu können. Und damit ist heutzutage mehr und mehr eine Alltagsnahe Art der Beziehung gemeint. In Deutschland ist das „geteilte Sorgerecht", in Österreich die „gemeinsame Obsorge" zum Regelfall ausgerufen und das alleinige nur noch in Sonderfällen möglich. In 95% der Scheidungen wird ein gemeinsames Sorgerecht ausgesprochen.
Dies erfordert Absprache, Kommunikation und das Erreichen einer Art Konsens über grundlegende Entscheidungen wie Schullaufbahn und am besten auch bzgl. einiger Grundwerte der Erziehung, obwohl jedem Elternteil eine Autonomie zugestanden wird, so sie dem Wohle des Kindes dient. Kinder schaffen es sehr gut, mit den unterschiedlichen Regelwerken klarzukommen. Das lernen sie ja auch in einer intakten Paarbeziehung. Sie wissen genau, mit welchem Thema, mit wel-

chem Problem sie sich besser an welchen Elternteil wenden können. Und sie schaffen ein gewisses Ausspielen auch in einer intakten Elternbeziehung, warum sollten sie es also nicht auch bei getrennten Eltern erfolgreich versuchen?
Wichtiger ist, dass jeder Elternteil, völlig unabhängig, ob Mutter oder Vater, authentisch zu seinen Werten steht und sie vermittelt und darüber hinaus die Größe hat, nicht dauernd die Haltung und Werte des anderen Elternteiles zu torpedieren und zu kritisieren.
Das ist oft nicht einfach, dem anderen diese Toleranz zu schenken, ihm seine oder ihre gute Absicht als Vater und Mutter zu unterstellen, auch wenn wir uns inhaltlich unterschiedlich zeigen.
In meiner Praxis frage ich oft: *Haben Sie ernsthaft Sorgen, dass ihr/e Ex das Kindeswohl gefährdet? Also ernsthaft Gefährliches tut oder dem Wohl des Kindes entscheidend im Weg steht? Meist ist dies nicht der Fall. Dann gestehen Sie ihm oder ihr zu, seine/ihre eigene Vater- oder Mutterrolle zu leben. Die Kinder werden es Ihnen danken.*
In den allermeisten Fällen geht es um unterschiedliche Auffassungen von Verwöhnen, Grenzen, Regeln etc., die im Bereich einer tolerablen Erziehung liegen. Kinder lernen dann schnell die Unterschiede in der Mama- und der Papa-Welt, und meistens kennen sie diese schon von vorher.

*Geben Sie dem Anderen das Recht, eigene Werte in der Erziehung, im Alltag zu leben, und schauen Sie, dass sie das Ringen um eine gemeinsame Linie auf die wirklich wichtigsten Kernbereich reduzieren: Entscheidungen zu Gesundheitsfürsorge, schulische Laufbahn, Taschengeld, vielleicht auch die Haltung, wie früh und in welchem Ausmaß Geräte und Zugang zu den modernen sozialen Medien gestattet sind.*

Es fordert Toleranz und Kooperation und dieses innerliche Trennen des Eltern-Ich vom gekränkten oder verletzten Frau- oder Mann-Ich.

Ein klassisches Beispiel, das ich wirklich oft in der kinder- und jugendpsychiatrischen Praxis höre, ist: „Mein Kind nässt ein – ist so aufgewühlt und unruhig – ist gereizt und aggressiver –, wenn es vom anderen Elternteil zurückkommt. Da muss doch Schlimmes passieren dort. Ich sehe doch, dass es meinem Kind nicht gut geht und es Tage braucht, bis sich alles wieder normalisiert. Ich glaube, es sollte nur bei mir bleiben, dann hat es die Probleme nicht."

Ich erkläre dann, dass die Rückkehr vom anderen Elternteil die Wahrnehmung der Trennung aktiviert. Da wird deutlich spürbar, was sonst im Alltag bei einem Elternteil verdrängt werden kann: Mutter und Vater leben nicht mehr zusammen. Meine heile Welt ist auseinandergebrochen. Das macht Stresssymptome. Diese sind im Übergang von einem zum anderen Haushalt nicht dem Verhalten des jeweils anderen Elternteils anzulasten. Sondern der Aktivierung, dass es eben nicht so ist wie früher. Dagegen spielt sich bei jeweils einem Elternteil alles in Kürze wieder in ein neues Normal ein.

Besonders herausfordernd wird die Situation, je vielfältiger neue Patchwork-Familien entstehen. Nun ist Konkurrenz der Mütter und Stiefmütter bzw. Väter und Stiefväter eine mögliche Klippe. Die Angst, dass der oder die Neue etwas wegnimmt. Die Kinder kommen meist viel leichter klar mit der Tatsache, wie unterschiedlich Erwachsene in ihrer Persönlichkeit sein können, und ordnen diese im System ein. Die Dynamik von „Zugewinnfamilien", wie Jesper Juul die Stieffamilien nennt, ist ein ganz eigenes Kapitel mit seinen Chancen und Untiefen im Leben von Scheidungskindern.
Ein besonderer Appell geht hier an die leiblichen Väter: Bleibt präsent! Insbesondere in der Konstellation, wenn eine neue Partnerin „mütterliche" Versorgungsfunktionen im Alltag erfüllt. Aber es ist eben nicht die Mutter, es ist nicht alles wieder komplett. Die Kinder brauchen ihren wahren Elternteil und ihre besondere Beziehung und Geschichte zu ihm. Es erspart viel Verdruss und spätere Kämpfe, hier von Anfang an weiterhin die Rolle des leiblichen Elternteiles als Vater auch zu füllen.

# 7. Trauer

## Die fünf Stufen der Trauer nach Elisabeth Kübler-Ross

Tod, Trennung oder Verlust in einer Familie sind Ereignisse, die angemessen betrauert werden müssen. Wenn das nicht geschieht, kann diese unbearbeitete Trauer zerstörerischen Einfluss auf das Leben aller Betroffenen haben. Trauer beinhaltet verschiedenste, oft konfliktbeladene Gefühle. Dr. Elisabeth Kübler-Ross, die sich als eine der ersten in den späten 1960er-Jahren mit Untersuchungen über Trauergefühle beschäftigt hat, spricht von fünf Stufen der Trauer, die Menschen unabhängig von ihrem Alter durchmachen (Kübler-Ross 1984, 1993). Zu ähnlichen Ergebnissen kamen auch spätere Untersuchungen, zum Beispiel Hozman und Froiland (1976) beziehungsweise später Harro Graf von Luxemburg, Vera Pfeiffer, Klaus Koch und Bärbl Schwertfeger, um nur einige zu nennen (siehe Gottwald 2000), weshalb ich hier die von Elisabeth Kübler-Ross näher ausführen möchte:

1. Verleugnung
2. Aggression
3. Verhandlung
4. Depression
5. Akzeptanz

Es ist für Betroffene wichtig, jede einzelne dieser Stufen durchgemacht zu haben, um ihre ganz individuelle Trauergeschichte wirklich gut verarbeiten zu können. Das erfordert eine längere Zeit des Schmerzes, der Aggression, der Traurigkeit, vielleicht sogar der Bitterkeit und der Tränen. Wie lange jede dieser Phasen dauert, ist zeitlich nicht vorhersagbar, ihr Ablauf ist individuell von Mensch zu Mensch verschieden und die Dauer der einzelnen Phasen zum Teil höchst unterschiedlich. Es ist auch möglich, innerhalb dieser fünf Stufen wieder zurückzugehen beziehungsweise vorerst eine zu überspringen. Wenn es für die/den Be-

troffenen passt, wird sie/er später darauf zurückkommen und es bearbeiten können. Elisabeth Kübler-Ross spricht von drei bis fünf Jahren, die es dauern kann, all diese Emotionen aufzuarbeiten und wieder mit beiden Beinen im Leben zu stehen.
Für Kinder und Jugendliche ist es nötig, sich diese Erfahrung während spezieller Entwicklungsstufen beziehungsweise in wichtigen Abschnitten ihres Lebens aufs Neue anzuschauen, um so die Situation von verschiedenen Alters- und Entwicklungsstufen aus zu betrachten und sicherzugehen, wirklich alles aufgearbeitet zu haben.

**1. Verleugnung**

Diese erste Stufe der Trauer wird charakterisiert durch das Verleugnen der Situation. Diese Unfähigkeit den Tatsachen ins Angesicht zu sehen, nachdem etwas Unerwartetes, Schockierendes, Schlechtes eingetroffen ist, dient dazu, den ersten Schock zu mildern. Kinder scheinen völlig aus der Realität gerissen zu sein und sind nicht zugänglich für die Tatsachen. Aussagen wie „mein Papa ist Pilot und viel unterwegs, aber ist bald wieder da", „Meine Mutti besucht meine Oma, aber sie kommt bald wieder zurück" und ähnliches sind keine bewussten Lügen, sondern ein Verdrängen der Realität. Manche Kinder führen mit den abwesenden Elternteilen im Geist Gespräche. Eine Wiederverheiratung eines Elternteils in dieser Phase kann große Probleme mit dem Kind nach sich ziehen.

**2. Aggression**

Wutausbrüche, Neid, Unmut sind typische Verhaltensweisen in der zweiten Trauerstufe. Das Kind ist böse auf jeden. Immer wieder kommt die Frage: „Warum passiert das mir?" Im Gegensatz zur ersten Stufe der Verleugnung ist die der Aggression für die Umwelt wesentlich schwieriger auszuhalten. Der Ärger und die Wut richten sich gegen alle Menschen in der Umgebung, egal ob innerhalb der Familie, in der Schule oder im Freundeskreis. Für Eltern oft schmerzhafte Schuldzuweisungen wie „Mutti ist schuld, dass Papa weg ist, sie hat nicht gut genug gekocht" oder „Papa ist schuld, dass Mutti weggeht, er war nie zu Hause" dienen ausschließlich dazu, das Kind selbst zu entlasten und haben nichts mit der Realität zu tun! Wenn ich jemand anders die Schuld gebe, entlaste ich mich selbst.

**3. Verhandlung**

In dieser Phase der Trennung erkennt das Kind, dass Verleugnung und aggressives Verhalten zu keiner Verbesserung geführt haben und beginnt, in sich zu hören. Es versucht zu verhandeln und macht sich, anderen und Gott Versprechungen, was es alles tun würde, wenn sich die Situation wieder ändert. „Wenn ich gute Noten in der Schule schreibe und mein Zimmer immer aufräume, kommt mein Papa sicher wieder zu uns zurück.“ Psychologisch gesehen haben Versprechen immer mit Schuldgefühlen zu tun. Das Kind macht Versprechungen, sie helfen nichts und es fühlt sich schuldig. Der Wunsch, dafür bestraft zu werden, führt zu mehr Verhandlungen. Dieses Verhalten kann schlussendlich zu Depressionen führen.

**4. Depression**

Wenn das Kind die Realität nicht länger verleugnen kann, geht der Ärger in ein tiefes Verlustgefühl über. Das Kind hat Angst, auch den anderen Elternteil oder andere geliebte Personen zu verlieren. Das Kind fühlt sich allein und hilflos. Die Symptome der Depression sind bei Kindern dieselben wie bei Erwachsenen: Sie werden in sich gekehrt, ziehen sich von anderen zurück, nichts, was ihnen davor Freude gemacht hat, kann sie aufmuntern, sie vernachlässigen Hobbies oder Freunde, sind teilnahmslos, leiden an Schlaflosigkeit; häufig treten Essstörungen, Kopfschmerzen, Bauchschmerzen oder andere psychosomatische Beschwerden auf.

**5. Akzeptanz**

Wenn einem Kind/Erwachsenen genügend Zeit zur Verfügung steht (die Dauer ist völlig individuell bemessen) und es Unterstützung durch eine liebevolle Begleitperson, ein nicht-wertendes Umfeld, erhält, wird es die Stufe erreichen, auf der es weder länger aggressiv noch depressiv ist. Es wird im Stande sein, vergangene und gegenwärtige Gefühle auszudrücken und zu akzeptieren. Dieses Stadium ist nicht gleichzusetzen mit „glücklich sein", eher eine „Gefühlsleere" ohne Schmerz, Schuldgefühle, Angst und Ärger. Das Leben geht weiter. Wenn auch diese letzte Stufe bewältigt wurde, kann das Kind/der Erwachsene seine persönliche Entwicklung aus eigenem Antrieb wieder fortsetzen.

## ❞ *Eine Blüte*

*Zuerst noch eine Knospe. Davor eine Idee davon. Nur im Ansatz erkennbar. Doch die Farbe verrät ihr Geheimnis. Langsam zeigt sie sich. Vorsichtig. Zärtlich. Liebevoll. Und doch selbstverständlich. Und plötzlich ist sie da. In ihrer ganzen Größe. Eine Zeit lang. Bis sie verwelkt. Und Raum für Neues gibt.*

*Es ist wie ein Kuss. Zuerst nur der Gedanke. Die Bereitschaft dafür. Die Freude darauf. Die Hingabe. Die Selbstverständlichkeit. Es passiert von ganz allein.*

***Lass deinen Atem heute ein Blumenkuss sein. Nimm die Phasen bewusst wahr.***

# 8. Das Erleben von Verlust

Jedes Kind kommt auf die Welt mit der Angst, verlassen zu werden. Mit dem Eingehen der Eltern auf die Wünsche und Bedürfnisse des Kindes wird diese Angst immer weniger. Vater und Mutter sind die ersten Begleiter*innen ihrer Kinder; bei ihnen lernt es zu essen, zu sitzen, zu gehen, die ersten Worte zu sprechen, Verbindungen herzustellen, andere zu lieben und sich selbst zu lieben. Mit der Entwicklung des Kindes geht auch die Entwicklung der Gefühle einher, die Entwicklung des Urvertrauens und der Liebe. Da die Familie der Ursprung dieser Gefühle ist, sieht jedes Kind die Welt und sich selbst durch die Augen seiner Familie.

Ein Kind geht davon aus, dass Vater und Mutter immer da sein werden, es immer versorgen, beschützen und lieben werden. Im Falle einer Trennung, Scheidung oder beim Tod eines Elternteils bricht die Welt des Kindes zusammen. Es weiß nicht, was als Nächstes passieren und wer es zukünftig versorgen wird. Kinder haben keine Vorstellungskraft darüber, wie ihr Leben in der Zukunft verlaufen könnte. Kinder können nicht auf die Lebenserfahrung von Erwachsenen zurückgreifen und sind somit auf eine bedingungslose Liebe und sorgsame Begleitung Erwachsener angewiesen.

Eltern wiederum wollen ihre Kinder vor Unannehmlichkeiten beschützen und Streitereien von ihnen fernhalten. Kinder aber sind sehr sensibel für Stimmungen ihrer Eltern. Sie spüren unausgesprochene Spannungen, Ärger und Traurigkeit. Es gibt nichts Schlimmeres für ein Kind als das Gefühl, dass gerade etwas Schreckliches passiert, worüber niemand mit ihm reden möchte. Daher versucht das Kind selbst, den Geschehnissen in seiner Umgebung eine Bedeutung zu geben, und füllt die Lücken mit Erklärungen, die seiner Fantasie entspringen. Meistens ist die Fantasie schlimmer als die Realität.

Erschwerend kommt hinzu, dass kleinere Kinder nicht zwischen Realität und Fantasie unterscheiden können. Der Tiger unter dem Bett eines Kindes ist genauso real wie der im Tiergarten! Angstfantasien sind bedrohlicher als die Realität selbst und dauern so lange an, bis ein Erwachsener dem Kind die Wahrheit sagt, und in kindgerechter Sprache vermittelt, was los ist.

Kinder glauben, dass böse Wünsche in Erfüllung gehen, und geben sich selbst die Schuld, wenn die Eltern sich trennen oder ein Elternteil stirbt. Oft sehen sie ihre Schuld auch darin, nicht brav genug gewesen zu sein, in der Schule nicht die erwarteten Leistungen erbracht und zu Hause zu wenig zur Hausarbeit beigetragen oder zu oft mit Geschwistern gestritten zu haben. Unter dieser schweren Last leiden das Selbstbewusstsein und das Selbstwertgefühl der Kinder enorm.

In Scheidungsfamilien kommt es oft vor, dass ein Elternteil schlecht über den anderen spricht, was das Kind in einen Loyalitätskonflikt bringt. Ein Kind hört ein und dieselbe Geschichte von verschiedenen Personen jeweils unter deren Gesichtspunkt, was zusätzlich verunsichert. Manche erwarten auch, dass das Kind Partei ergreift. In diesen Fällen fühlt sich das Kind von den geliebten Eltern belogen – es kann schließlich nur ein Elternteil Recht haben. Dieser Mangel an Vertrauen und die Schuldgefühle lassen im Kind die Angst aufkommen, selbst nicht vertrauenswürdig zu sein. Wenn es diese Angst mitnimmt ins Erwachsenenalter, hat es Schwierigkeiten, Verpflichtungen und Beziehungen realistisch wahrzunehmen.

Aufgrund des Zerrissenheitsgefühls durch das ständige Pendeln zwischen den Eltern halten die Kinder lange an der Idee fest, dass die Eltern wieder zusammenkommen können. Gleichzeitig erleben sie mit jedem Besuch beim anderen Elternteil die Trennung aufs Neue. Bei beiden Eltern fühlt sich das Kind wohl und geborgen, doch jetzt ist jedes Wiedersehen mit dem einen ein Verlassen des anderen. Es braucht Zeit und Stabilität, viele Gespräche und Zuwendung, um mit all den Emotionen, die dabei „aufpoppen“, angemessen und heilsam umgehen zu lernen.

Ein Lernen, das wertvoll ist für den Rest des Lebens. Denn auch mit den besten Vorsätzen und Absichten wird ihr Kind selbst einmal Trennungen in seinen Beziehungen erleben. Wenn es bei der Trennung der Eltern gesehen, erfahren und gelernt hat, dass damit zwar viele Emotionen verbunden sind, die Welt aber nicht untergeht, wird es auch

eigene Trennungserfahrungen im späteren Leben gut bewältigen können.
Menschen können nur dann mit Verlusten umgehen und sie bewältigen, wenn sie die Trauer darüber zulassen.

*Nur wenn ich das, was ich nicht mehr habe und was nicht mehr ist, verabschieden kann, kann ich weitergehen und meinen Blick in die Zukunft richten.*

„In Liebe loslassen" soll das Ziel jeder Trennung von Paaren sein. Für jeden Beteiligten gilt es sich zu verabschieden von Idealvorstellungen, Hoffnungen und Träumen, die nicht erfüllt wurden, von reellen Dingen, wie Einrichtungsgegenständen, gemeinsamen Ritualen (Mahlzeiten, Wochenenden, Festen, Verwandtenbesuchen ...), aber auch von den Dingen, die geglückt sind in der Beziehung, und das fällt oft am schwersten.
Um sich trennen zu können, wird alles an Negativem dem anderen zugeschrieben und alles, was gut war an der Beziehung, sich selbst. Damit erscheint der andere so furchtbar, dass es gut ist, sich von ihm trennen. Erst nach einiger Zeit ist wieder eine Annäherung möglich, ich kann die Beziehung mit innerem Abstand sehen und mir auch meine Anteile bewusst machen. Die Zeit, bis es so weit ist, ist jedoch für Kinder am belastendsten. Das Kind hat immer noch beide Elternteile lieb und das soll und darf auch so bleiben.
Eine Trennung ist immer auch ein Neubeginn. Ein neuer Lebensabschnitt beginnt, neue Chancen zur Selbstverwirklichung bieten sich und ein neuer Anfang auf einer anderen Beziehungsebene wird möglich. Schon viele meiner Klienten*innen verstanden sich einige Zeit nach der Trennung besser als je zuvor, obwohl ihnen das während der Scheidung unvorstellbar erschien! Einige fanden später sogar wieder zusammen. Sobald Kinder da sind, führt eine Trennung nicht zu einem Abschied, sondern nur zu einer Neugestaltung der Beziehung.

*„Was zwei Menschen zueinander hinzog, war etwas Besonderes.*
*Es verschwindet niemals. Etwas anderes fällt schwerer ins Gewicht!"*

# 9. Achtsamkeit und Resilienz

Claudia Pinkl

Achtsamkeit – im Jetzt sein. Da-Sein. So-Sein. Wahrnehmen, was ist. Ohne zu beurteilen. Das klingt gar nicht so einfach und auf den ersten Blick ist es das auch nicht. Wenn man sich jedoch ein wenig damit beschäftigt, erscheint das Präsent-Sein wesentlich leichter als gedacht. Anhand einer Geschichte möchte ich Ihnen die Qualitäten von Achtsamkeit in Bezug auf (Trennungs-)Stress und Widerstandsfähigkeit in herausfordernden Zeiten, ein wenig näherbringen.
Vor vielen Jahren lernen sich Frau X und Herr Y kennen. Sie finden sich im Gegenüber wieder, ergänzen sich und merken, dass sie als *Wir* den Weg gemeinsam weitergehen wollen. In dieser Zeit flüstern sie viel miteinander. Reden leise. Manchmal schweigen sie auch. Lauschen in sich und das Gegenüber hinein und erkennen, dass sie sich ohne Worte verstehen. Sie sind *eins*. Aus diesem Eins-Sein wird ein *All-in-one*. Ein Kind. Das Kind XYZ, das aus der Verbindung von Frau X und Herr Y entsteht. Dieses neue Leben entspringt dem Boden, welcher mit den Vererbungsgrundlagen der Eltern, den Umwelteinflüssen und den Gewordenheiten von Mutter und Vater angereichert ist. Und zusätzlich ist XYZ mit vielen positiven Qualitäten von Beginn an ausgestattet, die darauf warten, sich zu entfalten.

Je mehr bedingungslose Liebe ein Kind erfährt, desto besser kann es sich entwickeln. Frau X und Herr Y machen das sehr gut, denn sie knüpfen ihre Liebe nicht an Bedingungen, sondern versuchen dem Kind XYZ auch in Situationen, in denen etwas danebengegangen ist, zu vermitteln, dass es liebgehabt wird. Um seiner selbst willen. Zeigen dem Kind auf, dass es sich sehr wohl lohnt, sich auch mit negativen Momenten auseinanderzusetzen. Die Eltern überhäufen das Kind auch nicht mit allem Möglichen, um auf diese Art Liebe zu zeigen, sondern wählen bewusst aus, was dem Kind guttut. Es werden auch Grenzen gesetzt

und dem Kind dadurch Sicherheit gegeben. Ebenso wird an täglich wiederkehrenden Ritualen festgehalten.
So unterstützen Bilderbücher und erzählte Geschichten das Kind in seiner Entwicklung, in denen es aus der Realität in die Fiktion gehen kann, und von der Fiktion mit neuen Erkenntnissen wieder in die Realität zurückgelangt. Auf diese Art lernt das Kind altersgemäß und spielerisch anhand der unterschiedlichen Figuren und Charaktere verschiedene Lösungsstrategien in Problemsituationen kennen, auf die es selbst vielleicht einmal (in abgewandelter Form) zurückgreifen kann.
Wenn Frau X oder Herr Y dem Kind eine Geschichte vorliest, wird zwischendurch innegehalten und versucht, sich in die unterschiedlichen Rollen hineinzuversetzen. Gerne fragen die Eltern nach, wie es der Figur in diesem Moment wohl ergeht, wie es sich fühlt und was es jetzt bräuchte. Auch wenn es *nur* eine Geschichte ist – oder eben gerade, *weil* es eine Geschichte ist –, lernt das Kind, wahrzunehmen, was in ihm ist, und dieses Gefühl im Inneren zu benennen. Auf diese Art lernen die Erwachsenen ebenso, nicht nur ihre Gefühle wahrzunehmen und (kindgerecht) zu benennen, sondern auch unterschiedliche Lösungswege und Ressourcen zu verwenden. So betrachtet: ein Gewinn für die Großen und die Kleinen.
Für funktionierende Beziehungen sind vor allem die Worte, mit denen ausgedrückt werden kann, was in einem ist, von großer Bedeutung. Wenn ein Kind keine Worte für sein inneres Sein zur Verfügung hat, zieht es sich zuerst meist zurück. Sollte es aber gar nicht in der Lage sein, das Innere wahrzunehmen, weil es das nie gelernt hat, so ist es doppelt „sprachlos" und reagiert mit Schlägen, Tritten oder verbalen Beschimpfungen. Um einer aggressiven Reaktion schon von Beginn an entgegenzuwirken, ist das Sprechen über Gefühle und den damit verbundenen Emotionen von unermesslicher Bedeutung. Bilderbücher wie *„Heute bin ich"* (2011, Mies van Hout, Fiktion) oder *„Ein gutes Gefühl"* (2020, Ein guter Plan) unterstützen dabei, die unterschiedlichen Gefühle zu erkennen und genau zu benennen.

In unserer Geschichte entzweien sich nach einigen Jahren die Eltern. Das *Eins-Sein* beginnt zu bröckeln, Entscheidungen werden nicht mehr aus einem Herzen (sondern aus zwei Köpfen) getroffen und die Sichtweisen gehen auseinander. Das Vertrauen schwindet wie ein Tau, das vom ewigen Reiben rissig und spröde wird. Genau dieses Vertrauen, das Frau X und Herr Y zueinander hatten, welches sie in eine Verbundenheit gebracht hat und sie vor Jahren zueinander *Ja* sagen hat lassen, reißt ab. Die Beziehung *entzweit* sich und man denkt unterschiedliche Wege an. Eine *Entscheidung* muss getroffen werden, um nicht am stetigen Reiben zu zerbrechen. Somit folgt der Entscheidung die *Scheidung*. Das Paar geht getrennte Wege. Aus dem Paar werden wieder Menschen, die *allein* sind. Menschen, die möglicherweise *einsam* werden und durch das *Aus* gefordert sind, eine schwierige Lebenssituation zu bewältigen. Die Erwachsenen können aufgrund ihres Verstandes und ihrer Gewordenheit besser oder schlechter damit umgehen. Doch das Kind XYZ wird versuchen alle Möglichkeiten auszuschöpfen, um wieder eine *Bindung* herbeizuführen. Vor allem dann, wenn das Kind glaubt, *schuld* am *Zusammenbruch* der Familie zu sein. Es will den *Abbruch* in jeder Art und Weise verhindern und ungeschehen machen.

Und genau für jene Herausforderungen braucht es Widerstandsfähigkeit, will eine solche Situation möglichst ohne Schaden überstanden werden. Als Mutter. Als Vater. Aber auch als Kind. Doch wie kann das gelingen?

Nun, dass alle Beteiligten in solchen Momenten Resilienz, also Widerstandsfähigkeit brauchen, ist selbstverständlich. Am besten eine Speisekammer voll. Doch lässt sich Resilienz so einfach in einem Regal vorrätig lagern? Kann man die Fähigkeit zu Resilienz wie in einer App downloaden? Ist es möglich, jederzeit auf Resilienz zurückzugreifen? Wahrscheinlich nicht!

Es ist wirklich nicht ganz so einfach, mit „Ja" zu antworten, da unterschiedliche Erklärungen in der Literatur zu finden sind. Unter anderem bedarf Resilienz einer Art von Elastizität, um die konfrontierenden Beeinträchtigungen und die vorhandenen Ressourcen in Ausgleich zu bringen. Dabei spielen materielle, soziale, sozioökonomische und biologische Faktoren eine wichtige Rolle. Fehlt entsprechende Unterstützung, so stellt sich die Frage, wie Menschen von ihrer Umwelt gefördert werden können. Hat ein Mensch oder ein Kind bereits kleine

Krisen und Verletzungen erlebt und aus diesen Erlebnissen etwas Positives schöpfen können, so kann darauf aufgebaut werden. So gesehen gehört zu einer gesunden Entwicklung das Erlernen, mit wechselnden Lebenssituationen umzugehen. Das wiederum nährt die psychische und seelische Widerstandskraft. Demnach ist es kontraproduktiv, den Kindern alle Erschwernisse aus dem Weg zu räumen. Denn durch ein Helikopter- oder Curling-Verhalten der Eltern ist es Kindern nicht möglich, stressreiche, frustrierende, schwierige und belastende Lebenssituationen selbstständig zu meistern.

In unserer Geschichte haben sich Frau X und Herr Y voneinander scheiden lassen, wollen aber für das Wohlergehen ihres Kindes gemeinsam Sorge tragen. Zum Glück haben sie vor einiger Zeit einen MBSR-Kurs besucht. Im „Mindfulness-Based-Stress-Reduction-Kurs" haben sie Achtsamkeit und Meditation als Coping-Strategie kennen und schätzen gelernt. Außerdem haben sie sich selbst näher kennengelernt und durch das Reflektieren die eigenen Bedürfnisse entdeckt. Das Verweilen im Moment und das bewusste Wahrnehmen, dessen was ist, versuchen sie in ihrem neuen Leben einfließen zu lassen.

Es wird zum Ritual, dass der Vater und das Kind eine Minute lang im Auto schweigen, bevor die gemeinsame Papa-Kind-Zeit beginnt, und ebenso wird die stille Minute als Abschluss der gemeinsamen Zeit gelebt. Eine Minute Ruhe, um wahrzunehmen, was ist. Eine einzige Minute Stille, um in der neuen Situation anzukommen. Eine Minute nichts, um das Vergangene zum Abschluss zu bringen. Aus diesem Grund hat Herr Y auch im Auto immer eine Ein-Minuten-Sanduhr in der Ablage. Mittlerweile fordert Kind XYZ diese Ich-Zeit auch für sich ein. Um ruhiger zu werden.

Und dann gibt es da noch den kleinen Stoffaffen „Coolio", der zum besten Freund von XYZ geworden ist. Coolio erinnert XYZ (und auch die Eltern) daran, nicht jedem Gedanken nachzuhängen, sondern bewusst aus dem Gedankenkarussell auszusteigen und den Affengeist, diesen Monkey Mind, an seinen Platz zu verweisen. Wenn Mama X gedanklich Büro-To-do-Listen beim Spielen mit dem Kind abarbeitet, sagt XYZ manchmal zu ihr: „Sag deinem Affen er soll endlich ruhig sein. Jetzt ist

Mama-Kind-Zeit. Da ist kein Platz für den lästigen, quatschenden Affen aus dem Büro. Sei bei mir und schicke den Affen fort." Und in solchen Momenten muss Mama X schmunzeln und drückt ihren Schatz ganz fest an sich.

Mama X hat seit kurzem einen kleinen Affen in der Hosentasche eingesteckt, der sie an das Loslassen erinnert. Wenn der Schmerz oder die Verzweiflung über die Trennung zu groß ist, dann berührt sie wissentlich den Affen und nimmt fünf tiefe, bewusst gesetzte Atemzüge. Dieses Atmen unterstützt sie auf vielen Ebenen. Frau X wird ruhiger, das aufgeregte Herzklopfen leiser, die unausgesprochenen Worte des Zornes und der Anschuldigungen werden ausgeatmet. Durch diese einfache Atemübung ist nicht alles besser oder gar weg. Nein, das nicht. Aber der Gedankensturm legt sich und sie kann in Ruhe klare Worte für das fassen, was in ihr ist. Und das ist es, was ihr so guttut.

Papa Y hat gemeinsam mit XYZ ein Achtsamkeitsglas© gebaut und dem Kind so die Bausteine der Achtsamkeit nähergebracht. Dazu haben sie ein sauberes, leeres Marmeladeglas mit Deckel aus der Sammlung im Keller ausgewählt, Glitzerpartikel in das Behältnis gegeben und mit Spülmittel und Wasser vollgefüllt. So einfach wurde aus diesem Glas ein Achtsamkeitsglas©, das bewegt und geschüttelt wird.

- **Nicht-Beurteilen** – bedeutet das erste Urteil oder den ersten Impuls zu reflektieren und erst dann zu handeln: *Größe und Form des Glases, Farbe der Glitzerteile, ...*
- **Geduld** – bedeutet das Erreichen eines Ziels als Prozess wahrzunehmen: *Dauer des Haltens und des Schüttelns, unterschiedlich langes Sinken des Glitzers, ...*
- **Anfänger-Geist** – bedeutet nicht in alten Mustern zu verharren, sondern mit frischen Augen die Dinge betrachten: *Achtsamkeitsglas erhalten, in jedem Stadium der Bewegung des Wassers und des Glitzers (still, wirbelnd, sinkend, ruhig, schäumend) folgen, in die Ruhe kommen, ...*
- **Vertrauen** – bedeutet das Selbstvertrauen zu haben und zu nutzen, um eine richtige Entscheidung für den jetzigen Moment zu treffen: *Intensität des Schüttelns, zeitgerechtes Stoppen, Glas ist dicht, ...*

- **Nicht-Erzwingen** – bedeutet, dass Entfaltung passieren kann, wenn den Dingen ihr Lauf gelassen wird: *Metamorphose im Achtsamkeitsglas©, Sinken der Glitzerpartikel, …*
- **Akzeptanz** – meint die Ruhe, nicht ständig etwas verändern zu wollen, sondern mit dem momentan Vorgegebenen zu arbeiten: *Art und Form des Glases, Farben des Glitzers, eventuell Verklemmungen der Glitzerstücke oder Trübungen des Wassers, Wasseraustritt, kein Glas zu haben, …*
- **Loslassen** – erinnert daran, dass alles endet – egal ob gut oder schlecht: *Ausatmen bringt Ruhe, Glitzerwirbel endet, Ruhe wird von Schütteln und Glitzerwirbel abgelöst, …*
- **Selbstmitgefühl** – lässt einen liebevollen, mitfühlenden Umgang mit sich selbst zu: *Möge ich zufrieden sein, auch wenn der Sturm im Glas stark ist.*
- **Humor** – unterstützt den Prozess des Im-Moment-Seins.

XYZ baut in den kommenden Wochen Achtsamkeitsgläser© sowohl für seine Mama und seinen Papa als auch für die Großeltern und seine Freunde. Als in der Schule über das Thema Familie und auch Scheidung gesprochen wird, bringt XYZ ein Zauberglitzerglas für die Klasse mit, und erzählt, wie sehr ihn das Achtsamkeitsglas© seit der Trennung der Eltern geholfen hat, ruhig zu werden. Aber auch Coolio ist mit dabei und alle probieren die 1-Minuten-Ich-Zeit aus. „Und manchmal bin ich trotzdem traurig und zornig, und dann schreie und weine ich einfach. Weil es raus muss. Weil es weh tut. Aber ich weiß, dass ich ok bin. Und ich weiß auch, dass ich nicht schuld bin, dass sich Mama und Papa getrennt haben. Und wenn so blöde Gedanken in meinem Kopf vorkommen, dann sage ich zu Coolio, dass er endlich still sein soll. Weil es nicht stimmt. Und dann geht es mir wieder besser."
Die Lehrerin schmunzelt und zeigt den Kindern eine Übung, die *ihr* seit einigen Monaten guttut. Sie hat diese in einem MSC-Kurs (Mindful Self-Compassion-/Selbstmitgefühls-Kurs) kennen und schätzen gelernt, den sie nach der Trennung von ihrem Freund besucht hat. Dazu setzen sich die Kinder und sie in einen Sesselkreis, nehmen eine aufrechte Sitzhaltung ein, schließen die Augen und berühren mit beiden

Händen ihr Herz. Die Lehrerin atmet mehrmals ruhig ein und aus, während die Kinder es ebenso machen. Dann sagt sie in die Stille hinein: „Möge ich glücklich sein." Einige Augenblicke später wünscht sie dieses Glück den Kindern: „Mögest du glücklich sein." Und wieder nach einigen Momenten formuliert sie den Wunsch für alle Menschen: „Mögen wir glücklich sein." Die Lehrerin fordert die Buben und Mädchen auf, aus ihren Fingern ein Herz zu formen und die Augen zu öffnen. Alle lachen. Vielleicht weil es so ungewohnt war. Vielleicht aber auch, weil es gutgetan hat. Möglicherweise jedoch, weil das Herz mit einer neuen Ressource gefüllt wurde und die Selbstmitgefühlspause das Leben auf eine unkomplizierte Weise be*reich*ert hat.

Frau X, Herr Y und auch Kind XYZ haben einige unterschiedliche Tools kennen und nutzen gelernt, die sie in die Ruhe bringen, den Augenblick wertfrei wahrnehmen lassen und das Gedankenkarussell stoppen. Sie können ihre Gefühle benennen und artikulieren, was wichtig ist. Für alle drei ist Achtsamkeit eine Ressourcen-Speisekammer, in der immer Widerstandsfähigkeit vorrätig ist und wie von Zauberhand produziert wird. Auf die Fülle an Qualitäten, die in jedem Menschen stecken, kann je nach Gelegenheit und entsprechender Förderung zurückzugriffen werden, das haben die drei verstanden. Es zahlt sich also aus, die eigenen Qualitäten zu (er-)kennen, zu nutzen und mit Liebe auszubauen.
Das Schönste ist jedoch, dass sie merken, in ihrem *Allein*-Sein auf eine andere Art *All-in-one* zu sein und somit nicht mehr *alone*, sondern *EinSAMenKORN* im eigenen und im Leben anderer zu sein. Das be*ruhig*t.
Mit Achtsamkeit gelingt es allen an der Trennung beteiligten Personen leichter, im Hier und Jetzt zu sein. Das Gegenwärtige annehmen, wie es ist. Erste Bewertungen loszulassen, und zu akzeptieren, dass jeder und jede, frei von Alter, Größe, Hautfarbe oder Geschlecht, auf seine oder ihre Weise versucht, glücklich und zufrieden zu sein. Und das Recht auf bedingungslose Liebe hat.

"

*Abschiede*

*Nach einer Weile*
*lernst du zu unterscheiden zwischen*
*dem Halten einer Hand*
*und dem an die Kette legen einer Seele;*
*und du lernst,*
*dass Liebe nicht*
*Abhängigkeit bedeutet,*
*und Gesellschaft bedeutet nicht immer*
*Sicherheit.*
*Und du beginnst zu lernen,*
*dass Küsse keine Verträge sind*
*und Geschenke keine Versprechen*
*und du beginnst deine Misserfolge*
*zu akzeptieren*
*mit der Güte eines Erwachsenen*
*und nicht mit der Trauer eines Kindes.*
*Und du lernst, deine Straßen*
*auf dem Heute zu bauen,*
*denn der Grund von Morgen*
*ist zu unsicher für Pläne*
*und die Zukunft scheint immer*
*mitten im Flug abzustürzen.*
*Nach einer Weile lernst du,*
*dass sogar Sonnenschein dich verbrennt,*
*wenn du zu viel davon bekommst.*
*So bepflanze deinen eigenen Grund*
*anstatt darauf zu warten,*
*dass dir jemand Blumen bringt.*
*Und du lernst,*
*dass du wirklich durchhalten kannst,*
*dass du wirklich stark bist,*
*dass du wirklich wertvoll bist.*
*Und du lernst und du lernst.*
*Mit jedem Abschied*
*lernst du.*

*(A. Ricker: Good-byes. Übersetzung von Susanne Strobach)*

# 10. Mediation

Man kann nicht von Scheidungen sprechen, ohne auf die Möglichkeit von Mediation hinzuweisen. Es gibt zahlreiche Gründe, warum es vorzuziehen ist, eine Scheidung durch Mediation anstelle durch Anwälte oder durch das Gericht zu regeln. Hier finden Sie einige davon:

**Zeit ist Geld**
Ein wesentlicher Grund, der für die Inanspruchnahme von Mediation spricht, ist der Zeitfaktor. Gerichtsverfahren dauern wesentlich länger und sind durch die Parteien auch nicht zu beeinflussen oder zu beschleunigen. Bei einer Mediation entscheiden die betroffenen Personen, sogenannte Medianden, wie viel Zeit sie bereit sind zu investieren und wann. Erfahrungsgemäß lässt sich die Mehrzahl der auszuhandelnden Bereiche (Obsorge, Kindesunterhalt, Besuchsregelung, Ehegattenunterhalt, Vermögensaufteilung) im Rahmen der Scheidungsmediation in 10 bis 20 Stunden abhandeln.

**Modelle von Trennung und Scheidung**
Für das Verständnis von Konfliktspiralen und negativen Dynamiken innerhalb der Paarbeziehung erscheint es notwendig, darauf hinzuweisen, dass eine Scheidung kein punktuelles Ereignis ist. Der psychologische Scheidungszeitpunkt ist für jeden der Betroffenen ein anderer. Nur der juristische Akt der Scheidung an sich ist, klar an einem Zeitpunkt festzumachen, dem gehen jedoch eine Vielzahl von Konflikten und Dynamiken voran und – wenn die Scheidung nicht gut gelungen ist – auch hinterher, womit erst recht wieder alle vor Gericht landen.
Wenn ein Partner von den Scheidungswünschen des anderen informiert wird, und damit manchmal aus allen Wolken fällt, hat der andere schon einen Großteil des inneren Trennungsprozesses vollzogen. Martin Textor (vgl. http://www.familienhandbuch.de 20.05.2006) spricht hier von der Vorscheidungsphase, der Scheidungsphase und der Nachscheidungsphase. Die Vorscheidungsphase beginnt zumeist mit der

Unzufriedenheit eines Partners mit der Situation. Wachsende Unzufriedenheit und Enttäuschung führen zu häufigen Auseinandersetzungen und Konflikten, in manchen Fällen auch zum inneren Rückzug aus der Beziehung. In Gedanken beschäftigt sich dieser Partner bereits mit einer Trennung vom anderen und überlegt für sich, was damit alles verbunden ist. Die eigentliche Scheidungsphase beginnt mit der Trennung und endet mit dem gerichtlichen Scheidungsurteil. Diese Phase kann Jahre dauern. In der Nachscheidungsphase beginnt sich das Familiensystem langsam wieder zu stabilisieren. Die Psychologin und Mediatorin Florence Kaslow (Florida) unterscheidet in ihrem dialektischen Modell ebenfalls eine Vor-Scheidungs-Phase, eine Scheidungs-Phase und eine Nach-Scheidungs-Phase, die sie weiter in insgesamt sechs Phasen unterteilt und diesen bestimmte Gefühle (Desillusionierung, Unzufriedenheit, Entfremdung, Angst, Schmerz, Ambivalenz, Schock, Leere, Chaos, Unzulänglichkeit, geringes Selbstbewusstsein, Niedergeschlagenheit, Gefühllosigkeit, Wut, Hoffnungslosigkeit, Selbstmitleid, Verwirrung, Rage, Traurigkeit, Einsamkeit, Optimismus, Resignation, Begeisterung, Neugier, Bedauern, Annahme, Selbstvertrauen, Kraft, Selbstwert, Ganzheit, Fröhlichkeit, Unabhängigkeit) der Betroffenen zuordnet (vgl. Djurdjevic 2003, S. 24).
Alle diese Modelle machen eines sichtbar: Jeder der Betroffenen befindet sich in einer anderen Phase beziehungsweise erlebt die gemeinsame Situation von einer anderen Stufe aus. Gerade da bietet die Mediation eine wunderbare Möglichkeit, ausgleichend – im Sinne von ausbalancierend – zu wirken und darauf zu achten, dass beide Partner in ihrer jeweiligen Situation und ihrem individuellen Erleben wahr- und ernst genommen werden und gegebenenfalls einer sein Tempo etwas zurücknimmt, damit der andere nachkommen kann.

**Kostenminimierung**

Der Kostenfaktor ist ein weiterer entscheidender Punkt, warum Ehepaare sich im Zuge der Trennung oder Scheidung zur Mediation entscheiden. Bei der Mediation sind die Kosten im Großen und Ganzen absehbar – anders bei einer strittigen Scheidung, wo die Anwaltskosten ins unermessliche gehen können, falls das Gerichtsverfahren sehr lange dauert. Je länger es dauert, umso höher werden die Anwaltskosten auf beiden Seiten und auch die Gerichtskosten werden mit jeder Verhandlung mehr, abgesehen davon, dass Anwälte ihre Kosten oft auch nach dem Streitwert berechnen, Mediatorinnen und Mediatoren hingegen einen fixen Stundensatz haben. Für Menschen mit niedrigem Einkommen gibt es in Österreich ihm Rahmen der geförderten Co-Mediation bei Gericht auch die Möglichkeit, Mediation zu einem sehr günstigen Tarif bis hin zur Kostenfreiheit zu bekommen.

**Win-Win-Lösungen**

Der wichtigste Grund, Mediation in Anspruch zu nehmen, ist sicherlich der emotionale. Als Beispiel zur Veranschaulichung sei hier folgende Geschichte angeführt:

*„Zwei Hirten stritten sich um ein junges Schaf. Jeder behauptete es würde ihm gehören. Weil sie keine Lösung fanden, gingen Sie zum Richter und baten ihn um eine Entscheidung. Der Richter antwortete: „Warum fragt ihr mich?" Die Hirten meinten: „Nun, wir konnten uns nicht darauf einigen, wem das Schaf gehört, aber wir haben uns darauf geeinigt, dass wir deine Entscheidung, wie auch immer sie ausfällt, akzeptieren werden."*
*Der Richter strich sich durch seinen Bart: „Hm, nun, so soll es sein. Meine Entscheidung lautet: Das Schaf gehört mir!"*

Ob die beiden Hirten mit dieser Entscheidung einverstanden waren, ist fraglich.
Bei Gericht bedeutet immer der Gewinn des einen Verlust für den anderen. Im Gegensatz dazu ist in der Mediation das Ziel immer eine Win-win-Lösung für beide Parteien, das bedeutet: eine Lösung, bei der die Bedürfnisse aller Parteien gehört, anerkannt und in die Lösungsfindung eingearbeitet werden.
Einerseits ist bei einer richterlichen Entscheidung – wie wir eben in der Geschichte gesehen haben – nie von vornherein absehbar, wie sie ausgehen wird, andererseits habe ich die Erfahrung gemacht, dass jede Entscheidung, die einer der beiden Parteien nicht gefällt, von die-

ser – bewusst oder unbewusst – boykottiert wird. Wenn zum Beispiel der eine Elternteil gegen den Willen des anderen die alleinige Obsorge bekommt, wird der andere durch Nichteinhalten oder Unpünktlichkeit bei den Besuchsterminen oder durch Beeinflussung des Kindes seine Unzufriedenheit mit dieser Entscheidung auszudrücken versuchen. Das Ergebnis sind weitere, über die juristische Scheidung hinausgehende, oft jahrelange Konflikte, die fast immer zu Lasten der Kinder gehen.

Proksch (1997, S. 194 f.) nennt als Gründe für Mediation, dass sie:

- die Kommunikations- und Kooperationsfähigkeit der Parteien fördert,
- das Selbstvertrauen und die Selbstachtung der Parteien stärkt,
- zur eigenverantwortlichen, selbständigen Entscheidungsfindung befähigt,
- Eltern in die Lage versetzt, ihre nachehelichen Beziehungen im Verhältnis zu ihren Kindern eigenverantwortlich zu (re-)organisieren,
- die mit der Trennung verbundenen Schädigungen der Kinder zu mildern hilft,
- hilft, vernünftige, den Interessen des Kindes entsprechende Lösungen für seine Pflege und Erziehung sowie seine weiteren persönlichen Beziehungen zu den Eltern zu finden,
- zur quantitativen Entlastung familien- und jugendgerichtlicher Verfahren beiträgt,
- die zu treffenden Konfliktentscheidungen der Eltern qualitativ zu ihren Gunsten und zugunsten ihrer Kinder verbessert.

Der Soziologe Max Haller (1996, S. 118) weist ausdrücklich darauf hin, dass „im Falle einer Scheidung einer Ehe alle Möglichkeiten zur weiteren Kooperation der Eltern im Interesse des Kindes auszuschöpfen" sind, die Eltern alle Alternativen zu einer gerichtlichen Trennung beziehungsweise Scheidung in Anspruch zu nehmen haben und dass die Beziehungen zwischen Kind und getrenntem Elternteil sich eher verschlechtern, wenn sie über eine gerichtliche Entscheidung geregelt werden müssen (vgl. ebd., S. 120).

**Als Eltern weiterhin Sicherheit geben**

Ein weiterer wichtiger Aspekt in Bezug auf Trennungen und Scheidungen ist es, den gemeinsamen Kindern trotz des Scheiterns der Ehe Sicherheit zu geben. Wenn Eltern im Vorfeld der Scheidung oder Trennung die Mühe und Arbeit – und Mediation ist für keinen der Beteiligten einfach oder leicht erledigt – auf sich nehmen, zeigen sie ihren Kindern, dass sie zwar als Paar auseinandergehen, als Eltern jedoch immer noch verlässliche Menschen sind, denen das Wohl der Kinder am Herzen liegt.

**Auch in Zukunft gute Lösungen finden**

Mediation stärkt das Vertrauen der Parteien in ihre Fähigkeit, weiterhin gute gemeinsame Entscheidungen treffen zu können. Das langfristige Ziel von Mediation ist, dass es den Eltern in Zukunft gelingen soll, ohne Mediation gemeinsam Lösungen für alle zukünftig auftretenden Herausforderungen zu finden. Vielen gelingt es durch die Impulse von außen besser als davor in aufrechter Ehe, wo Themen rund um die Kinder häufig Anlass für Konflikte waren.

In diesem Sinn legen wir Mediation allen Paaren, die sich trennen wollen, ans Herz. Am besten suchen Sie eine Mediatorin, einen Mediator so früh wie möglich auf, d. h. bei den ersten Gedanken an Scheidung, nicht erst wenn beide Fronten schon verhärtet sind.

MediatorInnen in Ihrer Nähe finden Sie über den Dachverband ihres Landes, für Deutschland ist das der Bundesverband Mediation www.bmev.de, für Österreich der Österreichische Bundesverband für Mediation www.oebm.at und für die Schweiz der Schweizerische Dachverband Mediation www.mediation-ch.org.

# Teil II
# Kinder stärken

Dieser Abschnitt bietet eine Sammlung an erprobten Umsetzungsimpulsen mit Kindern, damit Trennungs-/Scheidungskinder eine Trennung nicht nur als Belastung erfahren, sondern gestärkt und handlungsfähig aus dieser Krise hervorgehen können.

*Für mich gemacht,*
*damit ich lerne und erlebe,*
*besser mit der Scheidung/*
*Trennung umzugehen,*
*weil du mir hilfst.*

*Danke, dass du dir*
*für mich Zeit nimmst!*

# 1. Anleitung zum Übungsteil

Im nachfolgenden Impuls- und Übungsteil finden Sie eine Sammlung an erprobten und bewährten Bewegungsspielen, Bastelanleitungen, Geschichten, Fantasiereisen, Meditationen, Ideen für Reflexionsfragen und Selbsterfahrungsanleitungen, die Claudia und ich alle selbst schon verwendet haben, beziehungsweise solche, die in unserer Arbeit mit Scheidungskindern in Co-Kreation entstanden sind.
Jede Beschreibung umfasst eine Altersempfehlung, benötigtes Material[1], eine Anleitung und die Intention für diese Übung.
Die Symbole vor der jeweiligen Übung geben an, ob sie für ein Kind und/oder mehrere Kinder geeignet sind und um welche Art von Übung es sich handelt (Achtsamkeitsübung, Fantasiereise/Meditation, kreatives Gestalten, Bewegung oder Körperwahrnehmung, Rollenspiel, Geschichte/Text, Gesprächsrunde, assoziatives Schreiben oder musikalisch-rhythmisches Arbeiten).
Je jünger Kinder sind, umso hilfreicher ist die Unterstützung mit Märchen, Geschichten, Ritualen und Bilderbüchern. Viele Kinder möchten das Thema Scheidung nicht direkt ansprechen, es ist ihnen peinlich, sie wollen es noch verdrängen, da sie Angst haben, Mama oder Papa weh zu tun. Daher ist es besonders wichtig, dass Eltern von sich aus das Thema aufgreifen. Hierfür eignen sich gut Geschichten, in denen zum Beispiel Trennungen unter Tieren vorkommen. Was das Kind emotional annehmen kann, holt es sich aus der Geschichte heraus. Ist das Kind noch nicht so weit, bleibt es eben die Familie Bär, die sich trennt, oder der Dinosaurierpapa, der auszieht.
Unglaubliche Erfahrungen habe ich auch mit Ritualen immer wieder gemacht! Rituale haben einerseits eine heilende Wirkung auf die

1 Alle für die Übungen benötigten Kopiervorlagen finden Sie im Anhang dieses Buches. Zusätzlich stehen Ihnen Druckvorlagen auf www.beltz.de zur Verfügung.

Seele, andererseits verhindern sie dadurch, dass die Kinder etwas *tun*, die völlige Depression.

- Probieren Sie selbst aus, welche Freude Sie in Kinder pflanzen, wenn Sie Blumensamen oder Blumenzwiebeln mit ihnen einsetzen, als Zeichen von Neubeginn (ich versuche natürlich immer, Pflanzen zu besorgen, die mit ziemlicher Sicherheit aufgehen!).
- Lassen Sie das Kind Zeichnungen und Briefe, in die es Belastendes geschrieben oder gemalt hat, verbrennen (sie können das in einer feuerfesten Schale, bei einem Lagerfeuer oder zur Not im Waschbecken im Badezimmer, wenn es ein Fenster zum anschließenden Lüften hat, machen!) – der Kummer löst sich wirklich in Rauch auf!
- Lassen Sie Ihr Kind auf Taschentücher oder WC-Papier mit Filzstiften zeichnen und schreiben, was es belastet, und spülen Sie gemeinsam mit Ihrem Kind diesen emotionalen Ballast hinunter. (Stück für Stück, damit das WC nicht verstopft wird!) Sie werden sehen, wie gut es Ihnen beiden tut!
- Lassen Sie das Kind alles, was es traurig macht, mit einer Christbaumkerze in eine Nussschale tropfen und setzen sie diese dann auf einem Fluss, an einem See oder einfach in einer Wasserschale aus!
- Lesen Sie mit diesem Kind die Geschichte vom Kummerstein und lassen Sie es einen Stein bemalen und abends vor dem Schlafengehen drücken! Der Kummer ist im Stein, es wirkt garantiert!
- Meine wundervolle Tochter lässt sich immer wieder von ganz Alltäglichem anregen, zum Beispiel meinte sie neulich als ich beim Zwiebelschneiden weinte: „Was erzählen dir die Zwiebeln Trauriges?", und schon waren wir in einem Gespräch über Traurigkeit.
- Ein anderes Mal meinte ich, die Tulpen am Esstisch wären schon ziemlich verblüht und Sophie erwiderte: „Ja, man hat das Gefühl, sie neigen sich zu mir und wollen mir etwas zuflüstern ..." Wo ich verblühte Blumen sah, sah sie Wunder ... und Magie und Geschichten ... Gehen Sie aufmerksam mit ihren Kindern durch den Tag, Sie werden überall Potenzial für Geschichten sehen und mit ein bisschen Fantasie werden aus Krisen „magic moments".

Zu den Altersangaben ist anzumerken, dass jedes Kind sein eigenes Tempo in der Entwicklung hat! Sie kennen Ihr Kind am besten und können selbst am besten beurteilen, welche Übung, welche Geschichte, welches Ritual zu welchem Zeitpunkt Entlastung bringen und heilsam sein kann. Haben Sie Vertrauen in sich!

Manchmal habe ich bei meinem Sohn auch mit kleinen Tricks gearbeitet, um ihn zur Mitarbeit zu motivieren. Ich habe begonnen, etwas zu tun, und – neugierig geworden, wollte er nach einiger Zeit mitmachen. Oder ich habe ihm von „einem anderen Kind" erzählt, dessen Eltern sich getrennt haben oder das gekränkt oder wütend ist, und gefragt, was er glaubt, was dem Kind helfen könnte, oder ob er ausprobieren möchte, ob dieses oder jenes einem traurigen (wütenden ...) Kind helfen würde. Über andere spricht es sich immer leichter! Hören Sie aufmerksam hin, was Ihr Kind sagt! Sie können viel dabei lernen, was in seinem Kopf vorgeht, was es belastet, und auch, was es freut.

Wir wünschen Ihnen viel Freude beim Ausprobieren und ein offenes Herz, das vergeben und Heilung zulassen kann!

*Das Gasthaus*

*Das menschliche Dasein ist ein Gasthaus.*
*Jeden Morgen ein neuer Gast.*
*Freude, Depression und Niedertracht –*
*auch ein kurzer Moment von Achtsamkeit*
*kommt als unverhoffter Besucher.*
*Begrüße und bewirte sie alle!*
*Selbst wenn es eine Schar von Sorgen ist,*
*die gewaltsam dein Haus seiner Möbel entledigt.*
*Selbst dann behandle jeden Gast ehrenvoll,*
*vielleicht reinigt er dich ja für neue Wonnen.*
*Den dunklen Gedanken, der Scham, der Bosheit –*
*Begegne ihnen lachend an der Tür*
*und lade sie zu dir ein.*
*Sei dankbar für jeden, der kommt,*
*denn alle sind zu deiner Führung geschickt worden*
*aus einer anderen Welt.*

*(Rumi – Dschalāl ad-Dīn Muhammad Rūmī, 1207–1273, persischer Sufi-Mystiker)*

# 2. Symbolik

 Achtsamkeitsübung

 Fantasiereise, Meditation

 Kreatives Gestalten

 Action, Bewegung oder Körperwahrnehmung

 Rollenspiel

 Geschichte, Text

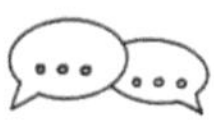 Gesprächsrunde, Reflexion, assoziatives Texten

 Assoziatives Schreiben

 Musikalisch-rhythmisches Arbeiten

 mit einem Kind alleine durchführbar

 Gruppenarbeit

# 3. Stärkung von Individualität und Selbstwert

## 3.1 Hintergrund

Ein Kind bezieht einen Großteil seiner Identität aus seiner Familie. Wenn dieses System zusammenbricht beziehungsweise sich nachhaltig verändert, ist das Kind auch in seiner Sicht von sich selbst verunsichert und gezwungen, seine Identität neu zu definieren. Dies geschieht im Besonderen durch Differenzierung von anderen: Die Kenntnisse von den Unterscheidungsmerkmalen und den Ähnlichkeiten sind wichtig und wertvoll, vor allem aber notwendig, um zu einem gefestigten Ich-Bewusstsein zu gelangen.

Im Zuge der Entwicklung des Kindes, in der es Erfahrungen in verschiedenen Situationen sammelt und Reaktionen der Umwelt auf sein Verhalten erlebt, werden erste Grundsteine für die Ausbildung des kindlichen Selbstwertes gelegt. Eltern haben dabei maßgeblichen Einfluss. Wenn ihre Reaktionen auf das Kind und seine Handlungen positiv sind, wird es ein gesundes und starkes Selbstbewusstsein entwickeln. Sind die Reaktionen dagegen überwiegend negativ, wird es sein Leben mit wenig Selbstachtung beginnen.

Hierbei ist besonders die Scheidung ein heikles Thema. Die Veränderung der Familiensituation wird im Besonderen bei kleineren Kindern als negative Reaktion der Eltern auf das eigene Verhalten erlebt. Aber auch bei älteren Kindern und Jugendlichen leidet das Selbstwertgefühl, da sich einerseits Auseinandersetzungen der Eltern oft um Kinder und Fragen der Erziehung drehen, andererseits Konflikte zwischen den Eltern über die Kinder ausgetragen werden. Beides bietet daher ausreichend Nährboden für Selbstvorwürfe und -zweifel und damit für ein mangelndes Selbstwertgefühl.

Je jünger Kinder sind, umso egozentrischer ist auch ihr Weltbild. Kinder nehmen wohl wahr, dass es eine Beziehung zwischen den Elternteilen gibt, aber in erster Linie erleben sie ihre eigene Beziehung zur Mutter und ihre eigene Beziehung zum Vater. Wenn jetzt ein Elternteil aus der Beziehung weggeht, erlebt sich das Kind selbst als verlassen. Es empfindet sich als nicht liebenswert, nicht brav, nicht attraktiv genug, um den Elternteil seinetwegen zum Bleiben bewegen zu können. Damit einher geht ein enormer Verlust an Selbstwertgefühl bei allen Scheidungskindern.

Kinder erleben sich als Teil der Mutter und Teil des Vaters. Sie haben nicht nur äußerlich Ähnlichkeiten mit ihren Eltern, auch bestimmte Bewegungen, Gesten und Verhaltensmuster werden übernommen. Im Zuge von Scheidungen kommt es immer wieder vor, dass ein Elternteil über den anderen schimpft oder sich Angehörige und „Freunde" einmischen und ihre Urteile abgeben.

*Jede Kritik an einem Elternteil ist eine Kritik am Kind!*

Je älter Kinder sind, desto größer ist ihr Bedürfnis nach Identifikationsfiguren. Jugendliche „probieren" Rollen aus und übernehmen deren Verhaltensweisen (Nachahmen von Musik- oder Sportidolen, aber auch ritualisierte Handlungen der Eltern, zum Beispiel ein Bier nach der Arbeit).

Die Suche nach der eigenen Identität ist am intensivsten in der Vorpubertät (etwa 10–12 Jahre) und in der Pubertät (etwa 13–18 Jahre). Im Besonderen werden Eltern zum Objekt der Beobachtung. Sie sind neben weiteren Angehörigen (Großeltern, Tanten, Onkeln etc.) die primären Identifikationsmodelle. Es ist daher wichtig, was die Eltern in dieser Hinsicht ihren Kindern mitgeben, da Verhaltensweisen, seien es positive oder negative, übernommen und auf deren Tauglichkeit im täglichen Leben ausgetestet werden (zum Beispiel Konfliktlösungsstrategien werden unter Schulkameraden getestet).

Eine Gefahr besteht besonders darin, wenn die Eltern trinken, rauchen, Drogen konsumieren, gewalttätig oder mit dem Gesetz in Konflikt geraten sind. Auch diese Muster werden übernommen, ausprobiert und auf ihren Sinn und Zweck überprüft. Solches Verhalten der Eltern macht Kindern oft Angst, doch die Liebe zu den Eltern überwiegt. (Auch misshandelte und missbrauchte Kinder wünschen sich keine anderen Eltern! Sie wünschen sich, dass ihre Eltern sich anders verhalten!) Unweigerlich drängen sich die Fragen auf: „Bin ich dazu auch im Stande?“, „Droht mir auch die Gefahr, in diese Abhängigkeit zu geraten?“.

Wichtig ist es, Kinder und Jugendliche dabei zu unterstützen, ein positives Selbstwertgefühl aufzubauen. Nur wer sich selbst annehmen kann, kann auch andere annehmen und wertschätzen. Nur wer sich auch seine Schwächen eingestehen kann, kann an sich arbeiten und sich weiterentwickeln. Nur wer sich selbst Gutes tun kann, kann das auch für andere tun oder ihnen zugestehen auf sich und seine Bedürfnisse zu achten, auch wenn damit verbunden ist, manchmal „nein“ zu sagen. Wie oft erleben wir Frauen, die sich für Partner und Familie aufopfern, sich selbst aber immer hintan stellen mit ihren Bedürfnissen. Das Ergebnis ist Unzufriedenheit und eine Erwartungshaltung in andere, die diese nicht erfüllen können, was letztendlich zu Konflikten führt und zum Bruch einer Beziehung; egal ob zwischen Partnern oder Eltern und ihren Kindern.

## 3.2 Intention

- Finden eines eigenen Identitätsgefühls als Grundlage eines gesunden Selbstwerts.
- Sich selbst als Individuum, unabhängig von seiner Familie und anderen, sehen lernen.
- Erkennen, dass jeder Mensch einzigartig ist mit seinen Fähigkeiten und Gaben.

## 3.3 Spielerische Integration

### Blühende Zweige der Vergangenheit und der Zukunft

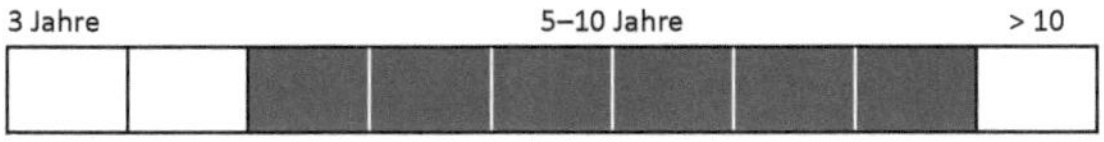

**Material:** großer Zweig (mit Verästelungen) aus dem Wald oder Garten, Naturpapier, (buntes) Seidenpapier, Stifte, Schere, kleine Wäschekluppen, Fotos, Heißklebepistole, Vase für den Zweig oder Schnur zum Aufhängen

**Intention:** Schöne Momente, Erlebnisse oder gemeinsame Erinnerungen, die das Kind vor oder nach der Trennung mit einem Elternteil oder mit beiden erlebt hat, werden als Blätter oder Blüten auf einem Ast sichtbar gemacht, Dabei soll das Gemeinsame zwischen Mutter und Kind oder Vater und Kind im Vordergrund stehen. Dieser Ast kann im Kinderzimmer des Kindes einen schönen Platz finden und immer neue Blüten/Blätter bekommen.

**Anleitung:** Aus Naturpapier werden Blätter aufgezeichnet und ausgeschnitten, aus Seidenpapier Blüten geformt. So können Erlebnisse gemalt, Fotos auf die Blätter geklebt oder Ort und Datum als Erinnerung aufgeschrieben werden. Die Blätter und Blüten können mit kleinen Holzwäschekluppen oder einer Heißluftklebepistole (die der Erwachsene bedient!) auf einem Ast, der beim Spazieren gehen gefunden wurde, festgemacht werden.

**Alternative/Anregung:** Es kann auch ein großer Ast in eine Bodenvase gesteckt und Postkarten, die als Erinnerung an einen gemeinsamen Ausflug mit dem Kind an das Kind geschickt werden, an die Zweige des Astes mit kleinen Wäschekluppen gehängt werden. So wird sichtbar gemacht, dass das Leben mit anderen, neuen Erinnerungen belebt wird. Und: Das Kind hat doppelt Freude, einmal beim Verschicken der Postkarte und einmal, wenn sie eintrifft.

## König*innen-Dusche der lieben Worte

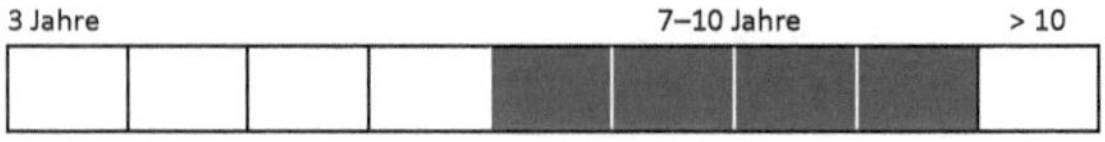


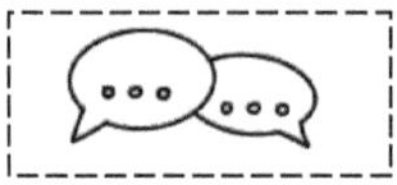

**Material:** eine Krone und Sesselkreis

**Intention:** Um die Sozialkompetenzen der Kinder (innerhalb einer Gruppe) zu steigern, bietet sich die „König*innen-Dusche der lieben Worte" an. Auch hier ist es im Vorfeld wichtig, herauszuarbeiten, welche positiven Qualitäten man in einem anderen Menschen sehen und wie man Bewundern artikulieren kann. Als Hilfsgerüst eignet sich eine „Liebe-Worte-Sammlung", auf der die Kinder im Bedarfsfall nachschauen können.

**Anleitung:** Die Kinder setzen sich in einem Halbkreis auf und in der Mitte steht ein Stuhl. Ein(e) Freiwillige(r) setzt sich auf den leeren Stuhl in der Mitte und darf sich die Krone auf den Kopf geben. Der/die König/in sagt: „Ich bin König/in (Name des Kindes) und schalte jetzt die Dusche der lieben Worte ein." Daraufhin erhebt sich ein Kind aus dem Sesselkreis und schenkt dem/r König/in eine Qualität oder Sache, die es an dem Kind auf dem Königsthron mag. Es sagt: „König/in (Name des Kindes), ich bewundere dich für ... (deinen Mut, deine Neugierde, deine schnelles Laufen, deine Fröhlichkeit, deine Geduld, weil du Geheimnisse für dich behalten kannst, für dein aufmerksames Zuhören, ...). Der/die König/in antwortet nur mit: „Danke", und hört sich jedes Kind an, das im Sesselkreis sitzt.

**Alternative/Anregung:** Manchmal ist es für Kinder schwierig, etwas Positives am Anderen zu finden, vor allem, wenn die Beziehung zueinander nicht gut ist oder die Kinder einander nicht gut kennen. Für solche Situationen eignet sich das Verweisen auf das Äußere (Haare, Augenfarbe, ...) oder es werden Eigenschaften/Qualitäten auf Zetteln vorbereitet und die Kinder ziehen sie, überlegen, ob die Eigenschaft zu/m König/in passen könnte, und sagen sie dann (wenn sie nicht passt, ziehen sie eine andere).

Wichtig ist, dass alle Kinder an die Reihe kommen. Manche Mädchen und Buben mögen nicht als Erstes an der Reihe sein und halten sich im Hintergrund. Bitte darauf achten, dass diese Kinder nicht „vergessen" werden. Die Aufmerksamkeitsspanne lässt nach drei bis vier König/innen-Runden nach und daher macht es Sinn, diese Übung auf mehrere Blöcke/Treffen auszudehnen.

### Hausmusik

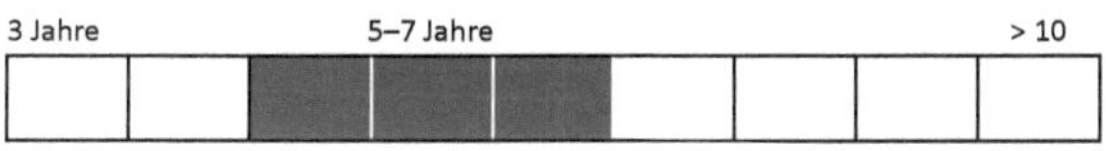

**Material:** Leere Papierrollen, Kartons, Flöten, Pfeifen, eventuell Glockenspiel, Schnüre, Glöckchen, Kochtöpfe, Backpapier, Dosen und Reis oder Steinchen für Rasseln

**Intention:** Die Übung dient der Sensibilisierung für weitere Methoden, die sich mit der Frage „Wo stehe ich?" auseinandersetzen. Über die Identifikation mit den selbstgebastelten Instrumenten soll den Kindern vermittelt werden, was Identität ist. Sie erleben, wie jedes Instrument für sich klingen kann, wie es im Zusammenspiel in einer Gruppe klingt und wie die Gruppe klingt, wenn ein Instrument fehlt.

**Anleitung:** Die Kinder sollen verschiedene Instrumente basteln oder benutzen, die dann jeweils für ein Familienmitglied stehen; damit wird zuerst Hausmusik gemacht: Jedes Kind hat eine begrenzte Zeit zur Verfügung, in der es Hausmusik machen und den anderen Anweisungen geben darf, wer und wie mitzuspielen ist. Dann wird angehört, wer vorkommt und wie die Musik klingt, wenn ein Instrument (als Symbol für ein Familienmitglied) wegfällt. Gelingt die Übung gut, kann der Vergleich mit einer Familie am Schluss auch direkt angesprochen werden, und die Kinder können ihren Familienmitgliedern Instrumente zuordnen – auch das gibt Aufschluss darüber, wie die Kinder sich selbst und ihre Eltern erleben.

Wichtig ist dabei immer nachzufragen, welche Eigenschaften ein Kind mit einem Instrument verbindet (zum Beispiel „Papa ist ein Schlagzeug“ kann für ein Kind bedeuten, dass der Papa „laut“ ist, ein anderes wählt dieses Instrument, weil der Papa selbst Schlagzeug spielt).

### Aufmerksam sein

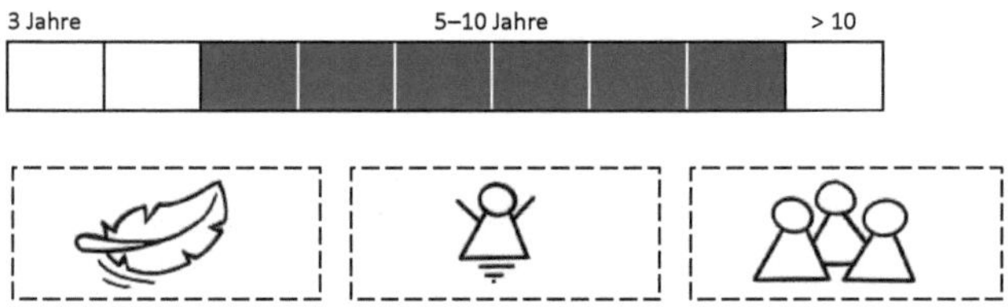


**Intention:** Hierbei geht es in erster Linie um die Wahrnehmung der äußeren Identität. Diese Übung sensibilisiert für weitere Übungen, die sich mit den Fragen „Wer bin ich? Was macht mich aus?“ auseinandersetzen.

**Anleitung:** Je zwei Kinder stehen einander gegenüber und betrachten einander aufmerksam. Dann schließt eines die Augen und beschreibt, was es sich vom Aussehen des anderen gemerkt hat. Auch Augenfarbe, Größe etc. sind wichtig! Anschließend werden die Rollen getauscht.

### Das kleine Ich bin ich

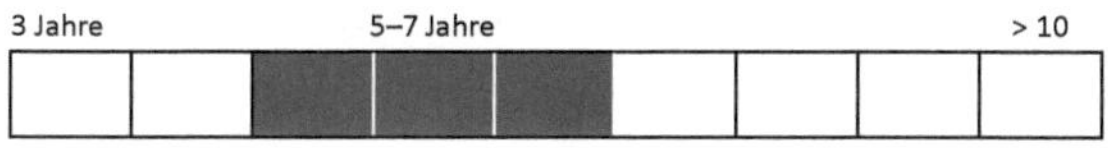

**Material:** Buch: Lobe/Weigel 2016. Papier, bunte Stifte oder Stoffreste, bunte Bänder, Knöpfe für Augen, Watte oder Ähnliches zum Füllen, Schnüre

**Intention:** Diese Geschichte ist eine der bedeutendsten Geschichten zum Thema „Individualität und Selbstwert“ bei Kindern! Das kleine Ich bin ich sucht seine Identität und findet sie schließlich ohne Zugehörigkeit zu anderen (zum Beispiel Eltern) aus sich selbst heraus.

**Anleitung:** Geschichte mit den Kindern lesen, danach darüber sprechen, was die eigene Identität ausmacht (Wer ist das kleine Ich bin ich? Wie geht es dem kleinen Ich bin ich? Was sucht/braucht/will das kleine Ich bin ich? ...) und die Kinder etwas aus der Geschichte malen oder ihr persönliches „Ich bin ich“ basteln lassen. Wichtig ist, dass die Kinder lernen ihr neu erworbenes Wissen aus der Fiktion in die Realität zu übertragen.

### Frederick

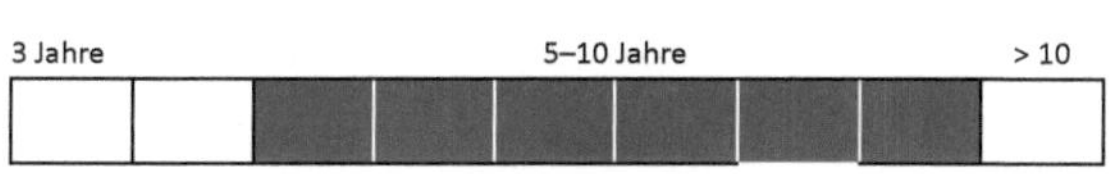

**Material:** Buch: Lionni 2003, Papier, bunte Stifte

**Intention:** Die Kinder erleben in der Gesellschaft, dass fast ausschließlich Leistungen zählen, die man vorzeigen kann. In der Geschichte sind das die Mäuse, die Vorräte für den Winter sammeln. Genauso wichtig sind aber auch andere Fähigkeiten und Eigenschaften, die in diesem Fall Frederick verkörpert, zum Beispiel zuhören oder gut erzählen zu können. Die Kinder sollen angeregt werden, darüber nachzudenken, was sie besonders gut können oder können wollen.

**Anleitung:** Geschichte den Kindern vorlesen und anschließend darüber sprechen, welches Fredericks Fähigkeiten sind und welches Kind welche Fähigkeiten in sich trägt. Kinder, die einander schon länger kennen, können einander auch gegenseitig positives Feedback geben und sagen, was sie am anderen mögen. Dann soll jedes Kind zeichnen, was ihm in der Geschichte am besten gefallen hat oder welche Fähigkeiten es an sich selbst positiv empfindet – die anderen können dann erraten, was gemeint ist!

### Weil er nutzlos war

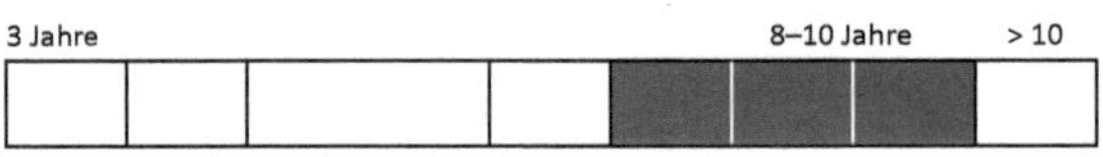

**Intention:** die Kinder darauf aufmerksam machen, dass nichts und niemand nutzlos ist

**Anleitung:** Geschichte vorlesen oder frei erzählen und mit den Kindern Parallelen suchen (zum Beispiel erscheint uns sicher das eine oder andere Tier „nutzlos" und ist doch Nahrung für andere für uns wichtigere Tiere). Gibt es Momente, in denen sich ein Kind „nutzlos" fühlt? Die Kinder können auch Szenen aus der Geschichte zeichnen.

> *Ein Zimmermann und sein Lehrling gingen miteinander durch einen großen Wald. Als sie auf einen großen, riesigen, knorrigen, alten, wunderschönen Eichbaum stießen, fragte der Zimmermann seinen Lehrling: „Weißt du, weshalb dieser Baum so groß, so riesig, so*

*knorrig, so alt und so wunderschön ist?" Der Lehrling schaute seinen Meister an und sagte: „Nein ... warum?" „Deshalb", sagte der Zimmermann, „weil er nutzlos war. Wäre er brauchbar gewesen, dann wäre er schon lange gefällt und zu Tischen und Stühlen verarbeitet worden. Aber weil er unbrauchbar war, konnte er so groß und so wunderschön werden, dass man sich nun in seinen Schatten setzen und sich unter ihm erholen kann."*

*(aus: Nouwen 1996, S. 77)*

## T-Shirt mit Kartoffelstempel bedrucken oder bemalen

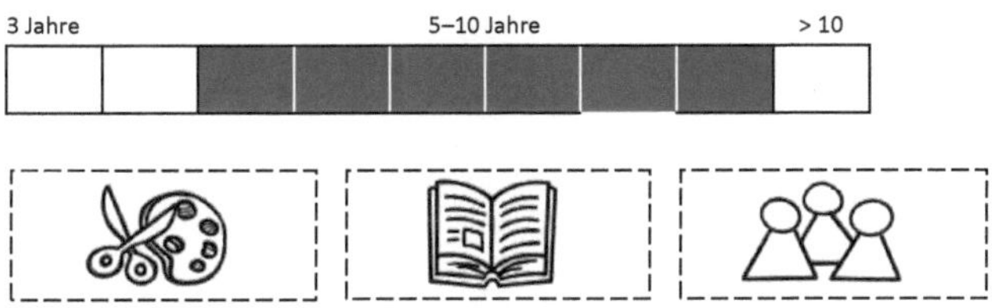


**Material:** weiße (oder farbige – vorteilhaft: helle Farben) Baumwoll-T-Shirts, Textilfarben, Kartoffeln, Pinsel, Messer, Wassergefäße, alte Zeitungen zum Auflegen, Küchenrolle zum Aufwischen, Karton zum dazwischen legen (damit die Farbe nicht durchgeht auf den Rücken), eventuell Föhn zum Trocknen

**Intention:** Diese Übung dient dem kreativen Ausdruck. Die Kinder sollen angeregt werden, einem T-Shirt ihre persönliche Note zu verleihen. Auch die Kleidung ist ein Stück der Individualität, und gerade hier gibt es unzählige Möglichkeiten, sich von anderen zu unterscheiden und so zur eigenen Individualität zu finden.

**Anleitung:** Kartoffeln werden halbiert und Motive herausgeschnitten, dann Farbe mittels Pinsel auf die Kartoffel streichen und aufs T-Shirt drucken.

Kinder sollen ihr persönliches T-Shirt gestalten; wer will, kann selbstverständlich auch frei malen oder einfach Finger- und Handabdrücke darauf machen! Auch unfreiwillige Farbkleckse können eingearbeitet werden (als Käfer, Blätter, Blumen ...). Es gehen auch Abdrücke von anderen Dingen zum Beispiel getrockneten Blättern – ergibt sehr schöne Muster durch Blattadern! Regen Sie die Kinder an, ihre Lieblingsfarbe(n) zu verwenden, auch wenn es sich dabei um Schwarz handelt! Während jüngere Kinder gerne mit Kartoffelstempel arbeiten, bemalen ältere Kinder ihre T-Shirts nach Belieben oder sie schreiben darauf. (Dafür gibt es auch eigene Stifte, die beim Waschen erhalten bleiben.)

## 5-Finger-Ich

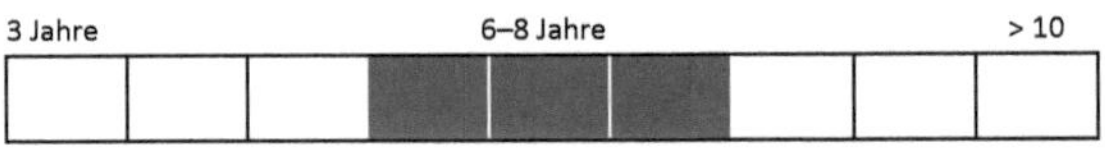

**Material:** A4-Papier, Bleistift, Buntstifte

**Intention:** Um sichtbar zu machen, dass das Kind viele positiven Qualitäten in sich trägt und es auch selbst handlungsfähig ist, eignet sich diese Methode.

**Anleitung:** Das Kind legt eine Hand auf ein leeres Blatt Papier und zieht mit der anderen die Umrisse nach (oder ein anderes Kind hilft mit). In jeden Finger wird hineingeschrieben, was das Kind gut kann oder gerne macht (malen, singen, tanzen, schwimmen, ...). In die Handfläche schreibt das Kind: „Ich bin ...“ Wenn die Übung beendet ist, setzt das Kind seinen Namen unter seine Handfläche.

**Alternative/Anregung:** Ältere Kinder sollen sich ihrer positiven Qualitäten bewusstwerden und in je einen Finger eine positive Eigenschaft als Ressourcenquellen festhalten (flexibel, positiv denkend, zielstrebig, hilfsbereit, geduldig, tolerant, gute*r Freund*in, fröhlich ...).
Es hat sich gezeigt, dass eine Liste mit Worten für die positiven Qualitäten hilfreich ist, da das Unvermögen oder Nicht-Können oft im Vordergrund steht. Wenn Kinder negative Qualitäten wie „chaotisch“ oder „sturköpfig“ als Eigenschaft nennen, so hilft ein Gespräch, in dem

klargemacht wird, dass aus dem Chaos etwas Neues entstehen kann und das Kind möglicherweise Kreativität in sich trägt oder ein „Sturkopf" zielstrebig ist und sich von seinem Weg nicht abbringen lässt.

### Mein Name – Ausdruck meiner Persönlichkeit

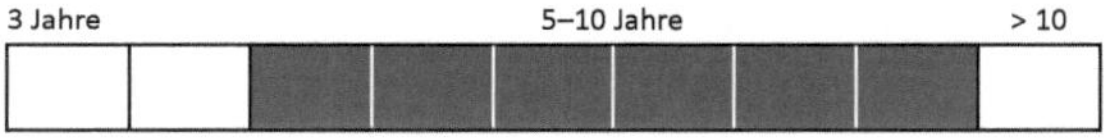

**Material:** A4-Karton, bunte Stifte, eventuell Zeitschriften, Klebstoff, Scheren oder Salzteig (mit Lebensmittelfarben eingefärbt), A4-Karton, stumpfe Messer, Unterlage zum Abdecken (eventuell Klarsichtfolie)

**Intention:** Der Name ist ein wichtiger Teil der Identität und bekommt hier bewusste Aufmerksamkeit.

**Anleitung:** Die Kinder sollen ihren Namen auf die Kartontafel schreiben oder mit Zeitungsbuchstaben kleben. Die Größe der Buchstaben und die Schriftart sollen sie selbst auswählen, sie sollen ihre Lieblingsfarben benutzen. Auch die Zwischenräume können ausgestaltet werden.

Folgende Fragen sollen mit den Kindern erörtert werden:

- Wie gefällt dir dein Name?
- Hast du noch andere Namen?
- Wie rufen dich deine Eltern, Freunde, Geschwister?
- Welchen anderen Namen würdest du dir aussuchen?
- Weißt du, wer deinen Namen ausgesucht hat? (Kinder freuen sich sehr darüber, wenn man ihnen sagt, dass ihre Eltern sich bewusst für diesen Namen entschieden haben, weil er ihnen am besten gefällt oder etwas Besonderes ausdrückt!)
- Gibt es noch jemanden in deiner Familie, der so heißt?

**Alternative:** Den Namen aus Salzteig schreiben (kleinere Kinder brauchen etwas Hilfe).

### Dankbarkeit kultivieren

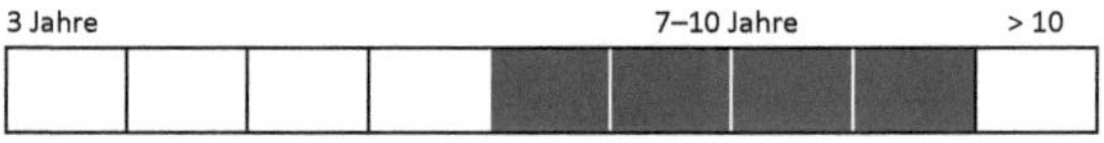

**Intention:** Stärkung von Resilienz. Bewusst wahrnehmen lernen, dass auch in schwierigen Momenten Schönes stattfinden kann. Und manchmal machen wir sogar erst in traurigen Augenblicken die Erfahrung, dass wir von Liebe umgeben sind.

**Anregung:** Als Einstieg ins Thema passt sehr gut der Pixar-Film „Alles steht Kopf" (2015).

**Anleitung:** Manchmal haben wir das Gefühl, dass gerade alles im Leben schiefgeht. Dass nichts so ist, wie wir es uns wünschen. Dann fühlen wir uns hilflos, traurig oder wütend. Dabei übersehen wir, dass sehr oft gleichzeitig auch schöne Dinge passieren. Wir bemerken sie nur in diesen Momenten nicht, weil das andere, wie ein dunkler Schatten alles überdeckt. Wenn wir unser Gehirn aber darauf trainieren, jeden Tag Dinge wahrzunehmen für die wir dankbar sind, die schön sind in unserem Leben, dann stärken wir Bereiche im Gehirn, die uns glücklicher sein lassen, auch wenn nicht immer alles rund läuft. Möchtest du es ausprobieren?

*Setze oder leg dich dazu gemütlich hin, wenn du magst, schließe deine Augen. Spüre deinen Atem. Ein und aus. Ein und aus. Vielleicht spürst du eine angenehme Wärme in deinem Körper oder er fühlt sich schwerer an. Erinnere dich nun an einen Augenblick, in dem du das Gefühl Dankbarkeit ganz deutlich gespürt hast. Vielleicht hat dich in der Schule jemand bei einem Test abschreiben lassen? Oder du hast ein Geschenk bekommen, das du dir schon lange gewünscht hast? Jemand, den du lieb hast, ist unerwartet zu Besuch gekommen? Vielleicht bist du dankbar für jemanden aus deiner Familie? Deine Schwester, deinen Bruder? Deine beste Freundin, deinen besten Freund? Dass du heute hier sein kannst? Über einen Sonnentag im Schwimmbad? Über einen freien Nachmittag im Park? Einen Preis, den du gewonnen hast? Ein Haustier, das gesund und munter ist?*
*Suche dir eine einzige Situation aus, wo du Dankbarkeit ganz intensiv gespürt hast. Wo in deinem Körper kannst du es jetzt noch spüren? Wie fühlt sich Dankbarkeit in deinem Körper an? Ist es Wärme? Eine innere Ruhe? Zufriedenheit? Ein Strahlen auf deinem Gesicht? Spüre ganz hinein in dieses Gefühl. Nimm es mit jeder Körperzelle wahr.*
*Du kannst ab jetzt jeden Abend beim Zubettgehen daran denken, wofür du an diesem Tag dankbar bist. Zwei, drei Dinge werden dir jeden Tag einfallen. Vielleicht sind es manchmal ganz unspektakuläre Dinge, wie die Tatsache, dass die Sonne schien, dass sauberes warmes Wasser aus der Leitung kommt. Oder ein Busfahrer, der dir im letzten Moment vor der Abfahrt die Türe aufgemacht hat, und du so noch pünktlich sein konntest. Oder ein Freund, der dich besucht hat, als du krank warst. Oder jemand, der dich getröstet hat, als du traurig warst. Dein Bruder, der mit dir ein Spiel gespielt hat. Deine Schwester, die das letzte Stück Kuchen mit dir geteilt hat.*
*Du kannst ein schönes Heft neben dein Bett legen und jeden Abend etwas hineinschreiben, das verstärkt die Wirkung noch. Atme jetzt noch einmal tief ein und aus und komm dann mit einer Bewegung deines Körpers, in deinem Tempo, wieder ganz im Raum an.*
*Wer möchte, kann erzählen, wie es ihm/ihr mit der Übung ergangen ist und wofür man dankbar sein kann. Der Austausch in der Gruppe bringt jedem und jeder gleichzeitig neue Ideen.*

## Mobile „ICH“

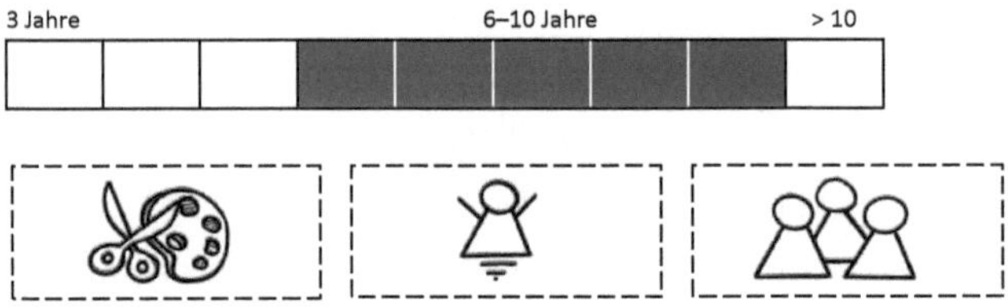


**Material:** pro Kind 2 längere Holzstäbchen (z. B. Grillspieße) oder einen Kleiderbügel, Scheren, Klebstoff, farbige Stifte, Zeitschriften, Schnur, Karton, Locher

**Intention:** Die Kinder sollen angeregt werden, darüber nachzudenken, was ihnen persönlich wichtig ist, was sie gerne mögen. Gerade in der Scheidungssituation ist es wichtig, den Blick immer wieder auf die positiven Dinge zu richten, die noch da sind, auf das, was unverändert ist; auch darauf hinzuweisen, dass es noch anderes außerhalb der Familie gibt, was die Kinder interessiert und erfreut.

**Anleitung:** Die Kinder sollen ein Mobile basteln, das typische Fähigkeiten oder Eigenschaften von ihnen zeigt, oder Dinge, die die Kinder gern haben, gerne tun, gerne essen ...

**Anregung:** Diese Übung eignet sich gut in Kombination mit der Geschichte „Das kleine Ich bin ich“!

## Personencollage – Meine vielen Seiten

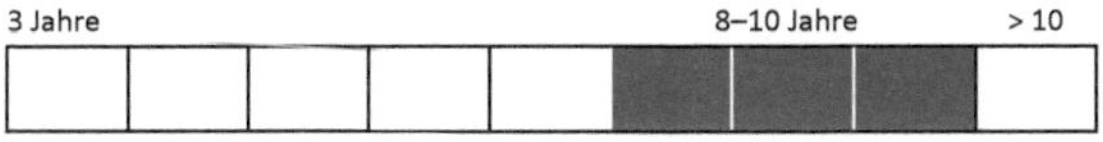

**Material:** Große Rolle Packpapier, dicke Stifte, farbige Stifte, Wasserfarben, Ölkreiden, Zeitschriften, (Pflanzen-, Tierbedarf-)Kataloge, Klebstoff, Scheren.

**Intention:** Diese Übung dient dem Sichtbarmachen, wie sich das Kind gerade fühlt, was ihm wichtig ist. Wenn das Kind sehr unter der Trennung leidet, wird es verstärkt auf traurige Bilder oder Texte aus Zeitschriften zugreifen oder zum Beispiel dunkle Farben wählen. Einerseits kann es damit seiner Trauer kreativ Ausdruck verleihen und erfährt dadurch Entlastung, andererseits ist es wichtig, den Blick des Kindes auf positive Aspekte zu lenken; auf das, was außerhalb der Familie noch an Schönem vorhanden beziehungsweise unverändert ist.

**Anleitung:** Je ein Kind legt sich auf einen Packpapierbogen auf den Boden; ein anderes zeichnet die Umrisse nach; jedes Kind gestaltet seine individuelle Figur (mit eigenen Bildern, Texten, Fotos aus Zeitschriften/Katalogen ...). In der anschließenden Reflexion schauen sich alle Kinder – aber nur mit deren Erlaubnis! – die Collagen der anderen an. Dabei kann z. B. vorgegeben werden: Alle gehen herum und schauen sich die Collagen der anderen aufmerksam und in Stille an, ohne zu sprechen. Eine Erkenntnis darauf kann für die einzelnen sein, dass wir alle „alles" sind – wir haben fröhliche Anteile und traurige, ruhige und aufgeweckte, nachdenkliche und unbeschwerte und je nach Lebenssituation überwiegt manchmal das eine oder andere. Trotzdem sind immer alle Anteile vorhanden.

## Eine Handvoll Nüsse

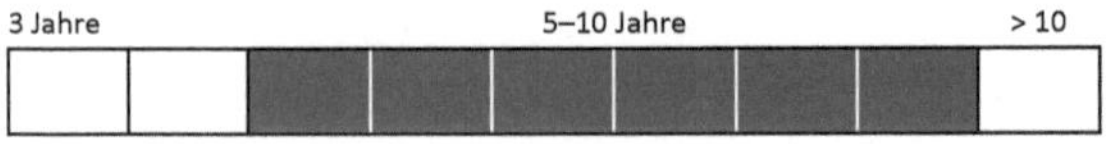

**Material:** keines (Falls es gerade Herbst und Nuss-Zeit ist, können Sie am Ende einen Korb mit Nüssen hervorholen und diese mit den Kindern gemeinsam öffnen und essen. Das ankert die Übung zusätzlich. Beim Nuss-Essen braucht aber nicht über die Meditation gesprochen werden. Falls doch, achten Sie bitte darauf, dass es nicht in einen Wettbewerb „Wer hat die meisten tollen Eigenschaften?“ ausufert!)

**Intention:** Ziel ist die bewusste Wahrnehmung eigener positiver Eigenschaften, um so ein positives Selbstbild zu bekommen. Die Symbolik der Walnüsse in der Schale hält die Option offen, dass manche Eigenschaften sich erst noch entwickeln werden.

### Anleitung

*Deine Hände ruhen mit den Handflächen nach oben auf deinen Oberschenkeln. Du spürst, wie du atmest, eigentlich geatmet wirst. Ein und aus. Ein und aus.*

*Vielleicht möchtest du deine Augen schließen. Du spürst, wie dein Atem deinen ganzen Körper durchströmt, fast wie ein inneres Streicheln. Vielleicht lächelst du sogar ein klein wenig.*

*Und jetzt spürst du, wie deine Hände wärmer werden und sogar ein bisschen schwerer. In deine offenen Hände sind gerade Nüsse geschwebt.*

*Du weißt, wie Walnüsse aussehen? Sie haben eine harte Schale und einen weichen Kern, der lecker schmeckt. Dafür muss man die Schale aber erst öffnen. Stell dir nun vor, dass in jeder einzelnen Nussschale eine Eigenschaft von dir liegt. Jede ist besonders. Jede ist kostbar.*

*Ohne hinzusehen, was liegt jetzt alles in deinen Händen? Was magst du an dir besonders?*

*Es ist dabei nicht wichtig, ob andere diese Eigenschaft an dir auch toll finden.*
*Vielleicht taucht in deinem Geist ein Augenblick auf, in dem du dich besonders wohl gefühlt hast, weil dir etwas gut gelungen ist. Wo du eine innere Kraft gespürt hast.*

- *Was machst du gerne?*
- *Was gefällt dir an dir?*
- *Wann lacht dein Herz und schlägt Purzelbäume vor Freude in dir?*

*Du brauchst es niemandem zu verraten, nur deine innere Schatztruhe damit füllen.*
*Vielleicht gibt es auch Nüsse, in die du noch nicht hineinsehen kannst. Du hast noch dein ganzes Leben vor dir und wirst noch viele Talente an dir entdecken, Fähigkeiten entwickeln und von vielen Menschen geliebt werden.*
*Spüre noch einmal nach, schau auf deine Hände voller Nüsse, lass ein warmes Gefühl deinen Körper durchströmen. Atme tief ein und aus. Ein und aus.*
*Du kannst die Nüsse nun in einen Korb purzeln lassen, der neben dir steht und den du jetzt erst entdeckt hast.*
*Er wird ab jetzt immer neben dir stehen, nur für dich sichtbar. Und wenn du einmal an dir zweifelst, schau auf die Menge an Nüssen darin. Alles ist gut. Du bist klüger, mutiger, hübscher, stärker, geliebter als du manchmal denkst.*

*Öffne jetzt langsam deine Augen und komm dann mit einer Bewegung, die für dich gerade gut passt, wieder hierher in den Raum zu mir und den anderen.*

## Schattenbild

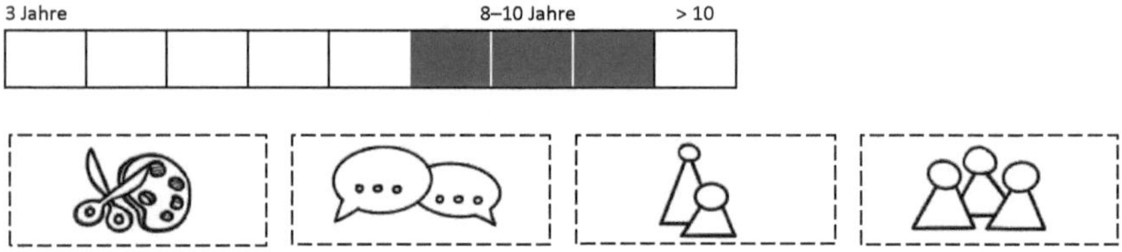


**Material:** Zeichenpapier, Klebeband, Bleistifte, dicke schwarze Filzstifte, Lampen mit beweglichem Schirm (zum Beispiel kleine Tischlampen, es gehen auch Taschenlampen), bunte Stifte, (farbiges) Naturpapier, Zeitschriften, Klebstoff, Scheren.

**Intention:** Diese Übung dient der Sichtbarmachung dessen, was im Kind vorgeht, was ihm wichtig ist, was es sich erhofft. Wenn sie in einer Gruppe gemacht wird, auch der Erkenntnis, dass manche Themen auch andere Kinder beschäftigen.

**Anleitung:** Je zwei Kinder arbeiten zusammen; ein Kind setzt sich nieder, in Kopfhöhe wird mit Klebeband weißes Papier an die Wand dahinter geklebt; eine Lampe strahlt es so an, dass dessen Profil vom anderen Kind nachgezeichnet werden kann. Mit einem dicken Filzstift kann das Kind dann selbst seinen Kopf nachzeichnen und auf Naturpapier kleben oder verschieden ausgestalten (bemalen oder eine Collage aus Zeitschriften machen).

Folgende Fragen sollen bearbeitet werden:

- Woran ich oft denken muss.
- Woran ich gar nicht denken mag.
- Davon träume ich mit offenen Augen.
- Wenn ich drei Wünsche frei hätte.
- Wenn ich ein Zauberer wäre und mich verwandeln könnte.

## Kreuzwortname

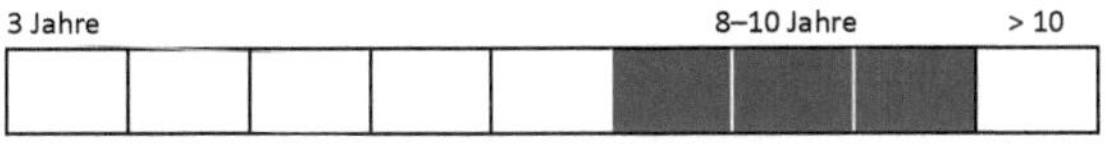

**Material:** weißes A4-Papier/Karton, farbige Stifte

**Intention:** Bei dieser Übung geht es darum, das Kind zu unterstützen, ein positives Selbstbild zu entwickeln, indem es sich seine positiven Eigenschaften und Stärken bewusst macht.

**Anleitung:** Jedes Kind soll seinen Namen auf das Papier schreiben und zu jedem Buchstaben ein Eigenschaftswort beziehungsweise etwas, das das Kind an sich besonders mag.

**Alternative:** Wenn sich die Kinder untereinander besser kennen, schreibt jedes seinen Namen auf eine A5-Karte, gibt diese reihum und die anderen schreiben jeweils eine positive Eigenschaft dieses Kindes darauf. Wenn die Karte wieder beim Kind angekommen ist, kann es sie in Ruhe durchlesen, nachfragen, wenn es etwas nicht lesen kann oder nicht versteht, was gemeint ist, und nimmt die „Kraft-Karte“ dann mit nach Hause.

### Vorurteile killen

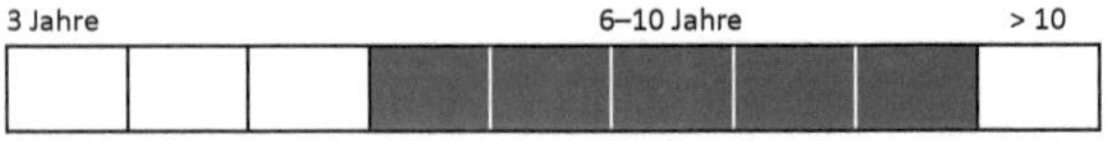

**Material:** Luftballons, Wäscheleine, Schnur, Stecknadeln

**Intention:** Gerade negativ behaftete Aussagen, Vorurteile, Bewertungen etc. (bei denen sich Eltern oder andere oft gar nichts denken) können Kinder sehr belasten und entmutigen. Diese Übung dient der Entlastung und damit der Stärkung des Selbstwertgefühls.

**Anleitung:** Negative Aussagen, die die Kinder kennen, schreiben sie auf die aufgeblasenen Luftballons (für jüngere Kinder übernimmt das Schreiben der Erwachsene), die sie an die Wäscheleine, die quer durch den Raum gespannt ist, hängen. Ist das geschehen, darf jeder unter dem Beifall der Gruppe „seine" Verletzungen, Verurteilungen, Kränkungen, Sorgen, zerplatzen lassen (zum Beispiel: Das lernst du nie; du bist doof; Mathe ist schwer; blöde Gans; du bist ungeschickt ...).

### Gipsmasken

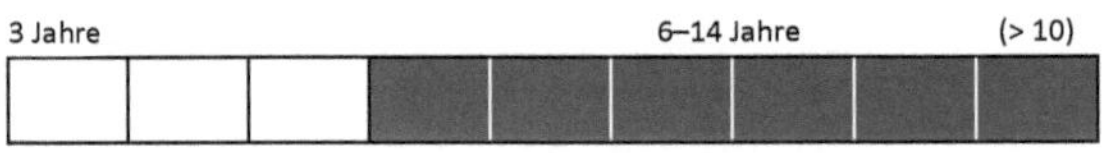


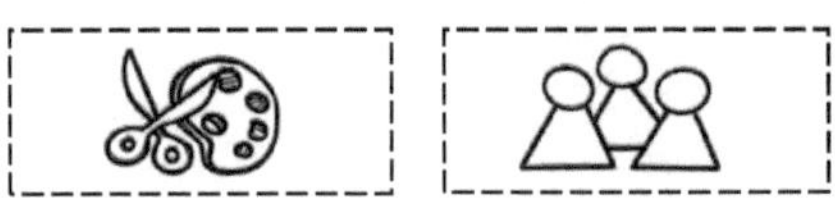

**Material:** Gipsbinden, Schalen für Wasser, Scheren, Zeitungspapier zum Unterlegen, alte Handtücher, Vaseline, Wattepads für Augen, klassische Musik im Hintergrund (zum Beispiel „Eine kleine Nachtmusik" von Mozart!)

**Intention:** Das ist eine wunderschöne Übung zur Stärkung des Selbstwerts! Je nach Ihrer Vorgabe können die Kinder angeregt werden, positive Eigenschaften überdeutlich hervorzukehren (zum Beispiel riesige Ohren, wenn ein Kind gut zuhören kann). Es können auch negative Persönlichkeitsanteile aus dem Kind in die Maske *abgegeben* werden (zum Beispiel ein Kind, das kein Geheimnis für sich behalten kann, macht der Maske einen übergroßen Mund – damit ist sein Rededrang ab jetzt in der Maske und es selbst kann in kleinen Schritten daran arbeiten, vertrauenswürdiger zu werden). Schon allein durch die gegenseitige Unterstützung, die die Kinder einander geben müssen, wächst ihr Selbstwertgefühl. Die kreative Arbeit miteinander bringt neue Persönlichkeitsanteile zum Vorschein: Ein Kind, das die anderen in der Vergangenheit durch ständiges Stören oft genervt hat, fällt plötzlich durch Geschicklichkeit und Hilfsbereitschaft auf. Auch die Tatsache, dass es sich hier um eine Übung handelt, die viel Schmutz macht, macht den Kindern besonderen Spaß.

**Anleitung:** Zeitungen dick ausbreiten; je zwei Kinder arbeiten zusammen; Gipsbinden werden in Streifen geschnitten; ein Kind schmiert sich Gesicht dick mit Vaseline ein (Maske geht sonst nicht herunter! Besonders wichtig bei behaarten Stellen: Augenbrauen!) und legt sich auf den Rücken auf den Fußboden mit dem Kopf auf das Zeitungspapier; Augen werden mit Wattepads abgedeckt; Kleidung des Kindes am besten mit alten Handtüchern abdecken oder einen Arbeitskittel überziehen; zweites Kind taucht Gipsbinden kurz in Wasser und legt sie auf das Gesicht; mehrere Schichten übereinander; auf Wunsch (nur dann!!, Kinder sind sehr sensibel, wie die Masken anschließend aussehen!) kann die Nase vergrößert oder andere „Verunstaltungen“ durchgeführt werden. Nach kurzer Trockenzeit löst sich Maske von allein und das Kind kann sie gut abnehmen. Zum völligen Durchtrocknen muss sie dann ca. einen halben Tag liegen bleiben.

**Wichtig:** Es muss ausreichend Zeit sein, damit jedes Kind, das möchte, eine Maske bekommen kann. Die Arbeit macht Kinder und Umgebung „schmutzig“ – geht aber leicht wieder weg!

## Steckbrief

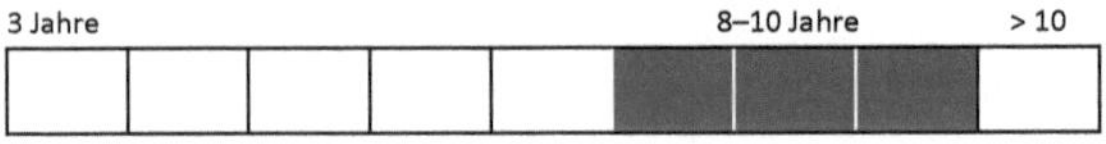


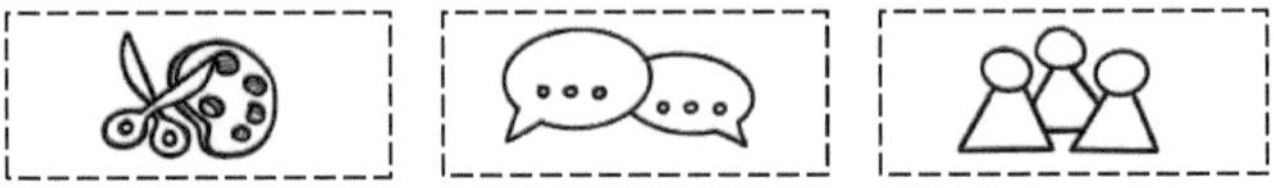

**Material:** farbige Kartonfiguren (weiblich oder männlich) mit Fragen, Scheren, Stifte, Tixo zum Aufhängen (Kopiervorlage auf S. 228 + 229 und im Online-Material)

**Intention:** Bei dieser Übung geht es um ein Sichtbarmachen der inneren Welt des Kindes. Gibt es Parallelen zwischen einzelnen Kindern? Mit Erlaubnis der Kinder können den Eltern die Steckbriefe ihrer Kinder gezeigt werden – ob sie erraten, welcher zu ihrem Kind gehört? (Für manche oft gar nicht leicht!)

**Anleitung:** Kinder sollen Fragen beantworten und auf die Kartonfiguren schreiben, kleben (zum Beispiel als Sprechblasen); Figuren werden dann – nur mit Erlaubnis! – im Raum aufgehängt und jeder kann sich alle ansehen, anschließend Reflexionsrunde ob es Ähnlichkeiten gibt.

So bin ich:

- Das mache ich gerne.
- So ein Tier wäre ich gerne.
- Darüber denke ich oft nach.
- Das macht mich sehr wütend.
- Darüber freue ich mich.
- Das macht mir Angst.
- Das stimmt mich traurig.

## Paket mit guten Wünschen füllen

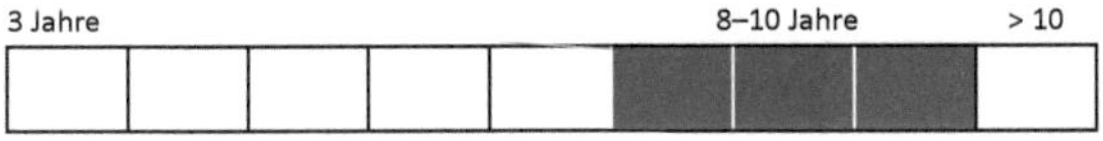

**Material:** Paket-Vorlage (s. S. 230 + 229) in verschiedenen Farben kopiert (pro Kind eine), Stifte

**Intention:** Diese Übung dient der Stärkung des Selbstwertgefühls!

**Anleitung:** Jedes Kind sucht sich ein Paket aus und schreibt seinen Namen in die Schleife; dann werden die Pakete reihum gegeben und jede/r schreibt dem anderen hinein, was er an ihm/ihr mag, was ihm einmal gut getan hat, worüber er sich gefreut hat. Wenn ich nur ein Kind habe, motiviere ich es, jedes Lob, das es erhält, in sein Paket zu schreiben – in deprimierter oder trauriger Stimmung hilft das Durchlesen enorm!

## Brieffreunde, Brieffreundinnen

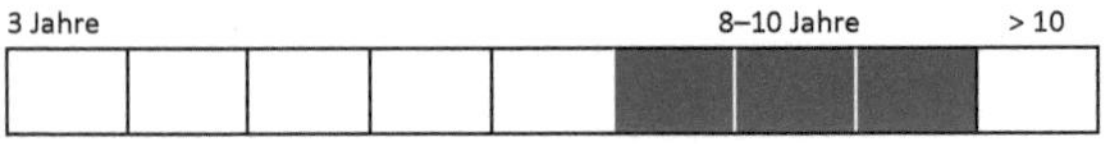

**Material:** pro Kind 1–2 Bogen Briefpapier und 1 Kuvert, Stifte

**Intention:** Diese Übung dient der Reflexion der eigenen Persönlichkeit. Durch das Aufschreiben von Ängsten, Wünschen und Hoffnungen werden einerseits die Gedanken geordnet und strukturiert, andererseits entlastet das Niederschreiben sehr. Indem Kinder Gelegenheit haben, auch Texte anderer zu lesen, erfahren sie, dass andere ähnliche Ängste oder Hoffnungen haben. Durch die Antwort auf ihren Brief bekommen sie selbst positive Anregungen.

**Anleitung:** Die Kinder werden aufgefordert, einen Brief an jemanden zu schreiben, den sie noch nie getroffen haben, in dem sie sich der Person vorstellen. Sie sollen auch über ihre Ängste, Hoffnungen, Träume ... schreiben. Die Briefe kommen anschließend in die Kuverts, werden gemischt, jede/r zieht ein Kuvert und versucht eine Antwort zu schreiben. Brief und Antwort können auf Wunsch anonym bleiben und werden ausgehängt – so kann jeder jeden Brief und jede Antwort lesen. Da die Kinder ihre Handschriften meist nicht gegenseitig kennen, bleibt die Anonymität gewahrt. Selbstverständlich kann diese Übung auch von einem Treffen bis zum Nächsten mitgegeben werden und die Kinder benutzen zu Hause einen Computer zum Schreiben, was das Lesen später sicher erheblich erleichtert und mehr Diskretion gewährleistet.

## Kraftbaum gestalten

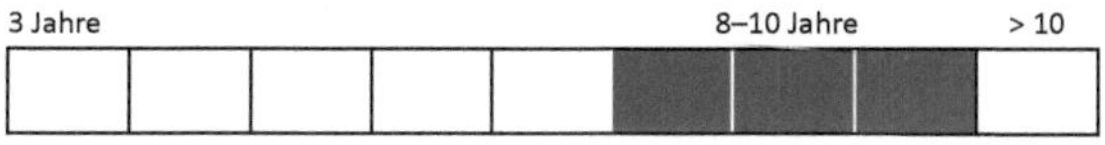

**Material:** Karton, Naturmaterialien (Rinde, Laub, getrocknete Blüten ...) oder Naturpapier in verschiedenen Farben, Klebstoff

**Intention:** Der Kraftbaum dient der eigenen Reflexion (Wurzeln), der Entwicklung von Zielen (Knospen) und der Stärkung des eigenen Selbstwerts (Früchte).

**Anleitung:** Jedes Kind soll seinen eigenen Kraftbaum gestalten. Folgende Fragen sollen dabei reflektiert werden:

- Welche Wurzeln habe ich?
- Was gibt mir Halt?
- Wodurch bekomme ich meine Kraft?
- Was stärkt mich?
- Was sind meine Knospen, meine Blüten?
- Wo ist meine Sehnsucht?
- Was sind meine Träume?
- Was sind meine Hoffnungen?
- Was wächst in mir?
- Was sind meine Früchte?
- Was habe ich erreicht?
- Wo kann ich hilfreich sein für andere?
- Worauf bin ich stolz?

Diese Übung kann gut mit einer Meditation eingeleitet werden, z. B. mit dieser *Baummeditation:*

*Setze oder lege dich bequem hin. Wenn du magst, schließe deine Augen.*
*Spür, wo dein Körper auf dem Sessel oder der Matte aufliegt.*
*Jetzt nimm deinen Atem wahr – das Einatmen und das Ausatmen. Du musst nichts dafür tun, sondern einfach deinen Atem beobachten. Er kommt und geht. Ein und Aus. Du wirst geatmet ohne dass du etwas dazu tun musst.*
*Lass nun vor deinem inneren Auge deinen Lieblingsbaum erscheinen. Vielleicht steht er auf einer Wiese oder im Wald. Du gehst auf ihn zu und lehnst dich an seinen Stamm. Du spürst die Rinde durch dein T-Shirt.*
*Dann machst du einen Schritt rückwärts, genau, in den Baum hinein.*
*Du stehst im Stamm deines Baumes und dieser ist innen so groß, dass du die Arme ausstrecken und dich im Baum im Kreis drehen kannst. Mach den Baum innen so groß, wie es dir gefällt.*

*Wenn du willst, kannst du auch die Rinde des Baumes dicker machen, sodass er dich besser schützen kann.*
*Verwurzle deine Füße nun mit den Baum-Wurzeln, lass sie so tief wie möglich hinunter in die Erde und in die Breite gehen. Du hast einen sicheren Halt in deinem Baum.*
*Wenn du an einen Hurrikan denkst, so sehr er auch im Außen herumtobt, in seinem Auge ist es ganz still, dort passiert nichts. Genauso ist es in deinem Sicherheitsraum in deinem Baum.*
*Oben schützen dich die Zweige und eine dichte Blätterkrone.*
*Du kannst alle Themen, die dich beschäftigen über die Wurzeln an Mutter Erde abgeben, sie transformiert alles für dich.*
*Spür noch etwas nach, wie es sich im Inneren deines Kraftbaumes anfühlt, wie seine Kraft und innere Stärke auf dich übergehen.*
*Mach noch drei tiefe Atemzüge und komm dann aus deinem Baumstamm heraus. Gestärkt. Selbstbewusst. Erfrischt. Fest im Leben stehend. Jedem Sturm trotzend.*
*Mit einer Bewegung der Arme oder einem kräftigen Aufstampfen komm wieder in den Raum hier und die Gruppe zurück.*

## Gute Nachrichten über mich

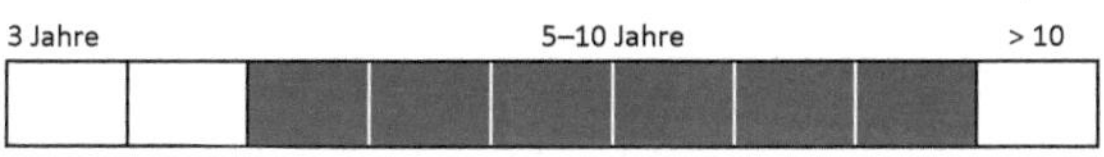

**Material:** buntes DIN A4-Papier, Farb- oder Bleistifte

**Intention:** Das Bewusstsein des Kindes für seine guten Eigenschaften und Fähigkeiten soll gefördert werden.

**Anleitung:** Das Kind schreibt seinen Namen als Überschrift auf das Papier im Querformat. Dann helfen Sie dem Kind, die Seite in mehrere Spalten einzuteilen (ähnlich wie beim Spiel „Stadt – Land – Fluss"). Als Überschrift über jede der Spalten kommt ein Bereich seines Lebens:

„Bei meinem Vater“, „Bei meiner Mutter“, „In der Schule“, „bei meinen Freunden“, „Im Fußballclub“ ... Dann schreibt das Kind zu jedem Bereich eine gute Sache. Beispielsweise: „Ich spiele bei meinem Vater oft mit meiner kleinen neuen Schwester.“ „Meine Freunde sagen, ich kann gut zuhören.“ Abschließend gehen Sie mit dem Kind noch einmal alle Bereiche durch und bestärken es darin, dass es einmalige Fähigkeiten besitzt.
(nach: Hobday/Ollier 2006, S. 117 f.)

### Brosche oder Orden gestalten

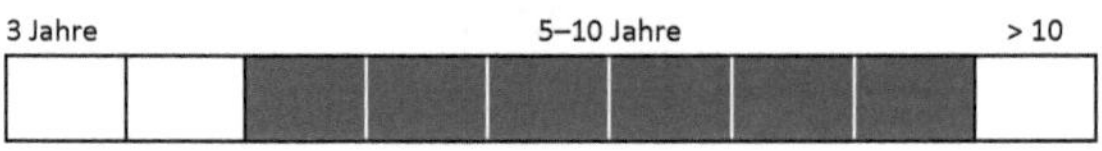

**Material:** runde Kartonscheiben, Klebstoff, Sicherheitsnadeln, kleine Knöpfe, Muscheln, Glassteine, Nudeln, Figuren, Perlen, kleine Ketten, getrocknete Blumen ...)

**Intention:** Auch bei dieser Übung geht es um einen kreativen Ausdruck und die Stärkung des Selbstwertgefühls, indem der Fokus auf kleine alltägliche Erfolgserlebnisse gerichtet wird und diese Wertschätzung erfahren.

**Anleitung:** Aus verschiedenen Materialien aus der Kartonscheibe eine Brosche (für Burschen: einen Orden) gestalten; Sicherheitsnadel auf die Rückseite kleben; eventuell Namen für das Kunstwerk finden und sich überlegen:

- Wofür würde ich mir selbst einen Orden verleihen?
- Wofür habe ich mir diese Brosche verdient?

Es können kleine Erfolgserlebnisse sein, die nur diesen Tag betreffen, z. B.: den Hamsterkäfig sauber gemacht. Auch ein gelungener Umgang mit herausfordernden Situationen, z. B.: mutig an einem großen Hund vorbeigegangen, eine schwierige Hausübung alleine gemacht …

> „*Egal, was ein Mensch in einer bestimmten Lebenssituation*
> *auch tut,*
> *für ihn ist es das Beste, was er sich denken kann.*
> *Es mag unangemessen erscheinen,*
> *es mag anderen sehr dumm erscheinen,*
> *aber für den Menschen selbst ist es die beste Problemlösung,*
> *die er finden kann.*
> *Für ihn ist es das äußerste, das er bringen kann.*
> *Gleichgültig, wie das, was er tut, sich auswirkt*
> *– und manchmal kann es zerstörerisch sein –*
> *dem betreffenden Menschen erscheint es niemals so.*
> *Er weiß sein Leben auf keine andere Art zu erhalten oder*
> *zu verbessern;*
> *für ihn ist es das Wichtigste oder das Notwendigste.*
> *Wenn man das einmal verstanden hat,*
> *ist es kaum vorstellbar,*
> *dass man nicht allem*
> *mit dem größten Respekt begegnet.*
>
> *(Quelle unbekannt)*

# 4. Heilsamer Umgang mit Scheidung und Trennung

## 4.1 Hintergrund

Kinder, die einen Verlust innerhalb der Familie zu erleiden haben, tun sich schwer, die neue Situation zu verstehen, auch wenn die Erwachsenen sich bemühen, ihnen die Umstände zu erklären. Oft benutzen die Erwachsenen neue Ausdrücke (Scheidung, Obsorge, Unterhalt, Besuchskontakt, Doppelresidenz...), unter denen sich die Kinder nichts vorstellen können. Die Kinder sind unsicher, welche Auswirkungen der Verlust auf ihr persönliches Leben haben könnte.

Jede Veränderung leitet einen Prozess der Verunsicherung ein. Das, was bisher war, ist nicht mehr. Etwas Neues hat sich noch nicht eingestellt und gefestigt. Damit fehlt es der Situation an Sicherheit und die zentrale Frage „Wie geht es weiter?“ kann nicht beantwortet werden. Als unbeantwortbare Kernfrage in dieser Zeit ist sie somit Auslöser für Sorgen und Ängste in Bezug auf die Zukunft und natürlich auch Auslöser für Trauer nach dem Verlust der „guten alten Zeit“. Für Kinder und Jugendliche ist das damit eine Zeit, in der sie besonders viel Stabilität und Sicherheit brauchen.

Eine grundlegende Hilfestellung, deren Wichtigkeit fast immer unterschätzt wird, mit der aber auf sehr einfache Weise Sicherheit vermittelt werden kann, ist das Beibehalten von Ritualen. Damit meine ich aber nicht religiöse Zeremonien, sondern ganz einfache Fixpunkte im Tagesablauf. So wird sehr gerne auf das gemeinsame Frühstück zu Gunsten eines früheren Arbeitsbeginns verzichtet, die Gute-Nacht-Geschichte aus vermeintlichem Zeitmangel oder Erschöpfung ausgelassen, das gemeinsame Aufgabenmachen als Moment der Begegnung einer Erzieherin oder einem Nachhilfelehrer überlassen, der gemeinsame Wochenendeinkauf schnell alleine erledigt und die Freizeitgestaltung vernachlässigt. Damit löst die Trennung der Eltern einen „Schneeballeffekt“ an Veränderungen aus, die die Situation für Kinder zusätzlich erschweren.

Eine wichtige Unterstützung ist es, die Kinder immer wieder darauf hinzuweisen, was alles gleich bleibt und worauf sie sich auch weiterhin verlassen können. Ideal ist zum Beispiel, wenn es Eltern gelingt, sich so „gut“ zu trennen, dass den Kindern der Kontakt zu Angehörigen beider Seiten erhalten bleibt. Grundlegende Tagesabläufe (vom gemütlichen Frühstück bis zur Gute-Nacht-Geschichte am Abend) sollten beibehalten und immer wieder hervorgestrichen werden. Mütter/Väter sollen darauf hinweisen, was geblieben ist (nicht: Der Papa/die Mama ist weg! Sondern: Das ist alles immer noch da!). Damit können die Eltern der Orientierungslosigkeit, in der Kinder in dieser Zeit stecken, ein wenig entgegenwirken.

Kinder stellen sich unweigerlich die Frage, wie und warum es zur Trennung gekommen ist. Aufgrund des egozentrischen (ich-bezogenen) Weltbildes verknüpft sich die Trennung der Eltern immer mit eigenen Schuldgefühlen – „Was habe ich falsch gemacht?“. Auch wenn diese Schuldgefühle irrational sind, ist es wichtig, die Kinder mit ihren Sorgen ernst zu nehmen und immer wieder darauf zu achten, die Situation kindgerecht zu erklären und sie dabei zu entlasten. Je jünger, desto weniger sind Kinder im Stande, diesen inneren Druck auszusprechen, geschweige denn von sich aus das Gespräch zu suchen. Auch ist die Angst groß, den Eltern damit weh zu tun. Es liegt daher in der Verantwortung der Eltern, auf ihre Kinder zuzugehen und das Thema so offen wie möglich anzusprechen und zu bearbeiten.
Neben der Frage der eigenen Verantwortung für die ungewollte Veränderung erhöht sich gleichzeitig der innere Druck, die Situation wieder gut zu machen, die Eltern wieder zusammenzubringen. Typische Strategien sind zum Beispiel:

- Schwierigkeiten in der Schule werden provoziert, um Vater und Mutter wieder zusammenzubringen.

- Versuche, die Eltern füreinander wieder attraktiv erscheinen zu lassen.
- Neue Partner/in der Eltern werden boykottiert.
- Krankheitssymptome, um die Eltern aus Sorge um ihr Wohl wieder zu vereinen.
- Kinder bieten sich den Eltern als Zuhörer an, in der Hoffnung, dass geteilte Sorgen halbe Sorgen sind und damit eine neuerliche Verbindung zwischen den Eltern möglich wird. Hierin liegt allerdings eine große Gefahr eines emotionalen Missbrauchs, dann nämlich, wenn ein Elternteil dieses Angebot zu intensiv und zu oft in Anspruch nimmt. (Kinder sind keine Therapeuten, sondern brauchen in dieser Situation selbst einen Menschen, dem sie sich mitteilen können, ohne Angst vor Konsequenzen haben zu müssen!)
- Kinder versuchen den leeren Platz im Ehebett zu befüllen und geraten so in die Rolle von Ersatzpartner*in.

## 4.2 Intention

- Dem Kind versichern, dass es nicht die Verantwortung an der Scheidung trägt und daran auch keine Schuld hat.
- Dem Kind einen geschützten Raum zur Verfügung stellen, in dem es seine persönliche Geschichte und die damit verbundenen Gefühle bearbeiten kann.
- Dem Kind neue Ausdrücke erklären und Fragen, die das Kind dazu hat, ehrlich beantworten.
- Dem Kind immer wieder die Bereitschaft signalisieren, über die Trennung zu reden (kein Zwang!) und die Situation kindgerecht darstellen. (Dabei Geduld bewahren!) Die Aussagen, die das Kind seinerseits tätigt, nicht persönlich nehmen!

## 4.3 Spielerische Integration

### Beziehungsnetz

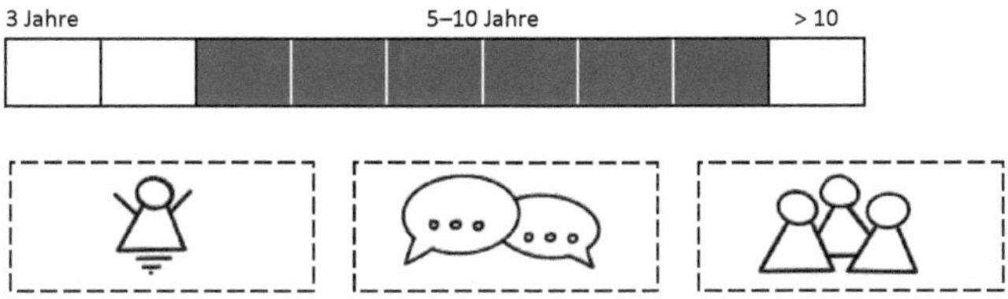


**Material:** Wollknäuel, eventuell Luftballon oder Wasserball

**Intention:** Diese Übung soll für weitere Übungen sensibilisieren, die die Frage „Was folgt danach?“ zum Thema haben. Die Kinder sollen sich als Teil eines Systems (Netzes) erleben und die Botschaft erhalten, dass es auch *anders* weitergehen kann (nicht, dass jeder ersetzbar ist!).

**Anleitung:** Die Kinder stehen im Kreis, eines beginnt, ein Wollknäuel zu einem anderen Kind zu werfen, behält aber ein Stück Faden in der Hand. Auch das nächste Kind behält ein Stück Wolle in der Hand und wirft das Knäuel zum nächsten weiter. Mit der Zeit entsteht ein richtiges Spinnennetz. Auf diesem Netz kann zum Beispiel ein Luftballon tanzen.
Was passiert, wenn ein Kind seine Fäden loslässt? Können die anderen das Netz retten? Wie sieht das in der veränderten Familie aus? Können Aufgaben anders verteilt werden? Bleibt trotz Weggehens eines Familienmitglieds ein Großteil des vertrauten Lebens erhalten? Kann auch der auswärts lebende Elternteil noch Aufgaben übernehmen und damit einen Beitrag leisten (z. B. das Kind zum Fußball/Turnunterricht bringen, Arztbesuche mit dem Kind machen ...)?

## Lauter neue Wörter

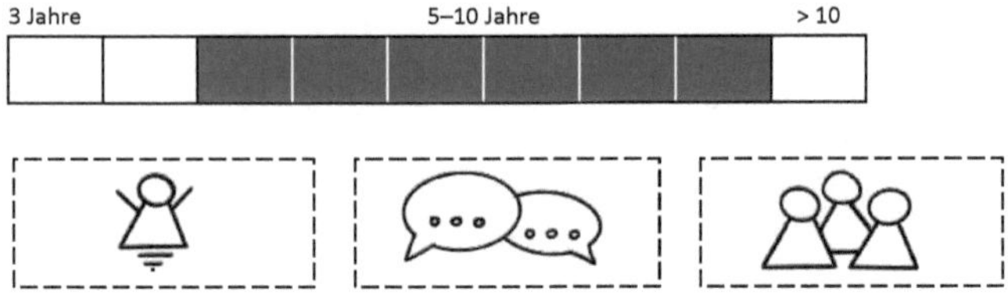


**Material:** Luftballons, eventuell Kerze, Musik

**Intention:** Im Verlauf einer Trennung tauchen viele Begriffe auf, mit denen ein Kind nichts anzufangen weiß. Hierbei geht es darum, festzustellen, unter welchen Begriffen Kinder sich nichts oder etwas Falsches vorstellen und diese richtig zu erklären. Auch damit verbundene Ängste und Unsicherheiten können besprochen werden.

**Anleitung:** Kinder bekommen Luftballons, auf denen verschiedene Begriffe (Gericht, Sorgerecht, Unterhalt, Richter, gemeinsame Obsorge, Besuchskontakt, Mediation, Doppelresidenz, Nestmodell, Stiefmutter, Stiefvater, Trennung auf Probe, Stiefgeschwister, Zugewinnfamilie, Bonusfamilie ...) zum Thema Scheidung stehen. Kinder bewegen sich durch den Raum und sollen versuchen, während die Musik spielt, alle Luftballons in der Luft zu halten. Wenn die Musik stoppt, sollen die Kinder einen Luftballon fangen und versuchen, ob sie den Begriff darauf erklären können. Besonderen Spaß macht es, die Luftballons anschließend zerplatzen zu lassen (zum Beispiel wenn sie auf eine brennende Kerze fliegen).

## Veränderungsspiel

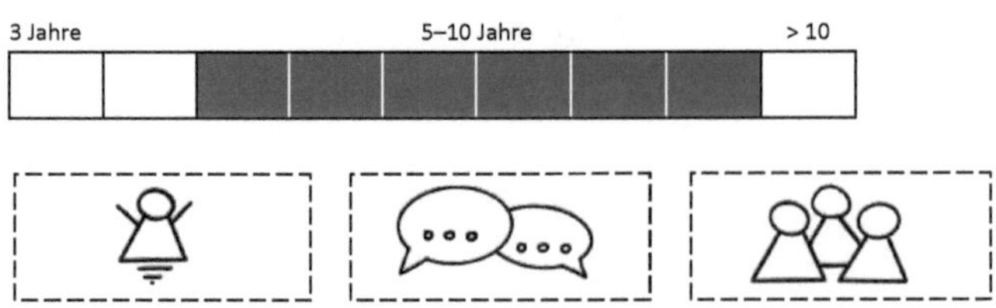


**Intention:** Durch die Trennung erlebt ein Kind nicht nur eine Veränderung in den äußeren Gegebenheiten, oft erlebt es auch das Verhalten der Eltern als fremd. Diese Übung dient als Einstieg dazu, die Kinder zu fragen, was sich für sie alles durch die Trennung geändert hat und macht sie darauf aufmerksam: Trotz Veränderung handelt es sich noch um dieselben Personen! Und vielleicht hat sich das Verhalten des Kindes in manchen Situationen auch verändert?

**Anleitung:** Je zwei Kinder stehen einander gegenüber und schauen einander aufmerksam an. Dann verlässt eines den Raum, und das andere nimmt eine Veränderung an sich vor (zum Beispiel Schuhe ausziehen, Hemd/Bluse einen Knopf mehr auf- oder zuknöpfen, Kappe aufsetzen oder abnehmen, Brille abnehmen, ...; beim zweiten Durchgang: sich anders hinstellen – eine Hand auf ein Bein legen, Beine überkreuzen, Hände hinterm Rücken verschränken, eine Hand zur Faust ballen, ...; beim 3. Durchgang Gesichtsausdruck verändern). Das andere Kind soll dann jeweils die Veränderung herausfinden.

### Bilder zum Thema „Abschied, Veränderung"

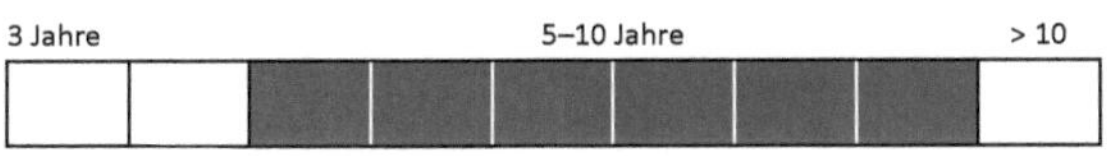

**Material:** Bilder mit Motiven von Abschied, Veränderung (zum Beispiel ein abfahrender Zug; ein Haus, das abgerissen wird; winkende Menschen; sich umarmende Menschen; ein Kind allein am Straßenrand, das einem Auto nachschaut; Schienen; eine davonfahrende Straßen- oder U-Bahn ...)

**Intention:** Bei Kindern genügt oft ein kleiner Anstoß und sie beginnen von sich aus, ihr Herz auszuschütten. Bilder sind eine Möglichkeit, ein Gespräch anzuregen oder einfach zuzuhören.

**Anleitung:** Mit Kindern die Bilder anschauen und mögliche Fragen bearbeiten:

- Welches Bild spricht mich am meisten an und warum?
- Welche Gefühle treten auf?
- Kennt ihr diese Gefühle auch von selbst erlebten Situationen?
- Empfinden alle bei jedem Bild dasselbe?
- Empfindet vielleicht jemand auch angenehme Gefühle? (Im Zuge der Trennung der Eltern kann auch Erleichterung auftreten, dass es jetzt z. B. weniger Streit oder „dicke Luft“ gibt. Auch das darf sein!)

**Alternative:** Schreibe ein Elfchen zu einem der Bilder (Anleitung Elfchen S. 129).

**Brainstorming**

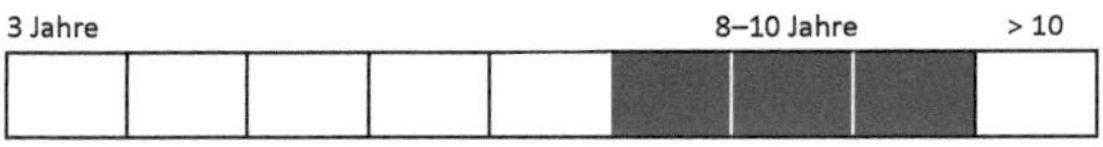

**Material:** Flipchart, Stifte

**Intention:** feststellen, was Kinder alles mit der Trennung der Eltern verbinden

**Anleitung:** Das Wort Scheidung (oder Trennung, Veränderung) wird auf ein Flipchart geschrieben und die Kinder sollen Begriffe suchen, die ihnen in diesem Zusammenhang einfallen. Bitte immer abklären, ob sich auch alle unter dem genannten Begriff (zum Beispiel Unterhalt, Obsorge ...) etwas vorstellen können.

**Alternative:** *Wort-Scrabble* – Zu den Buchstaben des Begriffes „Scheidung“ oder „Trennung“ sollen die Kinder Wörter schreiben, die ihnen dazu einfallen (auch „Scheiße“ und ähnliches ist erlaubt!).

## Impulsplakate

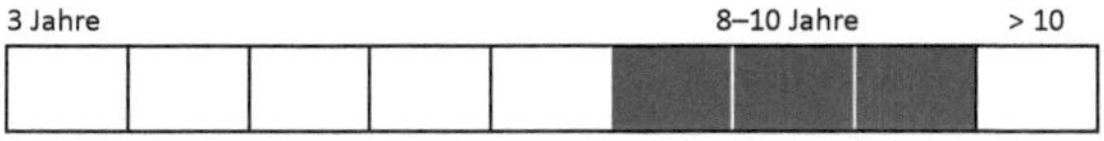

**Material:** mehrere Flipcharts oder -Bögen mit Kreppband oder Magneten im Raum aufgehängt, dicke Stifte

**Intention:** belastende Gefühle und Gedanken an die Oberfläche bringen und so bearbeiten können

**Anleitung:** Folgende Satzanfänge auf je einen Flipchart-Bogen schreiben; Kinder sollen herumgehen und Metaphern finden, indem sie die Sätze vervollständigen:

- Scheidung bedeutet für mich ...
- Freiheit bedeutet für mich ...
- Allein sein kann ich genießen, wenn ...
- Am meisten habe ich Angst vor ...
- ...

Wenn alle Kinder überall etwas dazugeschrieben haben, werden die Plakate vom Erwachsenen vorgelesen. Wer möchte, kann noch etwas dazu sagen. (Muss aber nicht sein. Vertrauen Sie auf die innere Heilung, einfach indem die Kinder die Impulse der anderen sehen und hören.)

## Werbekampagne

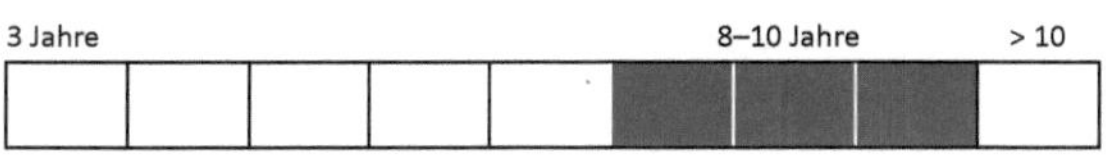

**Material:** Papier, Stifte, Zeitschriften, Schere, Klebstoff (natürlich funktioniert diese und andere kreative Übungen auch mit Bildern aus dem

Internet und einfachen Grafikprogrammen, hier ist aber die Versuchung, bei der Recherche in andere Themen „abzudriften“, zu groß)

**Intention:** Was an Erfahrungen und Erlebnissen im Zuge der Scheidung der Eltern erlebt wurde, soll an die Oberfläche kommen und heilen dürfen!

**Anleitung:** Die Kinder sollten eine Werbeanzeige (Werbespot, Werbeplakat, Inserat ...) „gegen Hochzeiten“ oder „für Scheidungen“ kreieren. Danach wird darüber gesprochen, was vielleicht an unterschiedlichen Erfahrungen gemacht wurde.

**Wichtig:** nichts bewerten!! Auch das Verhalten der Eltern nicht! Wir sind hier, um uns weiterzuentwickeln und zu lernen. Zwischenmenschliches Lernen passiert nicht in der Komfort-Zone zu Hause am Sofa oder vor dem Fernsehapparat oder Computer. Dafür muss man hinaus in die Welt, ins Leben, und dort begegnen uns andere Menschen, die andere Geschichten erlebt haben, Dinge anders tun, andere Vorstellungen haben, wie Beziehung gelingen kann. Jede und Jeder gibt immer sein Bestes. Lernen können wir nur im Rückblick auf gemachte Erfahrungen.

### Tagebuch schreiben

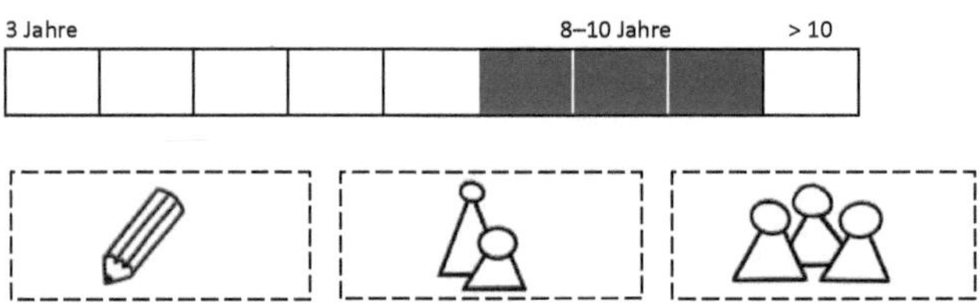


**Material:** dickeres Heft (besser als gebundene Hefte sind spiralisierte, da dort leichter zum Beispiel Fotos eingeklebt werden können, ohne dass das Heft zu dick wird), Material zum Gestalten des Einbands

**Intention:** Es ist hilfreich, Gedanken und Gefühle zu artikulieren; durch das Aufschreiben bekommen sie eine klarere Struktur, sie werden den Kindern bewusst und können bearbeitet werden und die Kinder sehen, welche Veränderungen und Entwicklungen sie durchgemacht haben, wenn sie später darin lesen. Sie können auch Verschiedenes einkleben (zum Beispiel Eintrittskarten vom Kinobesuch mit dem Vater, getrocknete Blumen, Glückwunschkarten ...). Ganz wichtig ist es, dass dieses Tagebuch ein persönlicher Gegenstand des Kindes ist und als solcher respektiert wird!

**Anleitung:** Die Kinder anregen, ein Tagebuch zu führen. Wichtig ist nicht so sehr, dass sie besondere Erlebnisse haben müssen, sondern dass sie ihre Gefühle zu Papier bringen. Wenn Kinder nicht gern schreiben, kann auch angeregt werden, nur ein „Besuchstagebuch" zu gestalten, von den Zeiten, in denen sie beim Vater/bei der Mutter waren. Vielleicht schreiben sie nur kurze Stichworte auf und zeichnen ein Smiley, wie sie sich an diesem Tag gefühlt haben. Wenn die Kinder sich sehr auf einen Besuchstag gefreut haben und dann enttäuscht oder frustriert zurückkommen, können sie damit versuchen herauszufinden, was Auslöser für die Enttäuschung war (vielleicht war an diesem Tag noch jemand dabei, und das Kind hatte erwartet, den Elternteil für sich allein zu haben, oder es kamen viele berufliche Telefonate, die die Aufmerksamkeit weggezogen haben).

### Kreatives Schreiben

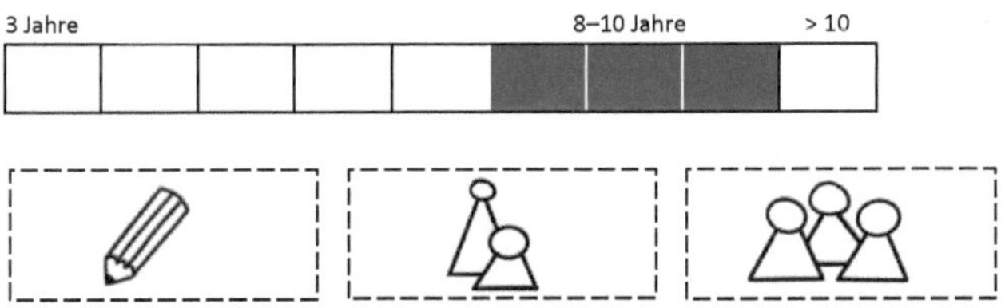


**Material:** Papier und Stifte

**Intention:** Die Kinder sollen angeregt werden, verschlüsselt oder offen ihre Probleme, Ängste, inneren Konflikte auszudrücken; dadurch lassen sich Spannungen abbauen. Probleme können so leichter angesprochen und bearbeitet werden.

**Anleitung:** Den Kindern den nachfolgenden Text (oder einen Teil davon) vorlesen und sie so zum Philosophieren oder Schreiben anregen:

*In einer Schublade deines Schreibtisches findest du einen kleinen Bleistift. Es ist ein roter Stummel, und du kannst ihn kaum festhalten. Du schaffst es gerade noch, ein Wort zu schreiben: das letzte Wort dieses Bleistiftes. Welches Wort schreibst du mit deinem Stift?*
*In einer Papierhandlung kaufst du eine Füllfeder. Eine gelbe mit blauen Patronen. Du probierst sie zu Hause gleich aus. Welches ist das erste Wort, das du mit der neuen Feder in dein Heft schreibst?*
*Du bekommst einen eigenen Düsenflieger. Es ist ein silbernes Flugzeug, aus dessen Heck ein weißer Kondensstreifen herauskommt. Mit deinem Düsenjäger kannst du in die Luft schreiben. Welches Wort schreibst du in den Himmel?*
*Welche Wörter, Sätze, Geschichten und Gedichte sitzen in deinem Kopf? Welche davon kommen aufs Papier?"*
*(nach: Jos van Hest: Quelle unbekannt)*

**Anregung:** Lassen Sie die anderen Kinder darüber fantasieren, wie ein angefangener Satz eines Kindes wohl weitergehen könnte.

## Märchen erfinden

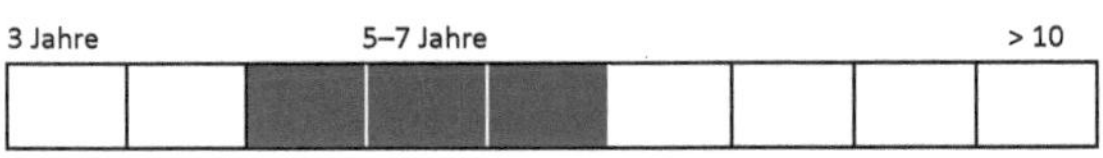

**Material:** Hand-/Fingerpuppen

**Intention:** Durch das Verpacken der eigenen Biografie fassen die Kinder Mut, daran zu glauben, dass ihre Situation sich bessern kann und ein gutes Ende finden wird. Wenn Sie Kinder fragen, warum sie Märchen lieben, antworten sie: Weil sie so schön sind. Gemeint ist damit nicht eine messbare Schönheit, sondern Stimmigkeit. Gut und Böse,

Licht und Dunkel, Oben und Unten, einfach alles, was zum Leben gehört, ist enthalten und – egal wie gefahrvoll eine Situation ist – der gute Ausgang ist gewiss.
In einem Märchen erleben Kinder keine abgehobenen Szenen, sondern Situationen aus dem Alltag wie Essen und Trinken, Tätigkeiten im Haushalt, Schlafen und Wach-Sein. Kinder identifizieren sich mit dem Guten und leben in den Märchen mit. Mit der Hauptfigur, die allerlei Gefahren zu überwinden hat und der oft Unrecht geschieht, erfährt es unangenehme Situationen und muss das, was es liebgewonnen hat, gemeinsam mit der Märchengestalt wieder loslassen.
Märchen sind für Kinder sehr wichtig, da sie Werte vermitteln. Der Gerechtigkeitssinn wird befriedigt. Gieriges Verhalten bringt nur kurz Freude, erst in der Konfrontation wird das Böse überwunden und nicht im Davonlaufen bzw. Verstecken (z. B. in „Der Wolf und die sieben Geißlein"). Kinder erleben, dass sie selbst aktiv werden können, sich nicht alles gefallen lassen müssen.
Märchen stärken die Vorstellungskraft in den Kindern. Kinder erinnern sich später daran, was gut war im Märchen und orientieren sich daran. Kinder, die öfter Märchen erzählt bekommen, verfügen über eine rege Phantasie und können mit Gegebenheiten des Lebens kreativer umgehen.
Jede Krise wird von Ängsten und Unsicherheiten begleitet. Diese inneren Konflikte können auf Märchenfiguren projiziert werden (auf die Hexe, den bösen Wolf, den Zauberer, den Räuber ...). Ein Problem wird in eine Metapher verwandelt und zeigt eine Lösung auf. Geschichten und Märchen bewirken eine Heilung von innen, sie fördern den Verarbeitungsprozess, indem Inhalte aus der Fiktion in die Realität (und umgekehrt) übertragen werden, und ermöglichen so einen Neubeginn.

**Anleitung:** Kinder sollen mit Figuren ein Märchen erfinden.

**Wichtig:** Greifen Sie ein, wenn Kinder allein kein gutes Ende finden! Es kann ja jederzeit eine gute Fee, ein Engel, ein Zwerg, ein Wichtel, eine Elfe, ein Einhorn oder eine ähnliche Figur auftauchen, die dem Ganzen zu einem guten Ende verhilft!

## Arbeit aus Modelliermasse, Ton oder Salzteig

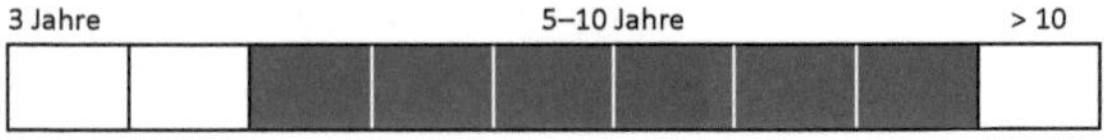

**Material:** Modelliermasse, Ton oder Salzteig; ruhige Hintergrundmusik

**Intention:** Bei dieser Übung geht es darum, die Kinder anzuregen, auf das zu schauen, was ihnen Sorgen macht, sich innerlich der Situation zu stellen und sie kreativ zu bearbeiten, ohne sie konkret zu thematisieren.

**Anleitung:** Die Kinder sollen ihre Augen schließen, ihrem Gefühl nachspüren und aus dem vorliegenden Material etwas formen; anschließend fragen, wie es ihnen ergangen ist, ob sie zu ihrem Kunstwerk etwas sagen wollen.

**Wichtig:** Alles ist gut, so wie es ist! Keine negativen Kommentare zu den Kunstwerken der anderen!

## Der kleine Kater

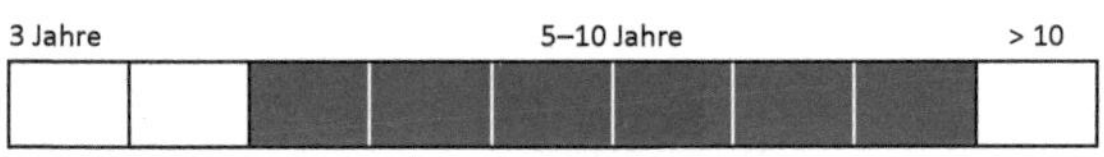

**Material:** Geschichte, Papier, Buntstifte

**Intention:** Ein sehr tiefgehendes Märchen von einem kleinen Kater, der sich durch das Ringen des Försters und der Hexe um seine Zuneigung innerlich zerrissen fühlt. Ideal für Eltern, die um ihr Kind streiten, wie auch für Kinder mit Loyalitätskonflikten, die versuchen, es beiden Elternteilen Recht zu machen.

**Anleitung:** Märchen den Kindern vorlesen und darüber sprechen; zwischendurch unterbrechen und die Kinder fragen, wie es dem kleinen Kater gehen mag, was ihm Kummer macht, wie er seinen Kummer in den Griff kriegen könnte; Kinder sollen im Anschluss den kleinen Kater oder ein Bild aus dem Märchen zeichnen, das sie besonders angesprochen hat.

*Es war einmal ein kleiner Kater, dem stieß ein großes Unglück zu. An einem neblig-trüben Tag geriet er in einen Streit zwischen zwei großen Katzen. Ehe er sich versah, landete er zwischen ihren scharfen Krallen und bekam all die Hiebe ab, die sie einander zugedacht hatten. Er schrie ganz jämmerlich, doch in ihrer Wut und wegen des Nebels sahen die großen Katzen ihn nicht und fauchten und kratzten und bissen weiter auf ihn ein im Glauben, es sei die andere Katze, die sie träfen.*
*Schließlich gelang dem kleinen Kater die Flucht, indem er sich ganz flach auf den Boden drückte und davon kroch. Mit letzter Kraft erreichte er einen Holunderbusch, unter dem er sich versteckte. Dort leckte er die blutenden Wunden, die ihm die großen Katzen beigebracht hatten. Von weitem hörte er noch ihr Kampfgeschrei. Als er sich ein wenig erholt hatte, schlich der kleine Kater davon. Er hatte nur eines im Sinn: weit weg von diesem Streit und den rasenden Katzen zu kommen. Er lief und lief, und schließlich hatte er sich verlaufen, denn es war Nacht geworden. Zwar konnte der kleine Kater wie alle Katzen in der Nacht wunderbar sehen, doch alles, was er sah, waren Bäume. Er war mitten in einem riesigen Wald und hatte keine Ahnung, wie er wieder herausfinden sollte. Müde schleppte er sich weiter. Von Zeit zu Zeit musste er sich setzen, um seine Wunden zu lecken, aus denen immer noch das Blut sickerte. Er hätte gerne länger gerastet, der Wald war ihm jedoch unheimlich in dieser nebligen Nacht. Endlich sah er in der Ferne einen schwachen Lichtschein. Er torkelte darauf zu und bald erkannte er, dass der warme Schein einer Lampe durch das Fenster eines Hauses nach draußen drang. Der kleine Kater kam noch bis zur Haustür, dort verließen ihn die Kräfte, er sank in sich zusammen und*

*maunzte und wimmerte nur mehr leise. Da ging die Tür auf und eine große Gestalt beugte sich über den kleinen Kater. „Wen haben wir denn da", brummelte eine tiefe Stimme „und wie hat man dich zugerichtet!" Der kleine Kater wurde vorsichtig hochgehoben und ins Haus gebracht. Er bekam ein Schälchen Milch, seine Wunden wurden gereinigt und verbunden. Er bemerkte kaum noch, was mit ihm geschah, und fiel bald in einen tiefen Schlaf.*

*Als er am nächsten Morgen aufwachte, wusste er zuerst nicht, wo er war. Neugierig schaute er sich um: Er lag in einem weichen Körbchen, das mit einem rot-weiß karierten Kissen ausgepolstert war. Das Körbchen stand in einem behaglich eingerichteten Zimmer. Da gab es ein großes, weiches Sofa, viele verschiedene Stühle, einen Tisch, auf dem Bücher, Stifte, ein Fernglas und Nüsse lagen, einen alten Schrank mit schiefen Ohren, eine geruhsam tickende Standuhr und einen großen Ofen, der in der Ecke bollerte. Der kleine Kater streckte sich, was fürchterlich wehtat. Er blickte an sich herab und entdeckte die Verletzungen und Verbände. Da fiel ihm alles wieder ein, und er wurde sehr traurig, weil er nun wusste, dass er sich verlaufen hatte und weit weg von zu Hause war.*

*Die Tür öffnete sich, und ein großer, bärtiger Mann mit einer Pfeife im Mund trat ein. Er sah, dass der kleine Kater wach war und sagte leise zu ihm: „Guten Morgen, kleiner Kater, hoffentlich konntest du trotz deiner Verletzungen gut schlafen. Wer hat dich nur so zugerichtet? Du bist nicht von hier, ich habe dich noch nie gesehen. Aber wenn du willst, ist das jetzt dein Zuhause. Ich bin der Waldhüter und lebe hier, und du kannst bei mir wohnen."*

*Der kleine Kater schnurrte erleichtert. Es gefiel ihm gut hier, und als er sich das ganze Haus angesehen hatte, gefiel es ihm noch besser. Das lag hauptsächlich an der Küche: eine große Küche mit schwarzweiß gefliestem Boden, blank geputzten Töpfen, einem warmen Herd, auf dem das Wasser siedete, und einem Räucherschrank, in dem köstlich duftende Schinken und Würste hingen! Als der Waldhüter sah, wie dem kleinen Kater das Wasser im Mund zusammenlief, lachte er, schnitt schnell ein Stück Schinken ab und gab es ihm. Die Wunden des kleinen Katers heilten nur langsam. Er verbrachte seine Tage auf dem Sofa im warmen Zimmer*

*und setzte sich nur manchmal auf das Fensterbrett, um hinauszusehen. Es zog ihn nichts nach draußen: Um das Haus heulte der Wind und trieb Regentropfen und Schneeflocken vor sich her. Der Waldhüter war oft daheim bei diesem Wetter, und der kleine Kater verbrachte viele Abende auf seinem Schoß, ließ sich kraulen und fühlte, wie seine Wunden langsam heilten.*
*So verging der Winter, der Kater wurde wieder gesund, größer und dicker. Das lag an dem guten Schinken, der allmählich kleiner wurde.*
*Als der Frühling kam, die Vögel freudig zu zwitschern begannen, und die Bäume die ersten grünen Blätter trieben, sagte der Waldhüter zum kleinen Kater: „Nun muss ich wieder hinaus und meine Arbeit tun. Du bist gesund, kannst umherstreifen und entdecken, was es hier gibt. Vor einem möchte ich dich aber warnen: In dieser Gegend wohnt eine Hexe, die nachts umherzieht. Besonders in stürmischen Frühlingsnächten treibt sie ihr Unwesen. Sei achtsam!"*
*Mit dem Frühling begann ein neues Leben für den kleinen Kater. Nach und nach erkundete er die nähere und dann weitere Umgebung. Den ganzen Winter hatte er nur aus dem Fenster geschaut, doch nun sah er sich überall um, kletterte auf Bäume, kroch unter Büsche, jagte Mäuse und sonnte sich auf warmen Steinen. In den ersten Wochen wagte sich der kleine Kater nur tagsüber hinaus. Wenn es dämmerte, lief er schnell nach Hause und verbrachte den Abend auf dem Schoß des Waldhüters, der ihn kraulte und mit Schinkenstücken fütterte. Dann wurden die Tage länger und der Kater mutiger. Manchmal ging er erst nach Hause, wenn es schon dunkel war. Anfangs war ihm mulmig dabei zumute, aber er mochte die nächtliche Stimmung des Waldes, wenn die Vögel schliefen und die Fledermäuse durch die Luft huschten.*
*Der Waldhüter warnte ihn, wenn er spät nach Hause kam: „Gib gut Acht, dass du nicht die Hexe triffst! Nachts kann dir das leicht geschehen. Wer weiß, was sie mit dir macht!" Der kleine Kater ließ sich durch die Warnungen des Waldhüters nicht beirren, er wurde von Nacht zu Nacht mutiger, seine Ausflüge wurden länger und weiter.*
*Eines Nachts, es war die Nacht zum 1. Mai, streifte er wieder umher, als er einen Lichtschein sah, der von einem Hügel kam. Neugierig trabte er hin und schlich sich durch die Büsche an. Als er sah, was es war,*

*traute er seinen Augen kaum. Um ein großes Feuer ritt eine Frau auf einem Besenstiel durch die Lüfte. Sie hatte lange, rote Haare und trug bunt gemusterte Röcke und Blusen, die wild flatterten. Am Hals trug sie Ketten, an den Armen Reifen und an den Händen Ringe. All das Gold und Silber glitzerte und blitzte im Feuerschein, während sie ihre Runden drehte. Der kleine Kater erschrak: Das musste die Hexe sein. Aber er konnte nicht fliehen, so gebannt war er von dem, was er sah. Da schoss die Hexe auf ihrem Besen plötzlich auf ihn zu und rief laut: „Wen haben wir denn da! Besuch für mich! Ein kleiner schwarzer Kater!"*

*Der kleine Kater bekam einen Schrecken, machte einen riesigen Satz und raste davon. Über sich in der Luft hörte er die Hexe nahen und verkroch sich in einem alten Fuchsbau. Dort verbrachte er eine schlaflose Nacht, in der er auf jedes Geräusch lauschte und vor Angst bebte. Im ersten Morgenlicht rannte er nach Hause. Der Waldhüter stand in der Tür und hielt nach ihm Ausschau. „Was ist geschehen?", rief er dem Kater entgegen. „Bist du verletzt? Hast du die Hexe getroffen? Hat sie dir etwas angetan?" Der Kater schüttelte den Kopf, schlüpfte an ihm vorbei und ließ sich schnell in sein Körbchen fallen. Dort verschlief er den ganzen Tag.*

*An diesem Abend blieb er in der Nähe des Hauses, am nächsten traute er sich schon etwas weiter, und am dritten war sein Mut zurückgekehrt. Er streunte nach Herzenslust durch die Gegend und achtete nicht darauf, dass die Dämmerung einsetzte. Da brauste es über ihm, und als er hochblickte, sah er die Hexe auf ihrem Besenstiel über sich kreisen.*

*„He da, Katerchen", rief sie und lachte, „du bist ja mehr ein Hase als eine Katze, mit so einem Hasenherz, wie du es hast! Wovor bist du so schnell davon gehoppelt in der Hexennacht?" Der kleine Kater wurde erst starr vor Angst, doch dann kam Leben in ihn, und er rannte davon. Hinter sich hörte er die Hexe auf dem Besenstiel ihre Runden drehen und dabei singen: „Da läuft der Kater Hasenherz! Seht den Kater Hasenherz!" Außer Atem kam der kleine Kater zu Hause an. Der Waldhüter schaute ihn misstrauisch an und fragte wieder, ob er die Hexe getroffen habe. Der kleine Kater sprang auf seinen Schoß, ließ sich kraulen und mit Schinkenstücken füttern.*

*Am nächsten Abend zog er aber wieder los. Diesmal nahm er sich vor, die Hexe heimlich zu beobachten. Er schlich zu dem Hügel, auf dem er sie hatte tanzen sehen. Sie war da: über einem großen Feuer hatte sie einen blitzenden Kessel aufgehängt, in dem es kochte und brodelte. Dahinein warf sie alle möglichen Kräuter, murmelte Beschwörungen und sang geheimnisvolle Lieder. Der Kater sah ihr atemlos zu. Was trieb die Hexe da? Schließlich hörte er sie murmeln: „Ich habe ein Begehren, wer will mir das verwehren, den kleinen Kater will ich haben, mich an seinem Schnurren laben, des Waldhüters traurige Gestalt vertreibt ihr Mächte aus dem Wald!"*

*Der kleine Kater drehte sich um und sauste wie der Blitz davon. Als er nach Hause kam, brannte noch Licht, der Waldhüter saß im Sessel. Der Kater sprang auf seinen Schoß und ließ sich kraulen. Das beruhigte ihn immer ungemein. Der Waldhüter begann zu reden, und bald schon erzählte er wieder die grässlichsten Geschichten von der Hexe. Der kleine Kater glaubte ihm jedes Wort, schrecklich klang die Beschwörung der Hexe in seinen Ohren nach.*

*Am Abend darauf zog es ihn jedoch zurück auf den Hügel, wieder beobachtete er die Hexe. Heute kochte sie eine Suppe mit vielen verschiedenen Wurzeln und Gräsern und aß diese dann schmatzend, wobei sie immerzu sagte: „Das schmeckt gut, das muss ich meinen Hexenfreundinnen einmal kochen!"*

*Am nächsten Abend beobachtete der kleine Kater aus seinem Versteck heraus, wie die Hexe mit einem Eichhörnchen spielte. Die beiden scherzten miteinander und hatten so viel Spaß, dass der kleine Kater fast ein wenig neidisch war. Noch steckte die Angst zu sehr in ihm, als dass er sich herausgetraut hätte. Später saßen die Hexe und das Eichhörnchen nebeneinander am Feuer. Sie unterhielten sich wie uralte Freunde. Da hörte der kleine Kater die Hexe sagen: „Weißt du, mein Freund, dieser Waldhüter ist eine rechte Plage des Waldes. So ein langweiliger Geselle. Immer rechtschaffen, immer brav, er versteht keinen Schabernack und macht mir das Leben zur Hölle! Am liebsten würde er mich aus dem Wald vertreiben. Und diesem kleinen Kater, der bei ihm lebt, hat er wohl auch rechte Schauermärchen über mich erzählt! Schade."*

*Der kleine Kater kam in dieser Nacht nachdenklich nach Hause. Er ließ sich vom Waldhüter kraulen und mit Schinkenstückchen füttern. Als*

*dieser wieder Gräuelgeschichten von der Hexe erzählte, dachte er bei sich: „So schlecht, wie er sagt, ist die Hexe vielleicht gar nicht."*
*Der Kater teilte seine Zeit nun in die Abende, die er auf seinem Lauschposten im Gebüsch am Hexenfeuer verbrachte, und die Nächte und Tage, die er im Haus des Waldhüters verschlief, indem er sich füttern und kraulen ließ. Er wurde immer neugieriger und hätte sich gerne einmal aus dem Gebüsch getraut, um die Hexe kennenzulernen, aber seine Angst war zu groß.*
*Eines Abends lag er im Gebüsch und beobachtete die Hexe beim Suppe kochen. Sie streute etwas Pfeffer in den Kessel, da fegte ein ungestümer Windstoß über den Hügel, blies den Pfeffer ins Gebüsch und dem kleinen Kater in die Nase. „Hatschi", machte der kleine Kater laut. „Nanu", sagte die Hexe und spähte in das Gebüsch, „wer hat da geniest?" „Hatschi", machte es zum zweiten Mal, und die Hexe entdeckte den kleinen Kater, der in einem fort niesen musste: „Hatschi, hatschi, hatschi!" Die Hexe lachte laut und sagte dann: „Komm heraus, Katerchen, du musst dich nicht verstecken, ich tu' dir nichts. Du kannst von meiner Suppe haben, wenn du magst." Der Kater mochte zwar keine Suppe, aber er wagte nicht, nein zu sagen, und schlürfte vorsichtig einen Teller davon. Die Hexe betrachtete ihn und sagte: „So einen kleinen schwarzen Kater wie dich hätte ich gerne. Du könntest auf meiner Schulter sitzen, und wir hätten viel Spaß!" Das war eine verlockende Aussicht für den kleinen Kater, denn bei seinen Beobachtungen hatte er gesehen, wie viele Freunde die Hexe hatte und wie viele verschiedene Dinge sie tat. Ganz anders als der Waldhüter, der jeden Abend alleine zu Hause in seinem Sessel vor dem bollernden Ofen zubrachte. „Du kannst gleich heute bei mir bleiben", redete die Hexe weiter, „und musst nicht mehr zurück zu dem Waldhüter." Da bekam der kleine Kater einen Schrecken, denn ganz weggehen wollte er nicht. Wie würde er die Abende auf dem Schoß des Waldhüters vermissen! Er blieb noch eine Weile bei der Hexe, die ihn nicht gehen lassen wollte. Dann lief er nach Hause, wo ihn der Waldhüter schon sehnlichst erwartete. Der Kater sprang auf seinen Schoß, ließ sich kraulen und aß Schinkenstücke. Als der Waldhüter diesmal mit den schrecklichen Hexengeschichten anfing, sprang er herunter und ging schlafen.*

*Fast jeden Abend verbrachte der kleine Kater nun mit der Hexe, die ihm zuredete, zu ihr zu kommen und den langweiligen Waldhüter zu verlassen. Nachts saß er auf dem Schoß des Waldhüters, der schreckliche Geschichten von der Hexe erzählte. Der kleine Kater wusste gar nicht mehr, was tun. Er begann schlecht zu schlafen, was sich nachteilig auf das Mäusefangen auswirkte.*
*Eines Nachmittags hatte er gerade vergeblich versucht, eine Maus zu fangen. Die Maus entwischte ihm, und er schlug sich die Nase an einem Stein an. Maunzend saß er da. Er rieb sich abwechselnd die müden Augen und die wehe Nase. Da hörte er über sich ein Keckern, und jemand sagte: „Na, nicht gerade in Hochform, kleiner Kater!" Der Kater sah nach oben. Auf einem Ast saß das Eichhörnchen, das er bei der Hexe kennengelernt hatte. „Nein", antwortete der kleine Kater, „ich schlafe schlecht und bin deshalb immer müde, mir entkommt jede Maus!"*
*„Das ist übel", sagte das Eichhörnchen, „erzähle mir, was deinen Schlaf stört!"*
*Der kleine Kater erzählte ihm seine Geschichte. Er berichtete auch, wie er sich zwischen dem Waldhüter und der Hexe hin und her gerissen fühle. Er könne sich nicht entscheiden, weil er sie beide möge. Das Leben bei jedem von ihnen hätte etwas für sich: Bei der Hexe gebe es immer Neues und Aufregendes, dagegen habe er beim Waldhüter gemütliche Abende, Ruhe, Hinter-den-Ohren-Kraulen, und nicht zu vergessen: reichlich Schinkenstückchen.*
*„Jaja", keckerte das Eichhörnchen, „ich verstehe dein Problem. Aber ich verstehe nicht, wieso du dich entscheiden sollst. Gerade so gut kannst du doch weiter die Abende bei der Hexe verbringen, dich nachts vom Waldhüter kraulen und füttern lassen und geruhsam in deinem Körbchen ausschlafen."*
*„Ich will mich nicht entscheiden", rief der kleine Kater, „mir gefällt es so. Die wollen, dass ich zwischen ihnen wähle!"*
*„Aha", sagte das Eichhörnchen, „so ist das. Dabei kann ich dir wohl helfen. Ich kenne die beiden, und beide kennen mich. Schon manches Mal habe ich ihnen einen Rat gegeben. Sie haben auf mich gehört. Ich werde das schon machen. Sorge dich nicht, kleiner Kater, du wirst sehen, alles*

*wird gut. Nun lege dich erst einmal auf diesen warmen Stein in die Sonne."*

*Es drehte sich um und sprang in großen Sätzen davon. Der kleine Kater befolgte seinen Rat. Bald war er auf dem warmen Stein eingeschlafen. Als die Sonne unterging, wachte er auf. Er rekelte sich, streckte sich, machte einen Katzenbuckel. Und auf einmal freute er sich unbändig auf das schöne Leben, das vor ihm lag: aufregende Abende am Feuer der Hexe, danach gemütliches Hinter-den-Ohren-Kraulen und Schinkenstückchen-Essen auf dem Schoß des Waldhüters, für die Nacht ein weich gepolstertes Körbchen und viele gefangene Mäuse – jetzt, wo er wieder gut schlafen konnte!*

*(aus: Spangenberg 1996, S. 86–95)*

## Fotoalbum gestalten

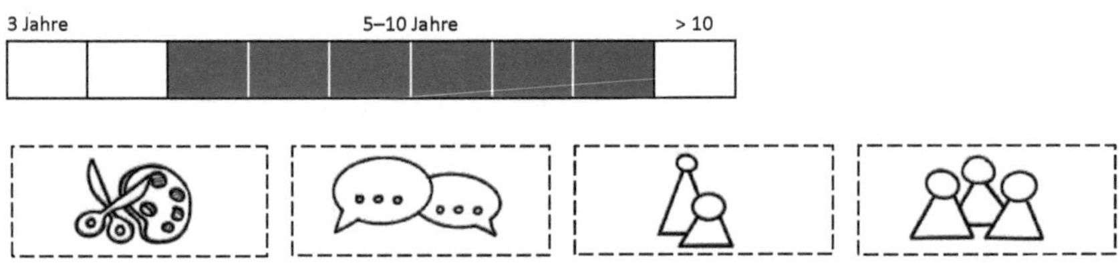


**Material:** einfache Selbstklebefotoalben oder Spiral-Hefte mit weißen Seiten und Fotokleber, Fotos von der Zeit vor der Trennung und danach

**Intention:** Es genügen wenige Fotos, aber sie helfen Kindern sehr, den abwesenden Elternteil besser in Erinnerung zu behalten. Innere Bilder verblassen sehr leicht, wenn der Kontakt nicht sehr intensiv ist! Wenn sehr junge Kinder die Trennung ihrer Eltern erleben, beginnen sie spätestens in der Pubertät mit der Suche nach ihren Wurzeln. Auf dem Weg zur eigenen Identitätsfindung ist die Identität der Eltern und Detailwissen aus deren Leben unerlässlich.

**Anleitung:** Jedes Kind soll sein persönliches Fotoalbum gestalten. Wichtig sind Fotos von beiden Elternteilen! (Viele Kinder besitzen nicht einmal ein eigenes Foto ihres Vaters oder ihrer Mutter!) Sprechen Sie mit den Kindern darüber, wie es vorher war und was sich verändert hat. Gibt es auch Dinge, die sich zum Positiven verändert haben? Auf folgende Fragen kann auch eingegangen werden:

- Welches ist deine schönste Erinnerung an die Zeit vor der Trennung?
- Was vermisst du am meisten?
- Welche positiven Seiten erkennst du an der Trennung?
- Welche Wünsche hast du für die Zukunft?

### Geschichte von Amor

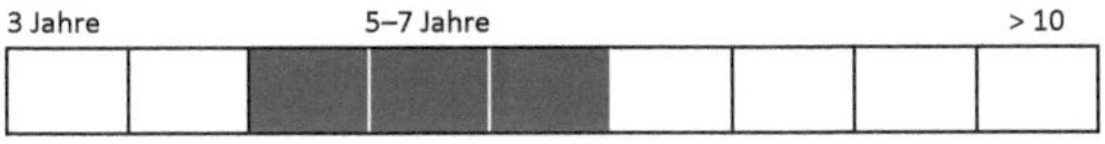

**Material:** Geschichte, Papier, Buntstifte

**Intention:** Der Vergleich mit Wunden, die heilen, vermittelt die Zuversicht, dass der Kummer eines Tages leichter wird. Damit können Eltern ihrem Kind auch ihre eigene Trauer beschreiben und erklären!

**Anleitung:** Erzählen Sie dem Kind von Gott Amor und dass er die Menschen mit seinem Pfeil trifft, damit sie sich ineinander verlieben. Wenn dieser Pfeil herausgezogen wird oder herausfällt, entsteht eine Wunde, die natürlich einige Zeit wehtut. Jedes Kind hat sich schon einmal verletzt und kann diese bildhafte Geschichte nachvollziehen. Lassen Sie die Kinder an ihrem Körper nach Narben suchen von alten Verletzungen, z. B. einem Sturz mit dem Fahrrad. Sprechen Sie darüber, wie lange das Heilen von Wunden dauern kann, wovon es abhängt, was helfen könnte, den Schmerz leichter zu ertragen? Wer will, kann die Geschichte mit den Kindern noch ausschmücken oder malen.

**Anregung:** Sehr gut passt zum Thema auch das Buch „Zufallsküsse“ (Egger/Smolka-Woldan 2012).

## Die zerbrochene Vase

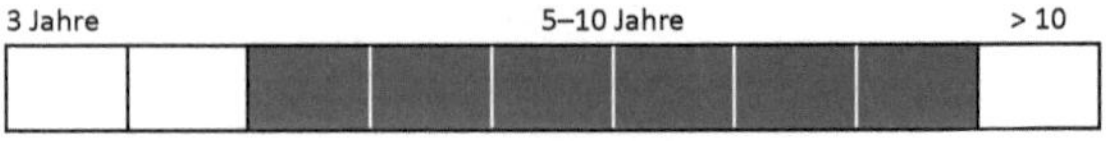

**Material:** Geschichte, Papier, Buntstifte

**Intention:** Sehr schön wird in diesem Märchen beschrieben, wie ein Kind seine Energien darauf verwendet, die Eltern wieder zusammenzubringen, und dabei sein eigenes Leben vernachlässigt. Eine Geschichte, die anregt, auf die eigenen Bedürfnisse zu achten und Dinge, die man nicht ändern kann, anzunehmen.

**Anleitung:** Märchen den Kindern vorlesen und darüber reden; eventuell zwischendurch unterbrechen und Kinder fragen, wie es dem Mädchen geht, was ihm Kummer macht, wie es seinen Kummer in den Griff kriegen könnte; Kinder sollen im Anschluss ein Bild aus dem Märchen zeichnen, das sie besonders anspricht.

*Fathima, die wunderschöne Tochter des Sultans Achmet, war 15 Jahre alt, als ihre ergraute Kinderfrau, die neben ihr auf dem rotsamtenen Diwan saß und feine Spitzen um ein Seidentaschentuch häkelte, ihr eine Geschichte erzählte, die sie nie vergessen sollte: denn es war eine geheimnisvolle Geschichte von unerfüllbaren Wünschen, von Ohnmacht und Hilflosigkeit und von der Weisheit, die darin besteht, Unerreichbares loszulassen. Kurz: Es war eine Geschichte über das Leben.*
*In alten, grauen Zeiten, lange bevor Achmet Sultan im Morgenland wurde, bekommen seine Vorfahren Mechmet und Leila zu ihrer Hochzeit eine wundervolle Vase geschenkt. Die Vase ist von auserlesener Schönheit. Über einem breiten, goldenen Fuß rankt sie sich leicht und schlank empor, formt zu beiden Seiten zwei geschwungene Henkel und schließt sich zuletzt in einem vollkommenen Kreis um die kleine Öff-*

*nung. Beide Seiten der Vase sind mit Gold, Blau und Purpurrot bemalt, aber mit so unterschiedlichen Mustern, dass sie einander ähneln und doch grundverschieden sind. Mit der Vase ist ein Auftrag verbunden: Die Besitzer sollen sie jeden Morgen bei Sonnenaufgang auf den Felsen über dem Fluss stellen, damit sie sich am Tage mit dem Licht und der Wärme fülle und nachts das junge Paar mit ihrem Inhalt erfreuen könne.*

*Einige Jahre führen Mechmet und Leila ein glückliches, licht- und wärmeerfülltes Leben, dem auch ein Kind entspringt: ihre Tochter Lucia.*

*Dann, eines Abends, geraten Mechmet und Leila in Streit darüber, wer heute die Vase vom Felsen holen solle. Jeder von beiden behauptet, der andere sei dran, jeder behauptet, er habe Recht und es sei die Schuld des anderen, wenn der Vase nachts etwas widerfahre. Wütend schlafen beide ein. Das zischende Geräusch eines grellen Blitzes und ein furchtbares Donnergrollen weckt sie mitten in der Nacht. Sie wissen beide, was das bedeutet. Als sie ins Dunkel hinaushasten und zu dem Felsen kommen, auf dem die Vase stand, liegt dort nur noch eine Hälfte. Der Blitz hat das edle Gefäß gespalten. So sehr sie auch suchen, die andere Hälfte bleibt verschwunden, sie muss hinunter in den Fluss gefallen sein. Aber auch die Suche im Flussbett während der nächsten Tage und Wochen bleibt vergeblich. Leila weint bitterlich, und Mechmet schweigt mit zusammengepressten Lippen. Sie beginnen sich darüber zu streiten, was mit der übrigen Hälfte geschehen solle. Mechmet findet sie zu nichts mehr nutze und wirft sie eines Tages, als er sich von Leila unbeobachtet glaubt, weg, aber Leila hat es gesehen, sie holt die Vasenhälfte, die sie an Zeiten der Wärme und Liebe erinnert, heimlich zurück und versteckt sie in ihrer Truhe.*

*Jahrelang spricht niemand mehr von der Vase. Mechmet beginnt ein neues Leben mit viel Arbeit, Leila ist oft still und traurig, und Lucia wächst heran. Kurz vor Lucias siebentem Geburtstag fällt Leila ein, dass sie in der großen, alten Truhe ein wertvolles Goldstück aufbewahrt, und sie beschließt, ihrer Tochter davon etwas Besonderes zum Geburtstag zu kaufen. Zum ersten Mal nach Jahren öffnet sie die Truhe und findet neben dem Goldstück die fast vergessene Vasenhälfte. Lucia hat der*

*Mutter beim Suchen zugeschaut, beginnt nun zu fragen und erfährt die Geschichte der Vase.*
*Da sie mutig und neugierig ist, läuft sie sogleich zum Fluss, zieht Schuhe und Strümpfe aus, watet ins seichte Wasser und spürt nach wenigen Schritten unter ihren Füßen etwas Hartes. Als sie es vorsichtig ausgräbt, ist es der andere Teil der Vase. Freudig erregt läuft sie damit zu ihrer Mutter. Beim Anblick der verloren geglaubten Hälfte durchläuft Leila ein warmer Schauer des Erinnerns. Geschäftig beginnt sie, sie vom Sand und Schlick des Flusses zu befreien. Lucia spürt die hoffnungsfrohe Aufregung der Mutter. Schließlich hält Leila die beiden Hälften aneinander. Da erst sieht sie, wie verschieden sie voneinander geworden sind. Die Hälfte, die sieben Jahre im Wasser gelegen hat, zeigt nur noch blasse Blau-, Gold- und Purpurspuren, Kies und Sand haben die Bruchstellen abgeschliffen und manche Kerbe ins Porzellan geschlagen. Da wird Leila voll Trauer gewahr, dass die beiden Hälften nicht mehr zusammenpassen. Sie befiehlt ihrer Dienerin, unverzüglich beide Teile wegzuwerfen. Lucia folgt der Magd und überredet sie, ihr die Hälften, wie sie sagt, „zum Spielen“ zu überlassen.*
*In Wahrheit aber hat Lucia beschlossen, die zerbrochene Vase um jeden Preis wieder ganz zu machen. Freude und Traurigkeit ihrer Mutter haben ihr gezeigt, wie wichtig die Vase für Leila sein muss.*
*Weil Lucia ihre Mutter über alles liebt, versucht sie in den kommenden Wochen heimlich, Nacht für Nacht, die Vase zusammenzufügen: Jedoch, was immer Lucia auch verwendet, um die beiden Teile wieder miteinander zu verbinden – Kleber, Kitt, Ton, ja sogar in Honig gelösten Muschelkalk –, am Morgen liegen sie wieder getrennt nebeneinander. Lucia, die sieht, wie ihre Mutter wieder in die alte Traurigkeit verfällt, gibt nicht auf. Sie schläft kaum noch, probiert nachts eine Klebstoffmischung nach der anderen aus und ist fest davon überzeugt, dass es einzig an ihrer Unfähigkeit liegt, dass die Vase nicht zusammenhält. Weil sie nachts arbeitet, schläft sie oft am Tag und spielt immer seltener mit ihren Freunden.*
*Eines Tages weckt sie ihr Freund Gülhan um drei Uhr mittags und schimpft: „Mit dir ist ja gar nichts mehr anzufangen, du bist echt langweilig.“ Weil er Lucia gern mag, fügt er, mit beiden Händen in seine*

*prallen Taschen greifend, hinzu: „Ich habe dir viele Haselnüsse und Walnüsse mitgebracht. In der letzten Nacht war ein großer Sturm. Ich habe gesehen, wie die Walnussbäume und die Haselnussbäume sich mächtig wehrten und ihre Kronen schüttelten, weil sie ihre Nüsschen nicht loslassen wollten, und ich habe gehört, wie der Sturm heulte: „Lass los, lass los, lass los!" Das war ein gewaltiger Kampf und der Sturm hat gewonnen. Heute Morgen lagen unendlich viele Nüsse unter den Bäumen, denn sie sind reif, und im nächsten Jahr können wieder neue wachsen. Gib mir zwei Schalen, liebe Lucia, damit ich die Haselnüsse in die eine und die Walnüsse in die andere legen kann."*

*Während Lucia im Schrank vergeblich nach zwei Schalen sucht, hat Gülhan längst die beiden Hälften der Vase entdeckt und sie mit den Nüssen gefällt. Als Lucia das sieht, will sie zuerst laut schimpfen, aber dann gefällt ihr die braune Pracht der Waldfrüchte in den kostbaren Gefäßen, und sie holt einen Nussknacker.*

*„Und wie ging das weiter?", wollte Fathima wissen, als ihre alte Kinderfrau die Geschichte beendet hatte. „Oh", sagte diese, „Lucia hat in ihrem Leben noch viele Schalen mit Früchten gefüllt, manche mit Brombeeren, andere mit Weintrauben, wieder andere mit Pilzen, mit Eicheln oder mit Sonnenblumenkernen."*

*(aus: Spangenberg 1996, S. 16–19)*

### Von der Raupe zum Schmetterling – Meditation

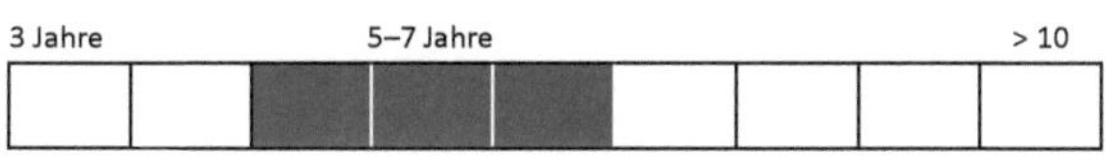

**Material:** für die Meditation Matten und Decken zum Hinlegen, fürs Basteln danach Papier und Buntstifte oder Wellkarton, Holzspieße, Klebstoff, Tixo, Filzstifte, Glasaugen zum Aufkleben

**Intention:** ein Schmetterling als Symbol für positive Veränderung am Ende einer auch phasenweise beschwerlichen Entwicklung

**Anleitung:** Die Kinder setzen oder legen sich bequem hin und folgen der Meditation. Im Anschluss können sie den Schmetterling malen oder basteln und darüber sprechen, welche Veränderung die Raupe durchmacht; wie es ihr wohl dabei geht und was dann aus ihr wird; welche Veränderungen fallen den Kindern noch ein? (eventuell ist dieser Kurzfilm für Kinder dabei hilfreich: https://www.youtube.com/watch?v=Sac1w3xqyPI – Wie wird eine Raupe zum Falter? | frage-trifft-antwort.de | Planet Schule)

**Anleitung zum Schmetterling-Basteln:** die Flügel- und Körpervorlage (s. S. 241) auf den Wellkarton zeichnen, beides ausschneiden, Augen und Flügel auf den Körper und diesen auf den Holzspieß kleben. Wer will, verziert noch die Flügel.

*Ich lade dich ein, ein paar tiefe Atemzüge zu nehmen und dich mit jedem Ausatmen ein Stück tiefer in dich selbst sinken zu lassen. Du spürst, wie schwer deine Glieder werden. Deine Arme und deine Beine.*

*Wenn du möchtest, schließt du langsam deine Augen und folgst meiner Stimme mit deiner Aufmerksamkeit.*
*Wir verlassen in Gedanken den Raum hier und machen uns auf den Weg hinaus. Zuerst marschieren wir einen Schotterweg entlang und nach einiger Zeit gelangen wir zu einem kleinen Wald, in dem es ruhig ist und die Vögel zwitschern.*
*Auf einer kleinen Lichtung machen wir Rast und du legst dich ins hohe Gras.*
*Da entdeckst du ein kleines, gelbes Ei, das auf einem Blatt liegt.*
*Aus diesem Ei nagt sich eine winzige, grüne Raupe ein Schlupfloch und kriecht aus dem. Dann beginnt sie zu fressen. Ein Blatt nach dem anderen frisst das kleine Tier und wird dabei immer größer. Weil ihre Haut nicht mitwächst, muss sich das Tier mehrmals häuten und bekommt dabei ein neues Farbmuster. Ganz leise beugst du dich zur groß gewordenen Raupe und beobachtest, wie sie sich zu verpuppen beginnt. Dafür häutet sie sich noch ein letztes Mal.*
*Nun hängt sie einige Zeit an einer Pflanze als starre Puppe.*
*Du willst schon deinen Blick von dem braun-grünen Kokon abwenden, als die Puppe plötzlich aufplatzt und sich aus dem Inneren ein Schmetterling herauszwängt. Da wird dir bewusst, dass sich die Raupe zu einem Schmetterling verwandelt hat.*
*Dieser Schmetterling spannt seine wunderschön geformten, bunt glänzenden Flügel in der Sonne zum Trocknen auf.*
*Vorsichtig kommst du dem Tier näher und da hörst du ihn flüstern: „Ich weiß, dass du mich die lange Zeit über beobachtet hast. Ich habe nun alle Entwicklungsstufen durchlaufen. Aus einem Ei wurde ich zu einer Raupe. Als Raupe musste ich mehrmals meine Haut abstreifen, um wachsen zu können. Vor den Augen anderer geschützt entwickelte ich mich im Kokon zu einem völlig neuen Tier – dem Schmetterling.*
*Ich habe meinem Lebensweg vertraut und mich den Veränderungen hingegeben. Schau, was für ein wunderbares Wesen ich nun bin.*
*Hab auch du keine Angst vor Veränderungen!“*
*Mit diesen Worten schlägt der Schmetterling seine Flügel und fliegt einfach davon.*

*Du holst tief Luft, setzt dich auf und blickst auf den Boden. Was ist denn das? Ein bunt schimmernder Stein, der die gleichen Farben hat, wie sie der Schmetterling trägt, liegt neben deinen Füßen. Den Stein hat der Schmetterling als Erinnerung mit einem bunten Farbklecks verschönert.*

*Du freust dich darüber, beginnst zu lächeln, nimmst den Stein in die Hand und machst dich auf den Rückweg. Schritt für Schritt. Langsam. Lächelnd. Wissend, dass Veränderungen nichts Böses sind. Dabei drückst du den Stein in deiner Hand und atmest tief aus. Nach ein paar Schritten gelangst du wieder in den Raum zurück, in dem wir unsere Gedanken-Wanderung gestartet haben. Du streckst dich und öffnest deine Augen wieder. Wenn du möchtest, kannst du jetzt deinen Schmetterling zeichnen oder basteln.*

### Briefe schreiben

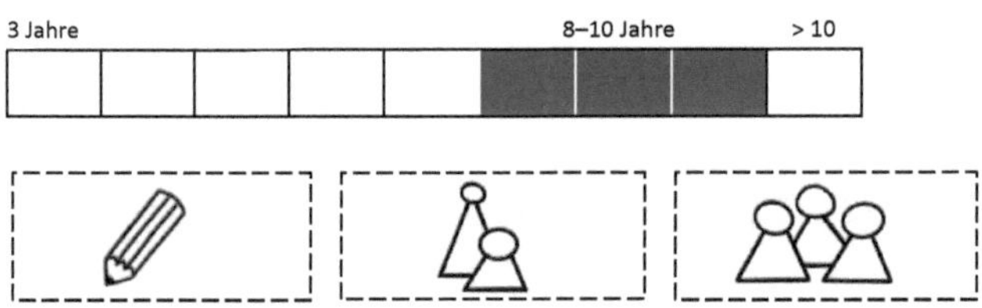


**Material:** Papier, Kuverts

**Intention:** Kinder haben aus Angst vor möglichen Konsequenzen (zum Beispiel völliges Fernbleiben des Vaters, Liebesentzug durch die Mutter ...) oft Hemmungen, ihren Eltern zu sagen, was sie stört, kränkt, traurig macht oder was sie gerne anders hätten. Durch das Schreiben eines Briefes bringen sie einerseits Klarheit in ihre Gedanken und entlasten sich andererseits selbst durch das „Von-der-Seele-Schreiben".

**Anleitung:** Kinder schreiben einen Brief an Vater/Mutter, in dem sie ihm/ihr alles mitteilen, was sie stört, was ihnen Angst macht, was sie traurig macht, was sie sich wünschen, gerne auch, was jetzt schöner für sie ist; die Briefe kommen in Kuverts, die die Kinder zukleben, damit sie sicher sein können, dass sie niemand liest. Ganz wichtig ist es, den

Kindern zu versichern, dass niemand außer ihnen den Brief liest! (Auch kein anderer, der den Inhalt weitererzählen könnte!) Ein schöner Abschluss ist auch, nach einer kurzen Runde, wie es jedem dabei ergangen ist, die Briefe mit positiven Wünschen oder wohlwollenden Gedanken für die jeweilige Situation oder den Adressaten zu verbrennen!

### Verluste/Veränderungen sammeln

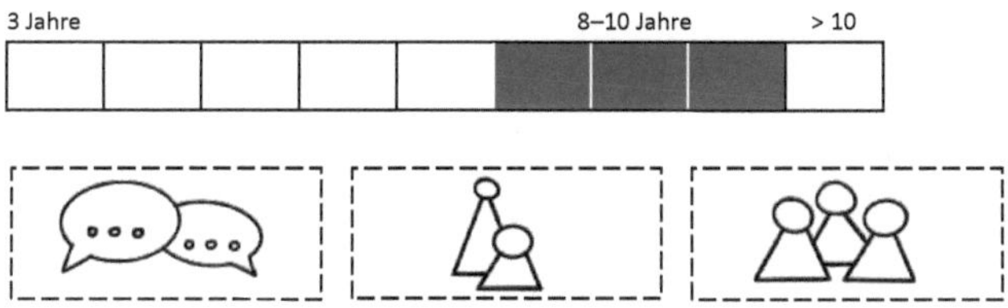


**Material:** Flipchart oder A4-Papier, Stifte

**Intention:** Die Kinder sollen Veränderungen, die sie schon erlebt haben, suchen und darüber nachdenken, welche Gefühle damit verbunden waren und wie es ihnen heute damit geht.

**Anleitung:** Auf Flipchart (oder jeder für sich) sammeln, welche Veränderungen und Verluste die Kinder kennen beziehungsweise im Laufe ihres Lebens schon erlebt haben (Jahreszeiten, Wohnungswechsel, Wechsel von Kindergarten in Schule oder von Grundschule in andere Schule, Tod von Verwandten, Haustieren ...). Mögliche Fragen:

- Wie ging es dir damit?
- Wer oder was hat dir geholfen mit dem Verlust fertig zu werden?
- Hast du durch die Trennung der Eltern ähnliche Gefühle wie damals?
- Welche sind gleich, welche sind anders?
- Was würdest du brauchen?
- Wie könntest du es bekommen?

**Alternative:** Kann auch in Form einer Collage gemacht werden!

## Beileidskarten

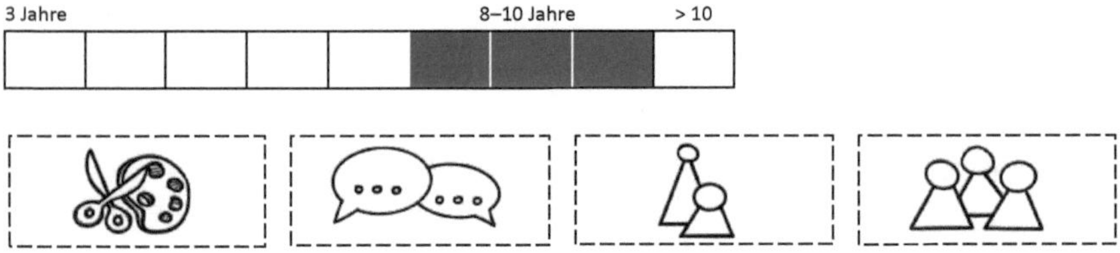


**Material:** Beileidskarten (aus verschiedenen Ländern)

**Intention:** Die Kinder sollen sich mit dem Thema Trauer nach Trennungen auseinandersetzen und heilende Rituale für Trennungen (er-)finden, die natürlich auch (als Rollenspiel) ausprobiert werden dürfen!

**Anleitung:** Karten mit Kindern gemeinsam anschauen, Fragen diskutieren und eigene „Beileidskarte“ für Geschiedene entwerfen. Mögliche Fragen:

- Welche Karten empfinde ich als tröstlich?
- Was könnte bei einer Scheidung hilfreich oder heilsam sein?
- Es gibt bei Todesfällen verschiedene Rituale (Begräbnis, Leichenschmaus, Beileidsbillets ...), bei einer Scheidung gibt es nichts dergleichen – welche Rituale für eine Scheidung könnt Ihr euch als hilfreich vorstellen?

## Lebenspanorama

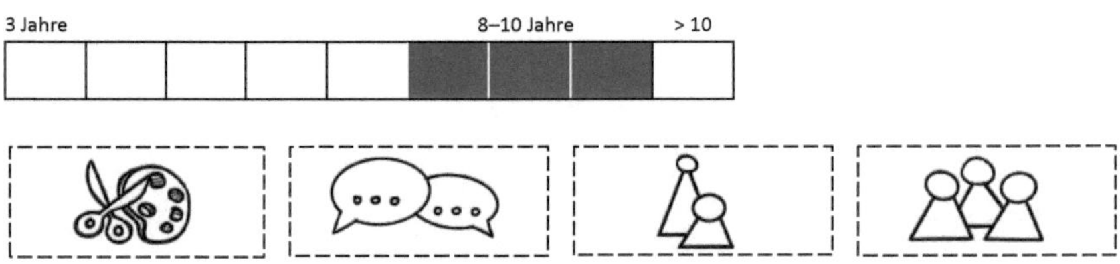


**Material:** pro Kind ein Streifen eines A3-Bogens im Querformat, Stifte

**Intention:** Bei dieser Übung geht es um ein Sichtbarmachen der Hochs und Tiefs im Leben und die Erkenntnis, dass es immer wieder auch aufwärts geht.

**Anleitung:** Die Kinder sollen ungefähr in der Mitte des Blattes eine Linie zeichnen und dann für alle Ereignisse, beginnend mit ihrer Geburt, Punkte ober- oder unterhalb der Linie einzeichnen. Alles, was sie positiv in Erinnerung haben, steht oberhalb der Linie, alles negativ Bewertete unterhalb. Die Punkte werden dann verbunden und so entsteht eine Zick-zack-Linie, die den Kindern zeigt, dass es im Leben immer wieder auf und ab geht.

**Anregung:** Interessant ist es auch, die Kinder zu fragen, was ihnen aus Tiefs herausgeholfen hat. Vielleicht finden sich Gemeinsamkeiten, die sich jetzt bewusst wiederholen lassen – zum Beispiel: „Geholfen haben mir immer die Gespräche mit meiner Tante Evi" oder „Getröstet hat mich das Anschauen von Fotos meiner verstorbenen Großmutter" oder „wenn Mama mir einen Pudding gekocht hat".

**Alternative:** Diese Übung kann auch als „Lebensweg" gemacht und anschließend ausgeschmückt werden. Das Kind malt dazu auf ein A4-Blatt im Querformat einen (verschlungenen) Weg, den es mit Bemerkungen versehen kann; es kann Stolpersteine auf den Weg legen, die für Schwierigkeiten stehen, die es überwunden hat, es kann Blumen oder eine Sonne an bestimmte Stellen zeichnen, um Erfreuliches zu kennzeichnen. Auch Zukunftspläne oder Träume sollen Platz finden!
(nach: Hobday/Ollier 2006, S. 129)

## Erinnerungskiste

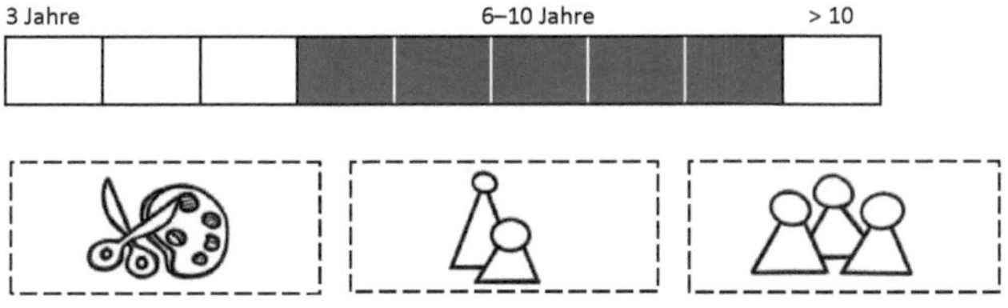


**Material:** eine Holzkiste oder Schuhschachtel oder ein Werkkoffer pro Kind und Material zum individuellen Gestalten (Heißklebepistole, Nudeln, Muscheln, Pailletten, Naturpapier, Federn, Wollreste, Kataloge, Zeitschriften, …)

**Intention:** Die Gegenstände sollen helfen, gute Erinnerungen im Kind lebendig zu erhalten.

**Anleitung:** Jedes Kind soll sich seine persönliche Erinnerungskiste anlegen, in die Gegenstände, die ihm liebgeworden sind, hineingelegt werden. Das können Fotos sein, Karten vom Kinobesuch mit einem Elternteil, eine vergessene Krawatte des Vaters, ein altes Türschild, Muscheln vom letzten gemeinsamen Urlaub mit den Eltern ...
Die Kiste wird gemeinsam schön gestaltet (zum Beispiel eine Schuhschachtel mit Zeitungsausschnitten bekleben, eine Holzkiste mit Nudeln bekleben und mit Goldfarbe lackieren ...).
Als Einstimmung dazu passt die wunderschöne Geschichte „Die wichtigen Dinge“ von Peter Carnavas, 2015.

**Alternative:** Die Koffer-Vorlage (s. S. 232) vergrößert auf A4-Karton kopieren und jedes Kind schreibt darauf, welche guten Erinnerungen ihm einfallen; kann vom Kind zu Hause auch laufend ergänzt werden (zum Beispiel können auch Fotos oder Eintrittskarten darauf geklebt werden).

## Elfchen

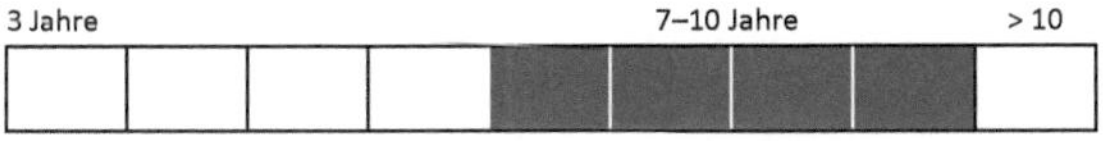

**Material:** pro Kind ein Blatt Papier und ein Stift

**Intention:** in elf Wörtern festhalten, was in mir gerade vorgeht

**Anleitung:** Ein Elfchen ist ein kurzes Gedicht mit einer vorgegebenen Versform, das in der Grundschule gerne verwendet wird. Es besteht aus elf Wörtern, die wie folgt auf fünf Verszeilen verteilt werden:

1 Wort: Wähle ein Nomen!
2 Wörter: Beschreibe das Nomen!
3 Wörter: Was passiert oder geschieht?
4 Wörter: Was fühlst du?
1 Wort: Schlusswort/Zusammenfassung

**Beispiel:**

*Auszug*
*überraschend schnell*
*Papa wohnt woanders*
*er fehlt mir sehr*
*alleine*

# 5. Heilsamer Umgang mit Ängsten und Sorgen

## 5.1 Hintergrund

Kinder wachsen mit dem Gefühl auf, dass ihre Eltern immer da sein werden, um sie zu beschützen und für sie zu sorgen. Wenn dieser Schutzschild einen Riss bekommt, stellen sie die Dauerhaftigkeit des Verbliebenen auch in Frage. Kinder, die einen Elternteil verloren haben, fürchten, dass auch der andere eines Tages weg sein wird.
Wenn Eltern sich trennen, fühlen sich die Kinder hilflos und sind ängstlich. Aufgrund der Intensität ihres seelischen Kummers schützen sich viele Kinder, indem sie kaum hinter ihrem Schutzschild hervorkommen. Wenn ich niemanden an mich heranlasse, um nicht verletzt zu werden, lasse ich auch niemanden an mich heran, der mich liebt. Das legt einen Grundstein für Einsamkeit.

Ein wesentliches Gefühl ist das der Schuld, etwas Falsches getan oder versagt zu haben. Kinder müssen verstehen, warum etwas geschehen ist, und brauchen eine*n Schuldige*n. Für gewöhnlich geben sie sich selbst die Schuld. Schuldgefühle führen zu Selbstverachtung und Depressionen. Kinder neigen dabei in besonderem Maße zu unrealistischen und „fantasievollen" Antworten auf die Schuldfrage („Der Papa ist weg, weil ich nicht mit ihm spazieren gehen wollte", „Die Mama ist weg, weil ich nicht immer aufgegessen habe oder weil ich in der Schule keine guten Noten habe" – und viele weitere mögliche und unmögliche Erklärungen, im Sinne von: „Ich war kein guter Klebstoff, um meine Eltern zusammenzuhalten").

Kinder sind nicht im Stande, zwischen realistischer und unrealistischer Schuld zu unterscheiden, und flüchten sich damit in eine fantastische Welt aus Gründen und Ursachen, die Außenstehenden nur schwer zu-

gänglich ist. Beide Elternteile müssen daher darauf schauen, dass sie ihrem Kind die Situation immer wieder erklären und es damit aus der Welt der Fantasie wieder in die Realität führen. Dazu gehört nicht nur der Einsatz von kindgerechten Erklärungen (zum Beispiel: „Papa und Mama haben sich nicht mehr so lieb wie vor einigen Jahren, Mama macht lieber das und Papa das ... aber dich haben wir beide sehr lieb" statt gegenseitiger Schuldzuweisungen der Eltern!), sondern auch viel Geduld, da alles für Kinder Unerklärbare immer wieder zu Fragen führt, die geklärt werden müssen, bevor sich Kinder auf eine neue Situation einstellen können.
Immer wiederkehrende Fragen sind nicht Zeichen für schlechte Erklärungen der Eltern oder eine schlechte Auffassungsgabe des Kindes, sondern resultieren aus einer inneren Verunsicherung. Sie zeigen, dass das Kind dabei ist, die geänderten Verhältnisse in sein Leben zu integrieren und Sicherheit dabei vermittelt bekommen möchte, auf dem richtigen Weg zu sein. Kindern fehlt es an Vorstellungskraft, sich eine andere Situation vorzustellen als jene, in der sie bisher gelebt haben. Mit der Veränderung der Lebensumstände tritt auch die oben beschriebene Verunsicherung ein. Angst ist dabei der Auslöser:

- „Wie geht es weiter mit mir, mit der Mama, mit dem Papa?"
- „Wie wird unser Leben in Zukunft aussehen?"
- „Wer wird sich um mich sorgen?"
- „Wer kümmert sich jetzt um den Papa und wer kocht für ihn?"
- „Wer bringt mich in der Früh in die Schule?"
- „Darf ich noch weiterhin zum Fußball-Training?"
- „Verlässt mich die Mama/der Papa auch eines Tages?"
- „Was muss ich tun, damit das nicht auch noch passiert?"

Diese Zukunftsängste müssen mit Kindern besprochen und bearbeitet werden. Angst nehmen geschieht durch das Vermitteln von Sicherheit und Hinweisen auf all jene Dinge, die auch weiterhin Bestand haben werden:

- Beibehalten von Alltagsritualen (zum Beispiel gemeinsames Essen, wenn alle zu Hause sind – es fehlt eben einer, aber die Mahlzeit wird beibehalten! Samstags immer Schwimmen gehen, montags immer den Hamsterkäfig putzen ...).

- Klare Besuchsregelungen und deren verlässliche Einhaltung (kleineren Kindern, die noch kein Zeitgefühl haben, kann man einen Übersichtskalender an die Wand/Tür hängen und an den Besuchstagen Smileys oder einen Großbuchstaben eintragen; so sieht das Kind immer, wie oft es noch schlafen muss, bis es den Papa/die Mama wiedersieht.
- Weitere Kontaktabbrüche vermeiden (Großeltern, Tanten, Onkeln etc.).
- Schul-, Kindergarten- oder Wohnortwechsel in der ersten Phase vermeiden.
- Haustiere behalten (auch wenn es Papas Kater ist oder in der neuen Wohnung weniger Platz ist).

Zeichen für nicht aufgearbeitete Ängste und Sorgen sind unter vielen anderen:

- Aggressive Verhaltensweisen gegen andere und gegen sich selbst
- Schlafstörungen (Einschlaf-, Durchschlafprobleme, Albträume ...)
- Verschlossenheit, Zurückgezogenheit
- Übertriebene Anhänglichkeit an den verbliebenen Elternteil
- Starker Leistungsabfall in der Schule

## 5.2 Intention

- Das Kind in seinen Ängsten und Sorgen ernst nehmen.
- Das Kind unterstützen, Gefühle der Angst zu benennen und auszudrücken sowie reale von irrealen Ängsten und Schuldgefühlen unterscheiden zu lernen.
- Dem Kind Hilfestellungen anbieten, wie es mit seinen Ängsten umgehen kann.
- Das Kind darin bestärken, an sich selbst zu glauben und die Überzeugung zu gewinnen, dass jeder die innere Kraft und Fähigkeit hat, sein Leben positiv zu gestalten.

**"** *Neugierde eines Kindes*

***Sei kindlich gierig auf Neues und entdecke!***

*Neugierig sein. Sich anschleichen. Leise. Schritt-für-Schritt. Auf Zehenspitzen. Mit offenen Augen. Den Atem anhalten. Gespitzte Ohren haben. Durch den Mund das Neue aufsaugen wollen. Sich behutsam vorbeugen. Unbemerkt sein wollen. Offen sein. Mit dem Herzen lauschen, sehen, riechen, einatmen, spüren. Neues auf-decken und ent-decken in alltäglichen Handlungen.*

***Gib dem Wunder in allem Neuen eine Chance.***

*Claudia Pinkl*

## 5.3 Spielerische Integration

### Sorgentheater

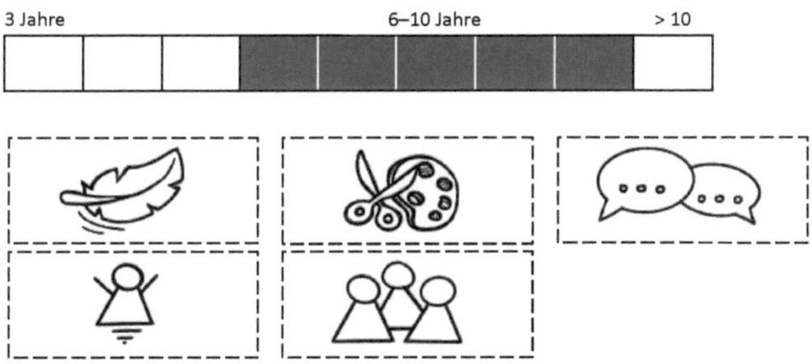


**Material:** keines; wer möchte, für den Ausklang Buntstifte oder Ölkreiden zum Malen.

**Intention:** Ziel ist es, den Kindern bewusst zu machen, worüber sie sich Sorgen machen und dass sie unterscheiden lernen, welche Sorgen vielleicht grundlos aufgebauscht sind.

***Anleitung:***

*Heute könnt ihr erforschen, wie es mit euren Sorgen so steht. Jeder Mensch macht sich Sorgen, auch Kinder, zum Beispiel, ob der Ausflug am nächsten Wochenende stattfinden wird, ob der nächste Mathetest gut gehen wird oder ob man bei anderen beliebt ist.*

*Stellt euch einmal vor, dass ihr in einem bequemen Theatersessel sitzt. Das Stück, das aufgeführt wird, heißt „Sorgentheater". Manche Sorgen, die auftreten, kennst du aus deinem persönlichen Leben. Und schon geht der schwere rote Vorhang auf und eine Sorge tritt auf. Sie stürmt auf die Bühne und klagt schrill ihr Leid. Wortreich deklamiert (beschreibt) sie, wie schlimm alles ist, wir furchtbar, wie ausweglos.*

*Sie kann gar nicht ausreden, weil sie vom Heulen einer anderen Sorge unterbrochen wird. Diese jammert, dass alles so schlimm sei und es keinen Ausweg gebe.*

*Du kannst noch ein paar Sorgen auftreten lassen. Da gibt es so eine kleine Sorge, die aber auch gehört werden will, sie schlurft traurig auf die Bühne. Und dann kommt wieder eine, die sich besonders wichtigmacht.*

*Du sitzt gemütlich in deinem Sessel und vielleicht merkst du, dass manche Sorgen ziemlich aufgebauscht sind. Du fühlst dich sicher in deinem gemütlichen Sessel und nimmst dir vor, in deinem eigenen Leben die Sorgen einmal aus der Ferne zu betrachten, wie in diesem Theaterstück. Stimmt es wirklich, was sie so dramatisch erzählen? Oder gibt es solche, die übertrieben und aufgebauscht sind? Bei welchen möchtest du dir Unterstützung holen? Und vom wem?*

*Langsam schließt sich der rote Vorhang vor der Bühne wieder. Du spürst deinen Atem und fühlst dich geborgen in dir. Du weißt, du kannst mit allen deinen Sorgen gut umgehen.*

*Die Übung kann ruhig ausklingen, indem die Kinder Sorgen-Männchen mit Buntstiften oder Ölkreiden zeichnen. Wer möchte, kann erzählen, ob ihr/ihm bei dieser Übung etwas bewusst geworden ist.*

*(nach: Kaltwasser 2020)*

## Geisterbahn

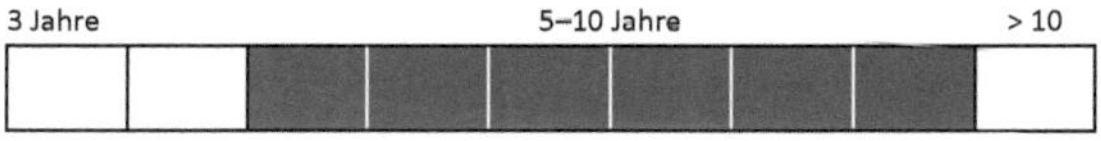


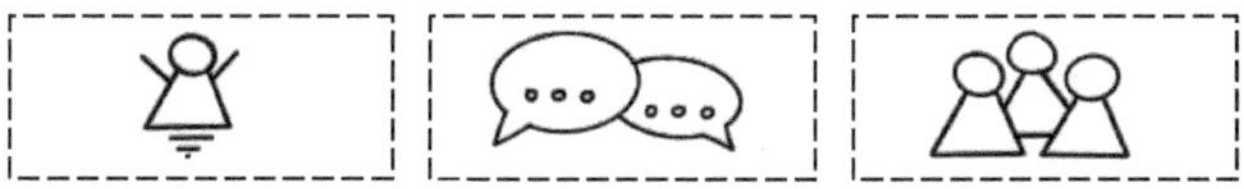

**Material:** Tücher, um Augen zu verbinden, eventuell Gegenstände für bedrohliche Geräusche (große Ketten aus dem Baumarkt zum Rasseln, Trommeln für dumpfes Klopfen, dünne Tücher, die dicht am Nacken oder den Händen vorbeigezogen werden, ...) – wichtig: die Kinder, die mit verbundenen Augen geführt werden, sollten die Gegenstände vorher nicht sehen!

**Intention:** Ähnlich wie bei einer Geisterbahn gibt es im Verlauf der Trennung der Eltern begründete und unbegründete Ängste. Diese Übung konfrontiert die Kinder auf spielerische Weise mit Ängsten, ohne reale Ängste auszulösen oder konkret auf die Familiensituation einzugehen.

**Anleitung:** Einige Kinder sind die Geister und andere die Besucher, die jeweils zu zweit zusammengehen. Ein Besucher führt den anderen „blinden" Besucher durch die Geisterbahn. Die Geister „schweben" durch den Raum und versuchen, bedrohliche Geräusche zu machen oder die geführten Kinder mit Tüchern ganz zart zu streifen. Anschließend wechseln die Besucher mit den Geistern beziehungsweise den „blinden" Besuchern. Zum Schluss werden alle gefragt, wie es ihnen ergangen ist. Ob sie sich gefürchtet haben und warum; wie es war, geführt worden zu sein; ob ihnen das Wissen um die „Geister" die Angst genommen oder sie reduziert hat.

**Anregung:** Diese Übung kann als Einleitung genommen werden, um mit Kindern darüber zu sprechen, was ihnen im realen Leben Angst macht.

## Ängste und Sorgen ausatmen

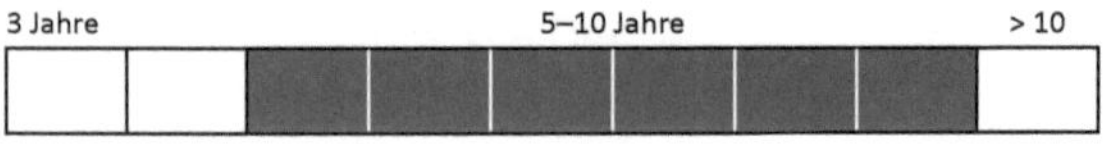

**Material:** ruhige Hintergrundmusik

**Intention:** Ängste körperlich loslassen; guter Einstieg für weitere Übungen, die Kindern das Gefühl der Unüberwindbarkeit von Ängsten nehmen sollen

**Anleitung:** Jede*r sucht sich einen Platz, an dem er/sie bequem sitzen kann. Der Blick wird sanft gesenkt oder die Augen geschlossen (freiwillig!) und die Konzentration auf den Atem gelenkt. Der Wechsel zwischen ‚Ausatmen – Atem anhalten – Einatmen – Atem anhalten' wird von einem Erwachsenen mit Worten angeleitet. Nach einigen bewussten Atemzügen werden die Augen geschlossen und wird eine Weile gleichmäßig geatmet. Anschließend wird eine Hand auf den Bauch gelegt und wahrgenommen, ob sich vielleicht unangenehmen Gefühle zeigen. Unbehagen, Unsicherheit, Ängste, Sorgen, Trauer, Wut, Ärger und andere unangenehme Gefühle werden nacheinander mit dem Einatmen aus dem Bauch geholt und mit einem festen Ausatmen richtiggehend hinausgefaucht. Dabei wandert die Hand zum Mund hinauf:

*Lege deine Hand auf deinen Bauch. Spüre, wie deine Hand die Angst, der in dir ist, wie ein Magnet anzieht. Halte die Angst nun in der Hand, ziehe sie hinauf zu deinem Mund und puste die Angst mit einem starken Luftstoß aus deinem Körper. Öffne dafür deine Hand und blase die Angst weg. Schenke dir ein Lächeln, während du deinen Arm senkst. Atme ruhig weiter.*
*Berühre jetzt wieder deinen Bauch und mache dich auf die Suche nach einem anderen unangenehmen Gefühl, das du loswerden möchtest. Atme währenddessen ruhig weiter. Wenn sich das nächste Gefühl zeigt, ziehe auch dieses mit deinem unsichtbaren Magneten aus dir heraus und puste es weit weg.*

Diese Übung wird mehrere Male wiederholt, bis Sie das Gefühl haben, jedes Kind hat alles Belastende „ausgeatmet“. Wenn nach einiger Zeit, wieder jede*r seinen eigenen Atemrhythmus gefunden hat, werden die Kinder eingeladen, bewusst ein Lächeln auf ihr Gesicht zu zaubern, die Augen wieder zu öffnen und einem anderen Kind im Raum sein Lächeln zu schicken.

## Stimmungsbilder

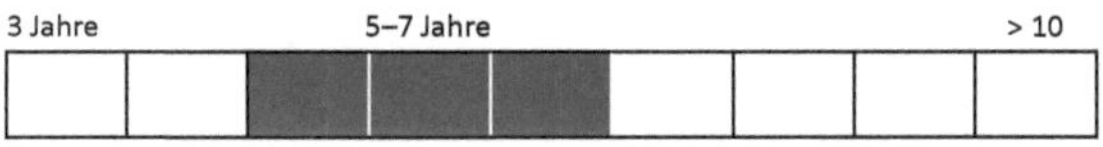

**Material:** Bilder von Situationen, in denen Tiere oder Menschen ängstlich oder traurig wirken (zum Beispiel aus Kinderbüchern kopiert oder aus dem Internet ausgedruckt, für ältere Kinder können auch berühmte Kunstwerke herangezogen werden oder Bilder aus Comic-Heften, z. B. ein zerknirschter Donald Duck, ein ängstlicher Hund Pluto, ein trauriger Obelix). Sehr gut geeignet sind auch die „Gefühlsmonsterkarten“ (gefuehlsmonster.de).

**Intention:** Die Kinder werden nur vorschlagen, was ihnen selbst Angst macht. Daher dient diese Übung dazu, Ängste an die Oberfläche zu bringen, wodurch sie bearbeitet werden können.

**Anleitung:** Den Kindern jeweils ein Bild zeigen und diese sollen überlegen, um welche Situation es sich handeln könnte, warum das Tier/der Mensch Angst haben könnte und was die Bilder bei ihnen selbst auslösen. Mögliche Fragen:

- Wie sieht dieser Mensch, dieses Tier aus?
- Warum glaubst du, dass er Angst hat, traurig ist?
- Was könnte passiert sein?
- Welche Gefühle löst dieses Bild bei dir aus?
- Haben alle dieselben Gefühle dazu?

- Hast du eine ähnliche Situation schon einmal selbst erlebt?
- Was könnte dazu beitragen, dass sich die Situation positiv verändert?

### Dein Krafttier – Meditation

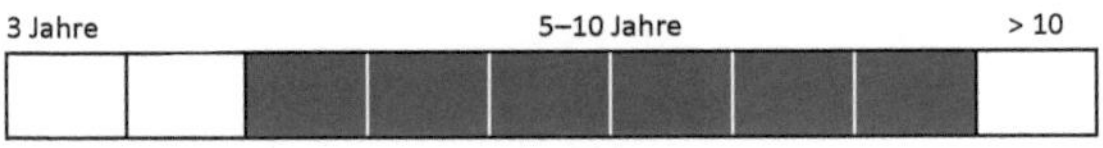

**Material:** Matten und Decken zum Hinlegen, Papier oder A4-Karton, Buntstifte, Ölkreiden, Klebstoff, Schere, Naturmaterialien wie Blätter, Federn, Lederreste oder Schnüre, Fellreste (beim Kürschner nach Abfall fragen!), Wackelaugen zum Aufkleben aus dem Bastelladen machen es plastischer oder einfach Bildmaterial für eine Collage

**Intention:** ein Symbol basteln, das dem Kind Kraft in schweren Zeiten gibt (durch Assoziation mit einer angenehmen Situation)

**Anleitung:** Mit den Kindern die Meditation machen und danach anregen, in Stille zu bleiben (!) und sein eigenes Krafttier aus den vorhandenen Materialien zu basteln oder zu malen. Wer will kann am Ende seinem Krafttier auch einen Namen geben und – auch hier nur, wer wirklich möchte! (Die Kommentare der anderen sollen die Kraft des eigenen Krafttieres nicht schmälern!) – die anderen fragen, welche positiven Eigenschaften ihnen zu dem Krafttier einfallen.

*Von den Indianern wissen wir, dass Sie sich ein Tier ausgesucht haben, das ihnen ganz bestimmte Fähigkeiten geben konnte. Der Fuchs etwa Schlauheit, die Eule Wissen und Weisheit. Die Schamanen in den Anden haben den Jaguar für seine Furchtlosigkeit oder die Schlange für ihre Fähigkeit sich immer wieder zu häuten, sich weiterzuentwickeln und den Kolibri für Lebensfreude als Krafttiere.*
*Heute kannst du dein ganz persönliches Krafttier näher kennenlernen.*

*Setze oder lege dich dazu hin entspannt hin. Wenn du magst, schließe deine Augen. Mache es dir noch ein wenig bequemer. Beobachte deinen Atem, wie er von selbst kommt und geht, ein und aus, ein und aus …*

*Stell dir vor, du bist auf einer weichen, duftenden Wiese, es ist ein schöner Vormittag und die Sonne scheint warm in dein Gesicht, in der Ferne hörst du einen Bach über Steine plätschern, es duftet so richtig nach Sommer und du freust dich, weil du heute keine Schule hast. Insekten summen und brummen und zirpen rund um dich, Du hüpfst fröhlich über die Wiese auf den nahen Wald zu. Da bemerkst du am Waldrand eine Bewegung und hörst deinen Namen. Nicht durch eine Stimme, die man hören kann, es ist mehr so, als spürst du, dass dich das Wesen am Waldrand ruft. Du hältst inne. Es könnte ein Tier sein. Du nimmst es noch undeutlich wahr, doch als du näher hinsiehst, merkst du, dass es dein ganz persönliches Krafttier ist! Ganz vorsichtig näherst du dich. Du siehst es immer deutlicher. Du fühlst dich innerlich sicher und geborgen und gehst auf dein Krafttier zu. Du beginnst vorsichtig mit ihm zu sprechen. Du fragst, was seine Stärken sind … worin sein Geheimnis liegt, dass es in der Natur überleben kann, ohne Sicherheit, ohne zu wissen, was morgen passieren wird. Und du fragst dein Tier, wie du auch solche Fähigkeiten und solche Kraft bekommen kannst. Dein Krafttier antwortet dir. Nur du kannst es hören und du spürst, dass sich in diesem Moment auch in dir diese Fähigkeiten entfalten. Zuerst ganz zaghaft, dann immer stärker, wie eine Knospe, die sich zur Blume öffnet und dann in voller Pracht vor dir steht. Du spürst wie die Eigenschaften deines Krafttieres in dich überströmen. In jeder Faser deines Körpers nimmst du sie auf. Du genießt das Gefühl und das tiefe Wissen, die innere Ruhe und die Kraft der Lebensfreude. Du saugst alles in dir auf. Dein Krafttier schaut dir tief in die Augen, dir wird ganz warm ums Herz, du weißt jetzt, dass alles gut ist, so wie es ist, dass du vor nichts Angst haben musst und dass du geliebt und beschützt bist.*

*Du verabschiedest dich mit einem Kopfnicken und einem Lächeln von deinem Krafttier, bedankst dich für seine Botschaft und kommst langsam – in deinem Tempo – wieder zurück. Atemzug für Atemzug. Zurück in diesen Raum und zu deinen Freunden und Freundinnen. Du dehnst und streckst dich und öffnest deine Augen.*

**Anregung:** Im Anschluss kann auch ein Schutzschild mit dem Krafttier gebastelt werden (s. nächste Anleitung), das z. B. neben dem Bett steht, wenn das Kind schlafen geht.

### Schutzschild für kleine Ritter*fräulein

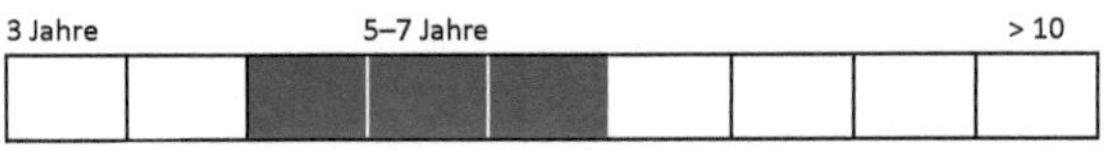

**Material:** Pappe in A3 (oder große Teile von Verpackungskartons, die dafür von einem Erwachsenen mit einem Stanley-Messer/Cutter zerteilt werden), Material für einen Griff (Lederrest, Seil), Klebstoff, Schere, alte Zeitschriften/Spielzeugkataloge, Stifte

**Intention:** Hinter diesem Schild kann sich das Kind verstecken, Kraft tanken und von den unsichtbaren Helfern Gebrauch machen, wenn es sich verloren oder im Stich gelassen fühlt.

**Anleitung:** Aus einem Pappbogen wird ein Schild, wie es die Ritter früher hatten, ausgeschnitten und auf der Hinterseite von einem Erwachsenen eine Halterung/ein Griff montiert, z. B. aus einem Stück Seil oder einem Lederrest. Das Kind schmückt das Schutzschild mit einem Bild von seinem Krafttier oder Bildern von Helfern (Actionfiguren), Zauberwesen und Zaubergegenständen, die es darauf malt oder aus Zeitschriften ausschneidet und aufklebt.

## Ab ins Klo mit Ängsten und Sorgen

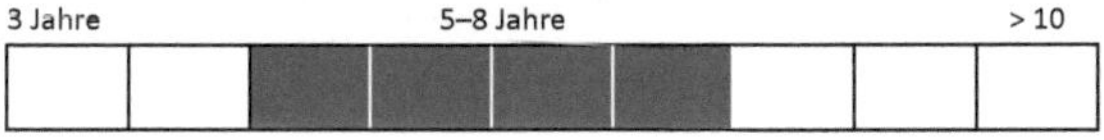


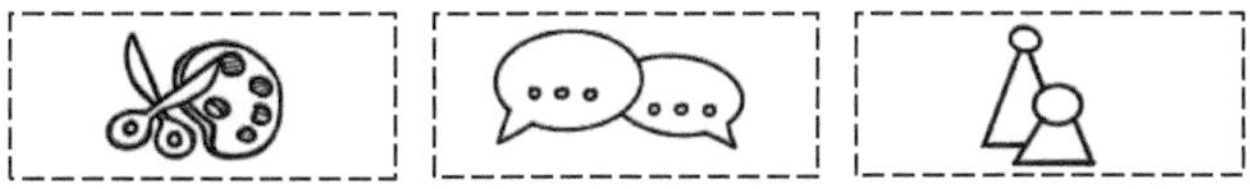

**Material:** WC-Papier, Filzstifte, WC

**Intention:** Ängste und Sorgen benennen und bewusst loslassen

**Anleitung:** Das Kind schreibt oder zeichnet mit Filzstiften auf einzelne WC-Papier-Stücke, was es belastet. (Achtung: Verwenden Sie eine Unterlage, der Filzstift kann sich leicht durchdrücken!) Gemeinsam mit dem Kind spülen Sie dann diesen emotionalen Ballast die Toilette hinunter – Stück für Stück, damit das WC nicht verstopft wird! Wobei das Kind nicht verraten muss, um welchen Ärger, welche Sorgen es sich dabei handelt. Sie werden sehen, es macht Spaß und wirkt.

## Sorgenschiff

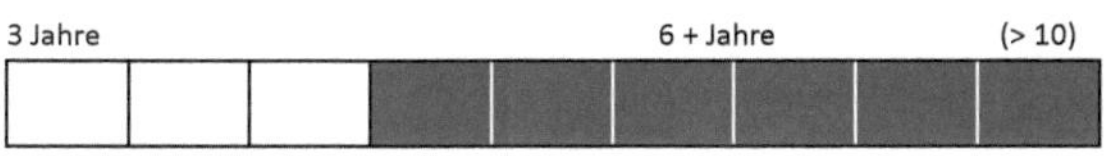

**Material:** A4-Papier, (wasserlösliche) Stifte, Ort, um Schiff schwimmen zu lassen

**Intention:** die Sorgen aufschreiben, in ein Schiff verwandeln und anschließend beobachten, wie das selbstgebastelte Schiff die Sorgen wegträgt

**Anleitung:** Alle Sorgen, die das Kind hat, werden mit einem wasserlöslichen Stift (oder Füllfeder) auf einem A4-Papier auf der Vorder- und Rückseite niedergeschrieben oder gezeichnet. Daraus wird ein Schiff gefaltet

(Online-Anleitung: https://www.youtube.com/watch?v=riEes5JApxA) und dieses anschließend in einem Bach schwimmen gelassen. Das Kind kann beobachten, wie die Sorgen davonschwimmen und im Wasser zerfließen.

### Den Angstdrachen verkleinern

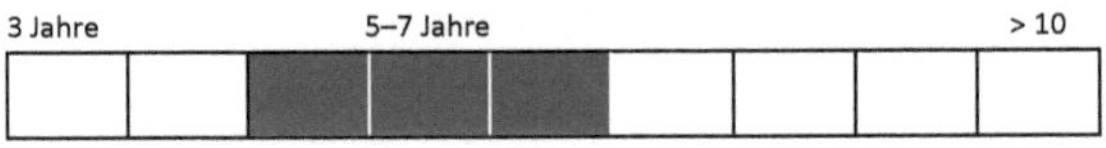

**Material:** Hintergrundmusik

**Intention:** der Angst die scheinbare Unüberwindbarkeit nehmen, indem das Kind erfährt, sie selbst verkleinern zu können

**Anleitung:** Mit den Kindern die Fantasiereise machen und dann darüber sprechen, ob sie schon erlebt haben, dass ihnen etwas Angst oder Sorgen gemacht hat und sich dann als „nicht so schlimm" entpuppt hat. Die Erzählungen der anderen setzen bei Kindern, die nichts dazu sagen wollen, auch schon sehr viel innere Prozesse in Gang und unterstützen sie, mit ihren Ängsten besser umgehen zu können.

*Manchmal werden Ereignisse, Situationen, Personen oder Dinge zu Angstbringern, die in uns mehr Angst auslösen, als eigentlich nötig wäre. Mit dieser kleinen Geschichte kannst du üben, mit deiner Angst spielerisch umzugehen.*
*Ich lade dich ein, deine Vergrößerungs- und Verkleinerungskünste zu trainieren. Setze dich oder lege dich hin. So entspannt, wie es dir gerade jetzt möglich ist. Nimm deinen Atem wahr – das Einatmen und das Ausatmen. Du musst nichts dafür tun, sondern einfach deinen Atem zu beobachten. Er kommt und geht. So wie die Wellen des Meeres kommen und wieder gehen. In ihrem eigenen Rhythmus. So ist es auch bei deinem Atem.*

*Er kommt: du atmest ein und spürst, wie sich deine Bauchdecke hebt.*
*Er ist da: einen Moment lang ist es ruhig.*
*Er geht: du atmest aus. Deine Bauchdecke senkt sich wieder und du atmest Luft wieder aus.*
*Er ist weg: einen Moment lang ist es wieder ruhig.*
*Dann beginnt wieder alles von vorne.*
*Dieses Wissen kann dir bei deinen Ängsten helfen. Stell dir vor, deine Angst ist ein kleiner grüner Drache mit kleinen spitzen Gummizähnen und einem dicken Bauch, der in deiner Handfläche sitzt. Dieses Phantasietier ist aus einem Luftballonähnlichen Material und kann somit seine Form und Größe verändern. Wenn deine Angst größer wird, wächst auch dieser Drache. Er wird kugeldick und groß und seine Zähne wirken gefährlich auf dich. Also hältst du dann die Luft an, machst dich klein und vergisst zu atmen. Doch wenn du zuerst bewusst ausatmest und dann tief einatmest, dich aufrichtest und selbst groß machst, dann verliert das Gummiangsttier seine Gefährlichkeit. Ihm geht die Luft aus und der Drache schrumpft wieder zu einer kleinen Figur.*
*Du hast es in der Hand. Du kannst den Drachen schrumpfen lassen, indem du einatmest, dich aufrichtest und innerlich groß machst. Du bestimmst, wie groß er werden kann. Du kannst das Phantasietier durch ein langes Ausatmen auch winzig klein werden lassen. So klein wie eine Erbse.*
*Wenn der Phantasiedrache in einer Größe ist, in der du dich stark fühlst, dann sage zu ihm: „Hallo Drache! Da bist du wieder. Ich weiß, du bist in mein Leben gekommen, als ich etwas Unangenehmes erlebt habe (als Mama und Papa sich getrennt haben, …). In diesem Moment war ich froh, dass es dich gibt. Ich wollte nicht alleine sein. Doch jetzt ist mir klar, dass du über mich bestimmst. Und das will ich nicht mehr. Also verschwinde!" Atme noch einmal tief ein, mach dich so richtig groß und puste den Angstdrachen einfach davon.*
*Konzentriere dich noch für ein paar Atemzüge auf das Ein- und Ausatmen. Stell dir die Wellen des Meeres vor, wie sie kommen und gehen und schenk dir ein Lächeln. Spüre nach, wie befreit es sich anfühlt, weil du den Angstdrachen nur mit Hilfe deines Atems besiegt hast.*

## Dein Schutzengel

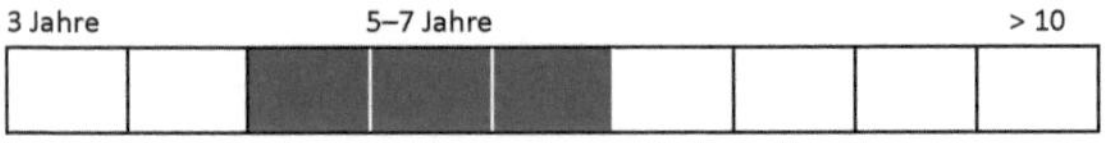

**Material:** Entspannungsmusik, Papier, Stifte oder Salzteigbastelmaterial

**Intention:** das Kind durch einen symbolischen Partner unterstützen

**Anleitung:** Bei manchen Völkern haben Tiere Schutzfunktionen, bei uns spricht man oft von einem Schutzengel. Nach der Meditation sollen die Kinder ihren Schutzengel zeichnen oder aus Plastilin oder Salzteig gestalten.

*Manchmal wünschen wir uns jemanden, mit dem wir alles besprechen können, dem wir alle unsere Geheimnisse, Sorgen und Fragen anvertrauen können. Einen solchen „Verbündeten“ kannst du heute in deiner Fantasie finden. Setze oder lege dich dazu entspannt hin. Schließe deine Augen. Mache es dir noch ein wenig bequemer.*
*Stelle dir vor, du wanderst auf einer grünen Wiese. Es ist ein schöner Tag, der Himmel leuchtet strahlend blau. Das Plätschern eines Baches lockt dich an. Du setzt dich ins weiche Gras und blickst auf das Wasser. Du spürst die warmen Sonnenstrahlen auf deiner Haut. Du bist ganz entspannt, ruhig, gelöst, gelassen.*
*Da taucht plötzlich dieses Gefühl auf, als ob noch jemand hier ist. Du siehst ein freundliches Wesen neben dir stehen. Vielleicht ist es ein Mensch, ein Tier, vielleicht eine Fee oder sonst eine Fantasiegestalt. Du merkst, dass dich dieses Wesen liebevoll ansieht, dass es dich gern hat. Es ist dein „Schutzengel“.*
*Und dieses Wesen winkt dir zu, du stehst auf und gehst voll Vertrauen mit.*
*Der Weg führt euch den Bach entlang, weiter hinauf durch einen lichten Wald bis hin zu einer Quelle. Dort führt dich dieses freundliche Wesen in eine Höhle, die ganz erleuchtet ist von lauter Kristallen. Weiter*

*hinten in der Höhle gibt es eine Türe und ihr beide gelangt in einen gemütlichen Raum. Ihr setzt euch bequem hin. Du siehst deinen Schutzengel noch genauer an und kannst spüren, dass er dich sehr gern hat. Er mag dich so wie du bist.*
*Und vielleicht fragst du nun deinen Schutzengel etwas, das dir wichtig ist, das dir schon lange am Herzen liegt. Und dein Freund hört dir aufmerksam zu, sieht dich dabei verständnisvoll an und vielleicht kannst du auch eine Antwort hören oder auf eine andere Art spüren, was dir dein Schutzengel sagen möchte.*
*Nun bedankst du dich bei deinem Schutzengel, was immer er auch dir gesagt hat, was immer du auch gesehen, gehört oder gerochen hast. Eventuell siehst du etwas, vielleicht eine Farbe, die dich immer wohltuend begleiten kann oder du kannst Musik hören. Und das Wesen nickt dir freundlich zu und sagt, dass du immer wieder kommen kannst, wenn du etwas auf dem Herzen hast.*
*Zum Abschied gibt dir dein Schutzengel ein kleines Geschenk mit. Etwas, das jetzt für dich wichtig ist, etwas, das du gut gebrauchen kannst. Du nimmst dieses Geschenk ehrfürchtig in deine Hände und verabschiedest dich.*
*Glücklich gehst du aus der Höhle hinaus, den Bach entlang zur Wiese. Du spürst in dir das Gefühl, dass du etwas Wichtiges erfahren und erlebt hast und du kannst das mitnehmen in diesen Raum. Du kommst nun langsam, in deinem Tempo wieder hierher zurück. Du bewegst deine Finger, du atmest etwas tiefer ein und aus. Du dehnst und räkelst dich und öffnest deine Augen. Du fühlst dich erfrischt und ausgeruht, so als wärest du gerade aus einem erholsamen Schlaf aufgewacht.*
*(nach: Teml 1998)*

## Ein sicherer Platz – Meditation

**Material:** Entspannungsmusik

**Intention:** Einstiegsübung für nachfolgende Methoden, die den Umgang mit Angst erleichtern sollen

**Anleitung:**
*Jede und jeder von uns kann etwas besonders gut. Fußball spielen, malen, singen, Tiere beobachten oder Geschichten erzählen. In unserem Körper gibt es Plätze und Regionen, die uns dabei bestmöglich unterstützen. Der Fuß beim Tore-Schießen, die Finger beim Malen, der Mundraum und die Stimmbänder beim Singen und so weiter. Diese Plätze sind mit dir ganz stark verbunden und an diese Plätze kannst du dich zurückziehen, wenn du dich geborgen, geschützt und sicher fühlen willst.*
*Für die folgende Phantasiereise lade ich dich ein, dich entspannt hinzusetzen oder hinzulegen. Schließe deine Augen und atme einige Male ruhig und bewusst ein und wieder aus. Jeder Atemzug trägt dich weiter in dich selbst hinein. So machst du eine Reise zu deinem inneren Sicherheitsplatz. Dafür gehst du in Ruhe deinen Körper durch, bis du an jenem Platz angelangt bist, an dem du dich richtig wohl fühlst.*
*Spüre zuerst in deinen Kopf hinein … in deine Schultern, Arme, Hände … bis in die Fingerspitzen. Gehe weiter mit deiner Aufmerksamkeit zu deinem Hals, Nacken, Schultern, deinem Brustkorb, deinem Herzen und deinem Bauch. Gerne kannst du den Fokus nun auch auf deine Beine, Füße, Fersen und Zehen legen. Spüre hinein in deinen Körper. An welcher Stelle fühlst du dich besonders wohl?*
*Hast du einen Ort gefunden? Ein Ort, der dich magisch anzieht?*

*Dann beleuchte diesen Ort deines Körpers mit deiner imaginären Taschenlampe und du wirst die Möglichkeit bekommen, an diese auserwählte Stelle in deinen Körper zu gelangen.*
*Schau dich um. Wie sieht dein Sicherheitsort aus? In welchen Farben erstrahlt dieser Platz in deinem Körper? Woran erinnert er dich?*
*Mache es dir an diesem besonderen Platz so gemütlich als möglich. Vielleicht deckst du dich mit einer Kuscheldecke zu oder du lässt durch ein Fenster die Sonne in den Raum deiner Sicherheit und Geborgenheit scheinen.*
*Du kannst dir diesen besonderen Platz so gestalten, wie es für dich in diesem Moment richtig ist.*
*Genieße es! Sauge diesen Moment in dir auf! Nimm die Geborgenheit an, die dieser Ort ausstrahlt! Speichere die Sicherheit ab, die dir dieser Ort gibt! Spüre die Kraft, die sich in dir breit macht!*
*Erlebe die Leichtigkeit, die durch deinen Körper fließt!*
*Nimm das Geschenk dieses Moments an!*
*Wenn du spürst, dass du von Sicherheit, Kraft und Selbstbewusstsein erfüllt bist, dann nimm noch drei tiefe Atemzüge.*
*Bedanke dich bei diesem Ort, dass er sich dir gezeigt hat und du hier ein wenig verweilen durftest.*
*Du weißt, dass du jederzeit hierher zurückkehren kannst – wann auch immer du es für nötig hältst. Und mit dieser Gewissheit, komm langsam und in deinem eigenen Tempo wieder zurück an den Ausgangspunkt deiner inneren Reise. Berühre deinen Körper. Strecke dich. Bewege deine Finger und Zehen. Lächle und freu dich darüber, dass du deinen sicheren Platz in dir kennenlernen durftest.*

## Gefühle benennen mit Kindern und Jugendlichen

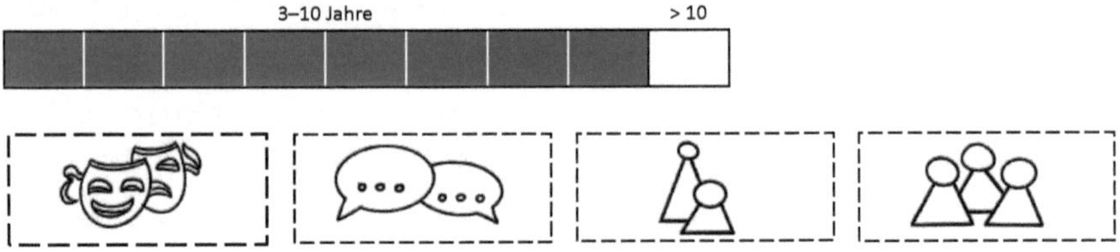


**Material:** Botved, A./Gräßer, M./Hovermann, E.: Gefühle benennen mit Kindern und Jugendlichen. Kartenset mit 120 Bildkarten, 2016

**Intention:** In dieser Box finden Sie je 60 positive und negative Gefühlskarten (im beiliegenden Booklet sind alle 120 Gefühle auch benannt!), illustriert mit Situationen aus dem kindlichen Alltag, die sich herrlich dafür eignen, mit Kindern die unterschiedlichsten Gefühle zu benennen und zu bearbeiten.

**Anleitung:** Mit den Karten können Sie Kinder die Gefühle beschreiben lassen, beim Benennen helfen, fragen, wer ähnliche Situationen aus seinem Leben (oder dem der Geschwister oder Freunde) kennt, und erarbeiten, was man in der jeweiligen Situation tun kann, um sich (vielleicht nur ein klein wenig) besser zu fühlen. Das Nachspielen der gezeigten Szenen kann dazu beitragen, die Fähigkeit zu Empathie und Mitgefühl zu stärken.

## Der Zaubermantel

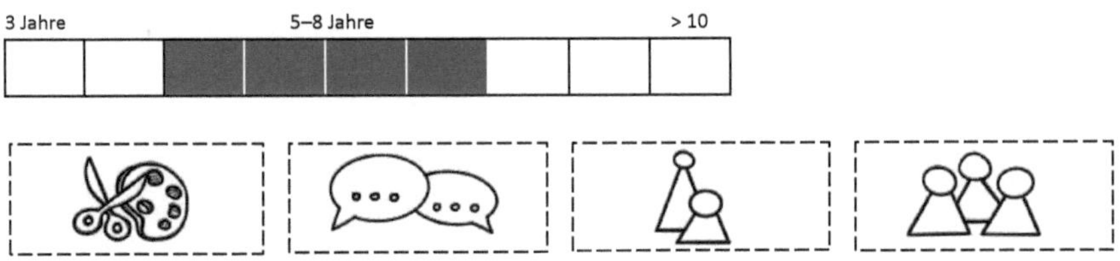


**Material:** Einweg-Friseurumhang, wasserfeste dicke Stifte oder Textilstifte (eventuell in Glitzerfarben)

**Intention:** Symbolische Vermittlung von Stärke und Schutz. Kann auch als Einstieg dienen, um anzusprechen, wovor das Kind Schutz brauchen könnte und wie es ihm gelingen kann, (mit Hilfe des Zaubermantels) mit der Situation besser umzugehen.

**Anleitung:** Auf einen Einweg-Friseurumhang (erhältlich in jedem Drogeriemarkt und Friseurbedarfsladen) werden mit einem dicken Stift in großen Buchstaben Worte geschrieben, die dem Kind Stärke, Sicherheit und Geborgenheit vermitteln. Einige Icons (Sonne, Sterne, Musiknoten, ...) werden dazu gezeichnet, welche dem Mantel Schutz- und Zauberkräfte verleihen. Die Beschriftung und Gestaltung kann vom Erwachsenen für das Kind oder gemeinsam mit dem Kind erfolgen. Der fertige Zaubermantel, der im bestmöglichen Fall auch den Namen des Kindes trägt, wird in eine Zauberkiste (z. B. schön gestalteter Schuhkarton) gelegt und kann mit der folgenden Anleitung dem Kind als Zaubermantel dienlich sein:

*Schau, ich habe dir etwas mitgebracht. In dieser Schatzkiste ist ein Zaubermantel, der dir Schutz, Sicherheit und Geborgenheit bieten kann. Wenn du den Kräften deines Zaubermantels vertraust, dann kannst du ihn immer und jederzeit nutzen. Also, probiere es aus! Nimm deinen magischen Mantel vorsichtig aus der Schatzkiste heraus. Zieh ihn dir über und spüre nach, wie er dich schützt. Er umhüllt dich mit Zauberkräften und verstärkt deine Sicherheit. Geh einige Schritte mit dem Wissen, dass du nun unverletzlich bist und beobachte, wie es sich in dir anfühlt, sich stark und sicher zu fühlen. Werde eins mit deinem Zaubermantel! Übernimm seine unsichtbaren Kräfte, seinen Schutz und fühle dich in ihm geborgen!*

**Alternative/Anregung:** Anstelle des Umhangs kann auch ein übergroßes T-Shirt mit einem Fantasie- oder Krafttier bemalt werden, das für alle Stärken und Kräfte steht, welche das Kind benötigt.

## Pantomime

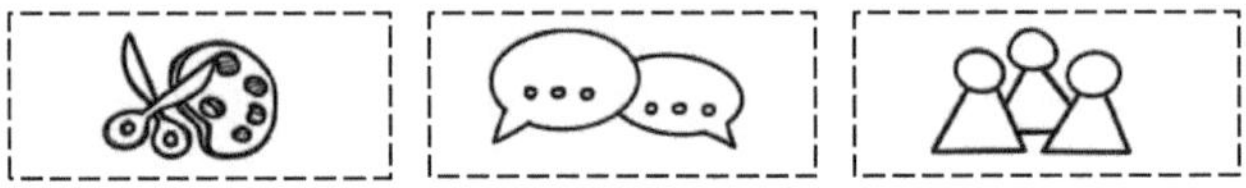

**Material:** Karten mit Situationsschilderungen

**Intention:** Pantomime wie auch Rollenspiele sind eine sehr gute Übung, eigene unangenehme Gefühle auszudrücken, sich spielerisch mit ihnen auseinanderzusetzen, ohne das Gefühl der eigenen Betroffenheit zulassen zu müssen.

**Anleitung:** Jedes Kind zieht drei Karten, auf denen jeweils eine Situation beschrieben ist, und versucht, eine davon den anderen pantomimisch vorzuspielen. (Jüngere Kinder werden Hilfe beim Lesen der Karten benötigen!) Wenn es passt, kann im Anschluss, wenn alle dran waren, darüber gesprochen werden, wie man mit den einzelnen Situationen heilsam umgehen könnte.

- Du hast eine schlechte Note und schleichst um deine Mutter herum, um es ihr mitzuteilen.
- Du kommst fröhlich nach Hause, doch dein Haustier ist unerwartet gestorben.
- Dein Hund hat deine Hausaufgabe zerrissen.
- Du bist völlig verzweifelt, weil du dich in einer fremden Stadt verlaufen hast und deine Eltern nicht mehr finden kannst.
- Du solltest für deine Mutter einkaufen gehen und findest im Geschäft deine Geldbörse nicht mehr.
- Du gehst auf dem Heimweg vom Kino nachts durch eine finstere Gasse.
- Du hast ein schlechtes Gewissen, weil du für eine Prüfung zu wenig gelernt hast.
- Du telefonierst vom Handy deiner Mutter zu lange mit deiner besten Freundin und hast Angst, was passiert, wenn sie die Telefonrechnung sieht.

- Schneegestöber im April, Verkehrschaos und du hast in der ersten Stunde einen Mathematik-Test.
- Dein Hund hat das Blumenbeet eurer Nachbarin umgegraben.
- Du hast jeden Tag Streit mit deiner älteren Schwester und schon in der Schule Angst, nach Hause zu gehen.

## Gruselgeschichten erzählen

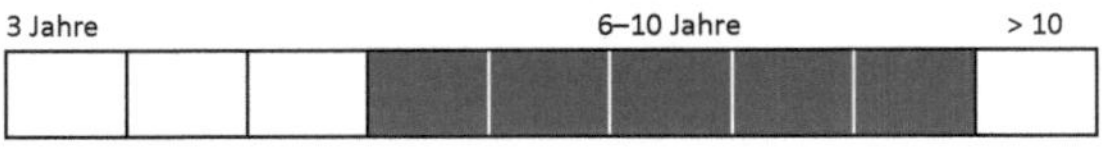


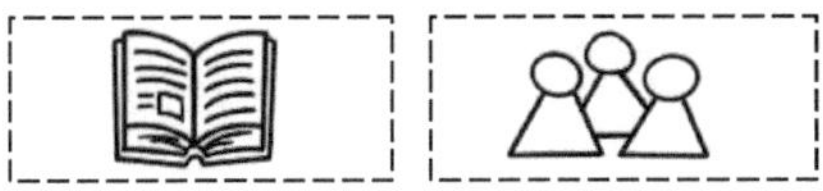

**Material:** Karten, auf denen einzelne Begriffe stehen (Wald, Eltern, laufen, Angst, frieren, Keller, Geräusche, rasseln, Schatten, Türglocke, Stille, rascheln, Stromausfall, ...)

**Intention:** spielerische Konfrontation mit Angst und humorvolle, fantasiebetonte Bewältigung

**Anleitung:** Jedes Kind zieht einen (oder mehrere) Karten und gemeinsam sollen sie daraus eine Geschichte machen. Ein Kind beginnt und das nächste setzt mit einem Satz (oder mehreren), der das Wort auf dem Zettel enthalten soll, fort. Lustiger wird es, wenn der Erwachsene mitschreibt und die Geschichte dann nochmals am Stück vorliest!

## Impulsplakate

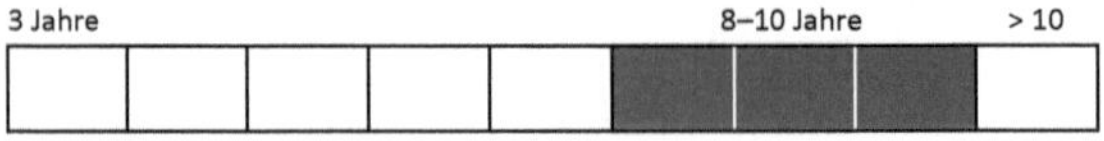

**Material:** Flipchart-Bögen im Raum verteilt (eventuell mit Kreppband an die Wand gehängt), sodass die Kinder zwischen den Bögen hin und hergehen und dazuschreiben können (also nicht zu hoch hängen!), verschiedenfarbige Flipchart-Stifte

**Intention:** An die Oberfläche bringen von Ängsten, Selbstvorwürfen, Sorgen. Die Kinder sollen sich bewusst machen, welche Situationen welche Gefühle in ihnen auslösen. Im Anschluss kann darüber gesprochen werden, ob ähnliche Situationen ähnlich empfunden werden und wie mit den jeweiligen Gefühlen heilsam umgegangen werden kann.

**Anleitung:** Auf jedem Flipchart-Bogen steht ein Satzanfang, den die Kinder schriftlich vervollständigen sollen. Wählen Sie je nach Gruppengröße nicht mehr als fünf bis sechs Textanfänge.

- Traurig bin ich, wenn ...
- Schüchtern bin ich, wenn ...
- Fröhlich bin ich, wenn ...
- Enttäuscht bin ich, wenn ...
- Ängstlich bin ich, wenn ...
- Verzweifelt bin ich, wenn ...
- Eifersüchtig bin ich, wenn ...
- Neidisch bin ich, wenn ...
- Wütend bin ich, wenn ...
- Neugierig bin ich, wenn ...
- Entspannt bin ich, wenn ...
- Übermütig bin ich, wenn ...
- Situationen, in denen ich ein mulmiges Gefühl habe ....

- Situationen, in denen ich mich „schuldig“ fühle ...
- Situationen, in denen ich mich ängstlich fühle ...

Sie können den Austausch abschließen mit diesen drei Impulsplakaten:

- Im Augenblick fühle ich mich ....
- Am schönsten war heute, ...
- Am meisten wünsche ich mir im Moment, dass ...

### Geräusch-Kim

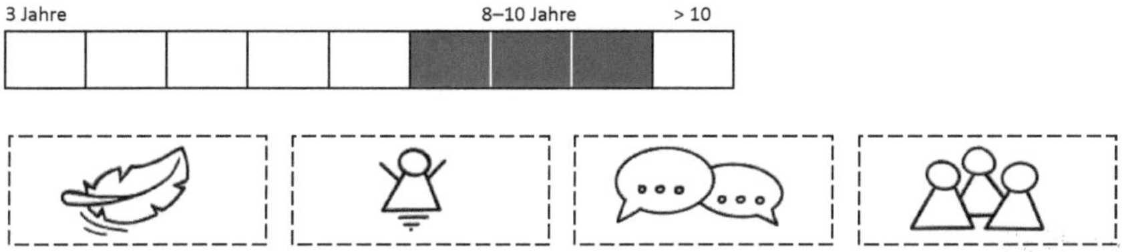


**Material:** „Grusel“-Geräusche von CD oder Spotify (Türe knarren, Ketten rasseln, Klopfen, Schritte, Geisterheulen ...), Tücher, um Augen zu verbinden

**Intention:** Angstauslöser erkennen und besprechen. Spielerischer, unterhaltsamer Zugang zu Angstthemen und Angstauslösern kann das Gefühl der Ohnmacht nehmen. (Wie gehe ich mit meiner Angst um? Ich kann darüber reden, lachen ...)

**Anleitung:** Den Kindern Geräusche vorspielen und, nachdem sie diese erkannt haben, fragen, welche Gefühle diese Geräusche bei ihnen auslösen. Kinder können auch selbst Geräusche machen und die anderen raten lassen, worum es sich handelt.

- Wie ging es euch dabei?
- Gab es Geräusche, die euch Angst machten?
- War es gruseliger durch die verbundenen Augen?
- Was hat euch die Angst genommen?

## Jakob und Katharina

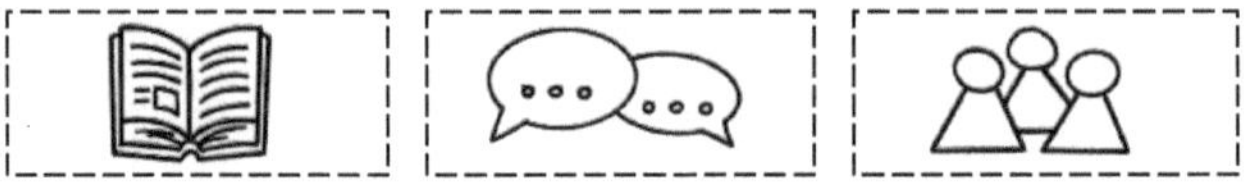

**Intention:** Diese Übung fördert die Bereitschaft, bei Ängsten Hilfe zu holen und selbst Unterstützung zu geben.

**Anleitung:** Geschichte mit den Kindern lesen und darüber reden, wie jemand mir helfen und wie ich anderen helfen kann

*„Bei Katharina läutet das Telefon. Sie nimmt den Hörer ab.*
*„Kathi!“ Sie erkennt Jakobs Stimme. Jakob geht mit ihr in dieselbe Klasse.*
*„Hallo, Jakob“, sagt Katharina.*
*„Du, Kathi“, sagt Jakob, „stell dir vor, was der Rudi treibt. Gerade jetzt war er bei der Renate und hat vor ihrer Tür geraschelt und geseufzt und Hu-hu-hu geheult – wie ein richtiges Gespenst. Und die Renate war allein zu Haus und hat sich gefürchtet.“ „Na und?“, fragt Katharina. „Was geht das mich an?“*
*„Na hör doch, Kathi“, sagt Jakob, „das ist alles wahr, ich weiß es von Max, und dem hat es der Rudi selber erzählt. Jetzt will der Rudi zur Susi gehen und dort noch einmal heulen, denn die Susi ist heute auch allein.“*
*„Na, wenn schon“, sagt Katharina, „was geht das mich an?“*
*„Aber Kathi“, sagt Jakob, „hör zu, Kathi. Nach der Susi will der Rudi zu dir kommen.“ „Was? Zu mir?“, ruft Katharina, „aber ich bin jetzt auch allein, weil die Mutti beim Zahnarzt ist. Jakob, was soll ich tun? Ich mag kein Hu-hu-hu vor meiner Tür, auch wenn ich hundert Mal weiß, dass es nur der Rudi ist. Ich fürchte mich schon, wenn die Badezimmertür knarrt.*
*„Ich komm’ zu dir!“, sagt Jakob, „wir warten hinter der Tür, und wenn er zu heulen beginnt, dann bellen und knurren wir ganz wild und kratzen unten an der Tür. Da wird der Rudi schon davonlaufen!“*
*„Komm sofort!“, sagt Katharina, „ich halte es keine Minute länger aus – so allein.“ „Fünf Minuten“, sagt Jakob, „dann bin ich bei dir.“ Er beeilt sich. Er braucht nur vier Minuten bis zu Katharinas Wohnungstür.*

*Er läutet, aber niemand macht ihm auf. „Ich bin's, der Jakob!", ruft er durch das Schlüsselloch. An der Türschnalle sieht er einen winzigen Zettel kleben.*
*„Für Jakob!" steht auf dem Zettel.*
*Jakob faltet ihn auseinander und liest: „Habe nachgedacht. Bin bei Susi. Helfe ihr bellen. Katharina."*
*(Aus: Mayer-Skumanz, 1989, S. 7 f.)*

### Herzklopfen

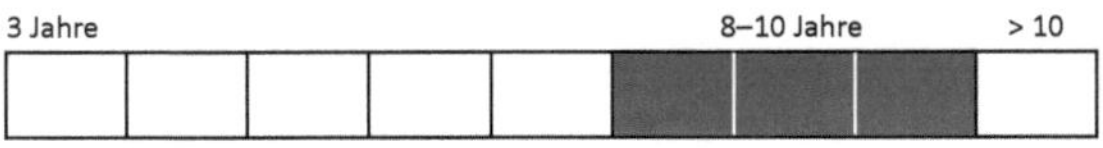

**Intention:** Durch den Austausch von Angsterfahrungen hören die Kinder, dass auch andere Kinder Ängste haben, und können nach Ideen suchen, was in solchen Situationen hilfreich sein kann.

**Anleitung:** Gedicht vorlesen und mögliche Fragen bearbeiten:

- Kennst du dieses Gefühl?
- Was hörst du, wenn du in dich hineinhörst?
- Wann spürst du dieses Gefühl?
- Was machst du dann?
- Was könnte dir in dem Moment helfen?

> *Es ist etwas Eigenartiges,*
> *sein eigenes Herz klopfen zu hören –*
> *etwas geheimnisvolles Nahes.*
> *Manchmal spüre ich es nur,*
> *wenn es zu schnell klopft, und bekomme Angst.*
> *Manchmal klopft es mir zum Hals hinauf*
> *oder rutscht in die Knie*
> *und ab und zu sogar in die Hose.*
> *Ist das Herz wieder oben,*

*vergesse ich schnell,*
*dass es klopft.*
*Aber neulich habe ich*
*meinen Puls gefühlt*
*und ein Lied dazu gesungen.*
*Das ging mir zu Herzen,*
*aus dem es kam.*
*(aus: Vahle 1994, S. 87)*

## Michael hat einen Seemann

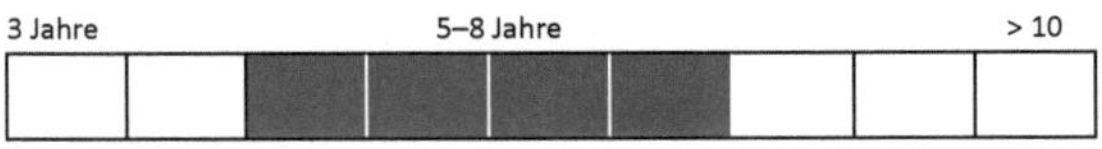

**Material:** Geschichte, Papier, Buntstifte

**Intention:** Durch den Austausch von Angsterfahrungen hören die Kinder, dass auch andere Kinder Ängste haben, und können nach Ideen suchen, was in solchen Situationen hilfreich sein kann.

**Anleitung:** Geschichte lesen und mit Kindern darüber reden; Kinder können dann zum Beispiel den Seemann malen oder verschiedene Erlebnisse von Michael und seinem Seemann im Rollenspiel darstellen. Mögliche Fragen:

- Wie könnte die Geschichte weitergehen?
- Hattet ihr auch schon einmal vor etwas Angst?
- Was tut ihr, wenn ihr Angst habt?

*Michael sitzt auf der Kellertreppe und fürchtet sich. Im Keller ist es finster. Im Keller rumpelt die Waschmaschine. Im Keller wohnen die Spinnen und die Mäuse. „Kommst du, mein kleiner Angsthase?“, ruft die Mutter aus der Waschküche. Aber Michael sagt: „Ich mag nicht.“*
*Herr Jakobetz holt Kirschmarmelade aus dem Keller. „Armer Michael!“, sagt er, „hast du denn keinen Seemann?“*

*„Keinen – was?“, fragt die Mutter.*
*„Ich habe immer einen Seemann gehabt“, sagt Herr Jakobetz, „er hat auf mich aufgepasst, damit ich mich nicht fürchten muss.“ „Wie hat er denn ausgesehen?“, will Michael wissen.*
*„Ganz so wie ich“, sagt Herr Jakobetz, „aber ziemlich unsichtbar.“*
*Michael geht in den Hof spielen.*
*Die anderen Kinder turnen auf der Klopfstange. „Kannst du einen Salto machen?“, fragen sie. Michael schüttelt den Kopf. Er traut sich nicht. Bevor die anderen spotten, geht er lieber wieder nach Hause.*
*Als Michael zurückkommt, sitzt der Seemann in der Badewanne. „Ahoi!“, sagt er.*
*Er sieht genauso aus wie Herr Jakobetz und ist ziemlich unsichtbar. „Es hat ein bisschen länger gedauert“, sagt er, „weißt du, ich war ganz weit draußen auf dem Meer; dort draußen, wo schon die Delfine wohnen.“*
*„Du siehst aus wie ...“, sagt Michael.*
*Der Seemann unterbricht ihn. „... wie mein Zwillingsbruder. Ich weiß. Das ist der, der auf Herrn Jakobetz aufgepasst hat.“*
*„Michael!“, ruft die Mutter aus der Küche, „mit wem redest du denn da?“ Der Seemann zwinkert Michael zu und wird noch ein wenig unsichtbarer.*
*(aus: Harranth, 1975)*

### Flaschenpost

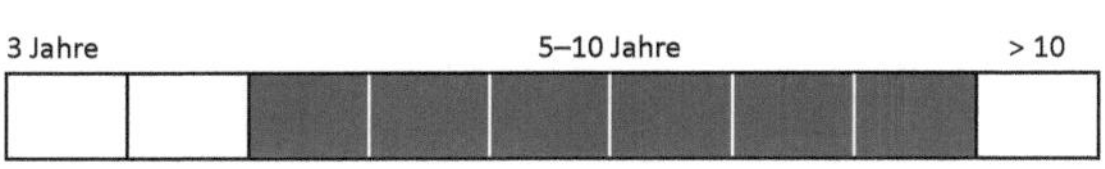


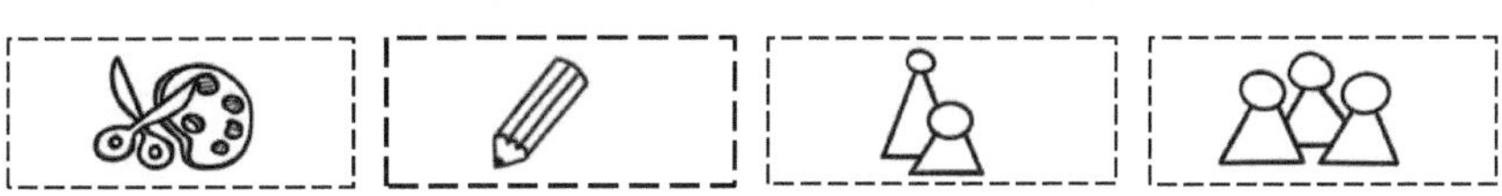

**Material:** verschließbare Flaschen oder Flaschenvorlage (s. S. 233) auf Karton kopiert und ausgeschnitten, Papier, Stifte

**Intention:** Diese Übung dient der Entlastung von Ängsten.

**Anleitung:** Kinder sollen aufzeichnen, was ihnen Angst macht, das Papier in die Flasche stecken und diese wird gemeinsam ins Meer/in den Teich/in den Fluss geworfen, vergraben ...

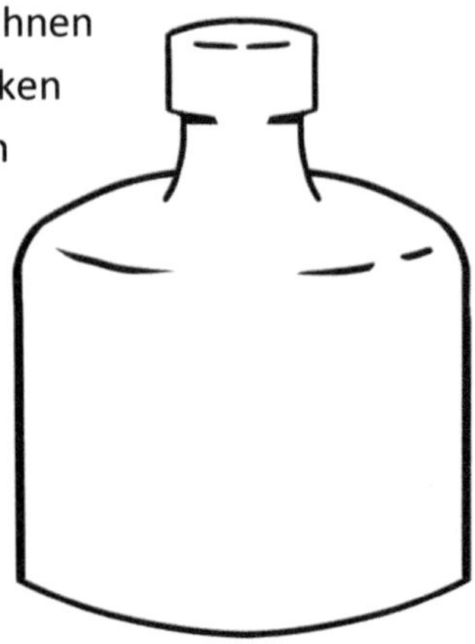

**Alternative:** Vorlage vergrößert auf Karton kopieren, von den Kindern mit ihren Ängsten bemalen oder beschreiben lassen und anschließend verbrennen. Kinder müssen sicher sein, dass niemand ihre Angstzettel findet!

### Ängste malen

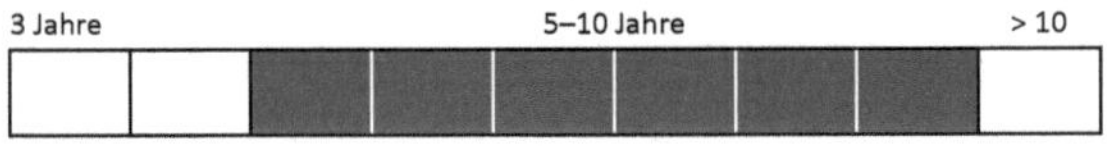

**Material:** Papier, Wasserfarben, Ölkreiden, Hintergrundmusik

**Intention:** Die Kinder sollen sich bewusst machen, was ihnen Angst macht, und das gestalterisch ausdrücken.

**Anleitung:** Kinder sollen sich überlegen, was ihnen Angst oder Sorge bereitet, und dann ein Bild dazu malen, dem sie einen Titel geben.

**Alternativen:** Es kann auch ein großes Blatt Papier in Teile zerschnitten werden (pro Kind ein Teil), jedes Kind bemalt seinen Teil und anschließend werden die Teile wieder zu einem Ganzen zusammengesetzt, so entsteht ein gemeinsames „Ängste und Sorgen"-Bild.
Ein Kind malt ein Angst-Bild, dieses wird auf ein größeres Papier geklebt und ein anderes Kind malt etwas Schönes drumherum, dann bekommt das Kind sein Bild als Geschenk wieder zurück.

## Zuversichts-Kerze gestalten

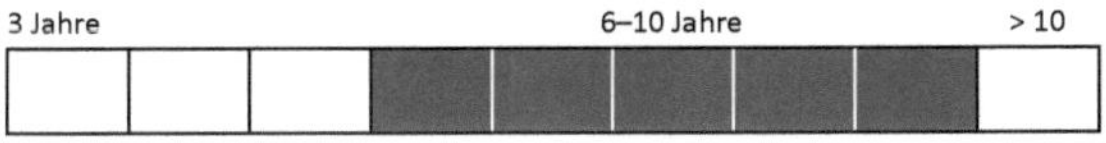

**Material:** Bienenwachskerzen (pro Kind eine, Durchmesser ca. 7cm), farbige Wachsplatten, Präzisionsmesser, Keksausstecher, Klebstoff für Wachsplatten

**Anleitung:** Jedes Kind soll eine Kerze gestalten, die dann bei einem kleinen feierlichen Akt (zum Beispiel mit einer Geschichte oder schönen Texten, die gelesen werden, Tee und Keksen) angezündet und dem Kind mit dem Hinweis mitgegeben wird, die Kerze zu Hause anzuzünden, wenn es traurig ist. So wird es an die angenehme Atmosphäre und das Wir-Gefühl erinnert, der Duft der Bienenwachskerzen verstärkt die positiven Empfindungen im Gehirn und die Eltern sehen, dass das Kind Zuwendung braucht.

**Wichtig:** Kindern einprägen, dass beim Anzünden der Kerze immer ein Erwachsener in der Nähe sein muss!

**Alternative:** Halbe Nussschalen, Bienenwachs-Christbaumkerzen, gewachster Docht, Schere (ein Video dazu steht als Online-Material für Sie bereit[2]): Ein Stück Docht mit einem Tropfen Wachs in der Nussschale befestigen; Kinder sollen das Wachs der Christbaumkerzen in die Nussschale tropfen lassen und dabei alle ihre Ängste und Sorgen mit hineintropfen. Wenn das Wachs getrocknet ist, haben Sie Schwimmkerzen, die die Kinder in einer großen Salatschale auf einem Fluss oder in einem Teich schwimmen lassen und zusehen können, wie sich Ängste und Sorgen auflösen.

2 Das Online-Material finden Sie unter www.beltz.de. Sie kommen zu dem Video, indem Sie auf die Seite des Titels gehen und den Link zu den Materialien anklicken.

### Klönbecher gestalten

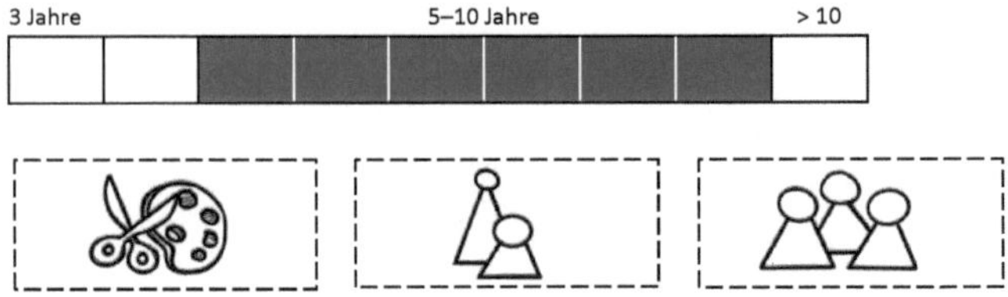


**Material:** unglasierte Keramikbecher, Keramikfarben, Pinsel, Tücher

**Anleitung:** „Klönen" ist ein norddeutscher Ausdruck für „gemütlich plaudern". Kinder sollen je zwei Becher bemalen (manche Farben halten auch ohne Brennen), und wann immer sie diese zu Hause auf den Tisch stellen, ist das für die Mutti/den Papa ein Zeichen, dass sich das Kind Sorgen macht oder Angst hat. Es kann vorher mit den Elternteilen vereinbart werden, was sich das Kind dann wünscht: Einfach nur Streicheleinheiten oder es möchte über etwas reden.

### Der Kummerstein

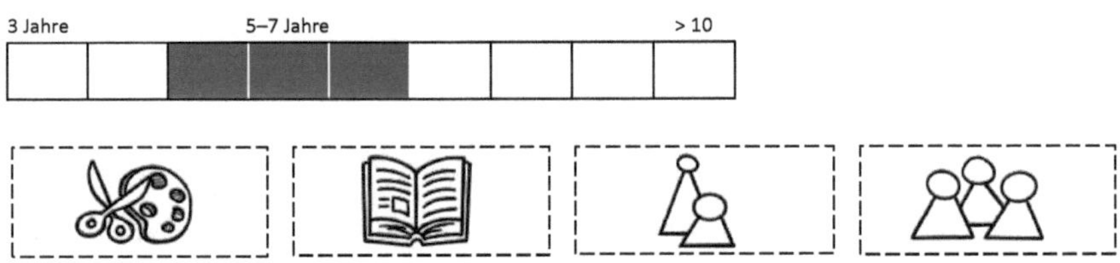


**Material:** Geschichte, faustgroße Steine, Wasserfarben

**Intention:** Eine bewährte Methode, wie Kinder mit einem einfachen Ritual ihren Kummer reduzieren können. Eines der von mir begleiteten Kinder, dessen Vater im Ausland lebt, hat für den Papa auch einen Kummerstein gemacht, weil der ja auch traurig ist, dass sein Sohn nicht immer bei ihm sein kann!

**Anleitung:** Geschichte den Kindern vorlesen oder frei erzählen und Kinder selbst Kummersteine bemalen lassen. Wenn alle trocken sind, sofort ausprobieren: Jedes Kind schließt die Augen, denkt an eine traurige Situation und drückt den Kummerstein ganz fest. Hilft garantiert!

*Als Mattes seine Großeltern besuchte, sahen sie gleich, dass er Kummer hatte. Kindern sieht man das nämlich an. Sie halten ihren Kopf gesenkt und lassen die Schultern hängen. Wenn man sie etwas fragt, dann sagen sie nur: „hm" und „mh, mh" oder zucken nur mit den Schultern. All das tat Mattes.*
*Die Großeltern wussten auch warum, aber sie waren zu feinfühlig, um gleich darüber zu sprechen. Stattdessen nahm Großvater seinen Enkel zum Angeln mit. Als sie so still am Bach saßen, fing Großvater an zu erzählen:*
*„Als ich ein Junge war, wie du jetzt, da wohnten wir in Kanada. Ich glaube, das weißt du ja. Zu der Zeit gab es in Kanada eine Braunbärenfamilie, Vater, Mutter und zwei Kinder. Ich kannte sie nicht persönlich, aber ich habe ihre Geschichte oft gehört. Diese Bärenfamilie wanderte eines Sommers immer weiter in den Norden, denn das Futter wurde knapp. Mutterbär wäre eigentlich lieber im Süden geblieben, aber Vaterbär zog es hoch in den Norden, wo das Leben wild und das Land noch unberührt war. Er träumte davon, ein Polarbär zu werden und sich als Robbenjäger zu betätigen. Mutter ging mit, so weit sie konnte. Aber mit den zwei Kindern war das nicht leicht.*
*Weißt du eigentlich, dass Braunbären und Eisbären eng miteinander verwandt sind? In Kanada sagt man übrigens nicht Eisbär, sondern Polarbär. Das Fell vom Vaterbär wurde schon ganz hell und dicht, und die Kälte machte ihm immer weniger etwas aus. Als sie an die Schneegrenze kamen, sagte Mutter Braunbär aber: ‚Bis hierher und nicht weiter'.*
*Vaterbär war mit seinen Gedanken schon im Polargebiet. Er wurde immer mehr zum Polarbären und wartete ungeduldig darauf, dass die Eisdecke zufrieren würde, damit er nach Grönland zum Robbenfischen gelangen könnte. Als das Eis auf sich warten ließ, wurde er grantig, fing Zankereien mit anderen Bären an und schlug seine Bärenkinder. Mutterbär musste sich immer öfter dazwischenwerfen und den Polarbären wegbeißen. Endlich fror die Eisdecke zu, und alle Polarbären machten*

*sich auf den Weg zur Robbenjagd. Mutter Braunbär blieb allein mit den beiden Braunbärkindern.*

*Obwohl die kanadischen Wälder schön und voller guter Blaubeeren waren und obwohl seine Mutter gut für ihn sorgte und seine Schwester gern mit ihm spielte, wurde der kleine Braunbär immer trübsinniger. Er hörte auf, ordentlich zu essen. Oft saß er auf seinen kleinen Hinterbeinen und schwenkte seinen Kopf traurig hin und her, hin und her. Schließlich wurde das der Mutter zu viel. So einen Trauernickel die ganze Zeit, um sich zu haben, ist ja auch nicht leicht, besonders, wenn man nichts an den Umständen ändern kann. Darum führte die Bärenmutter den kleinen Braunbären zu einem ausgehöhlten Stein und sagte: ‚Jetzt kannst du dich da mal hinsetzen und traurig sein. Nach einer Weile nimmst du diesen Stein hier und drückst ihn ganz fest mit der Pfote. Wenn du gar nicht mehr stärker drücken kannst, dann lässt du ihn plötzlich los. Und du wirst fühlen, dass dann dein Kummer verschwindet. Nicht für immer, aber für eine Weile. Nur darfst du nur einmal am Tag zu diesem Stein kommen und Kummer haben.'*

*Der kleine Braunbär tat, wie ihm geheißen und tatsächlich: Nachdem er eine Weile getrauert und dann den Stein gedrückt und losgelassen hatte, war das schlimme Kummergefühl verschwunden. Darüber war der kleine Bär sehr froh. Am nächsten Tag bekam er wieder so ein Kummergefühl. Aber er setzte sich nicht hin, um seinen Kopf zu schwenken, sondern er wartete bis zum Abend. Dann ging er zu seinem Kummerplatz, setzte sich darauf und drückte seinen kleinen Kummerstein so fest er konnte. Nach einer Weile ließ er ihn los. Und siehe da, der Kummer verschwand. So machte er es jeden Abend, bis der Kummer schließlich ganz verschwunden war."*

*Hier war die Geschichte zu Ende und Mattes fragte: „Gibt es solche Steine auch für Menschen?" „Oh, absolut!", sagte Großvater. Er zog gerade eine dicke Forelle aus dem Wasser. „In Kanada waren sie zu meiner Zeit sehr verbreitet. Wart' mal. Ich glaube sogar, dass ich noch einen habe."*

*Großmutter freute sich sehr über die große Forelle. Während sie das Abendessen vorbereitete, ging Großvater mit Mattes auf den Dachboden. In einer alten Kiste fanden sie alles Mögliche und auch einen flachen*

*Kieselstein, auf den ein kleiner Bär gemalt war. „Hier ist er ja!", sagte Großvater und Mattes fragte, ob er ihn sich wohl mal ausleihen dürfte. Das durfte er. „Falls ich ihn später mal brauchen sollte, dann sage ich Bescheid." Großvater fand auch noch einen kleinen alten Korbstuhl. Den nahm er mit hinunter und stellte ihn unter die Trauerweide im Garten. Nach dem Abendessen schauten die Großeltern zum Fenster hinaus. Da sahen sie Mattes auf dem kleinen Korbstuhl sitzen. In seiner Hand hielt er den Kummerstein. Großvater war sicher, dass er ihm ebenso helfen würde wie dem kleinen Braunbären, dessen Vater in der Arktis verschwunden war.*

*(aus: von Keyserlingk 1998, S. 102)*

### Gefühle-Figur

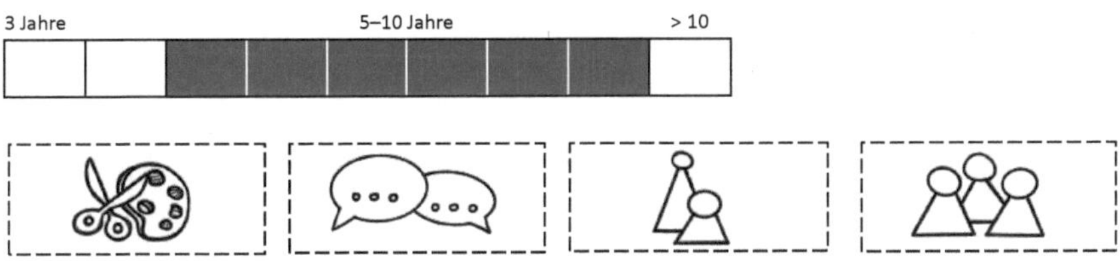


**Material:** große Rolle Packpapier, dicke Buntstifte, Wasserfarben

**Intention:** Es soll sichtbar gemacht werden, dass die Ängste und der Kummer nur einen Teil ausmachen und der Blick auf das Positive, das auch da ist, gelenkt werden.

**Anleitung:** Ein Kind legt sich auf einen Bogen Packpapier auf den Boden, ein anderes zeichnet die Umrisse nach. Dann schreibt und malt jedes Kind alles, was ihm Spaß macht, in seine Figur und auch alles, was ihm Sorgen oder Angst macht, jedoch mit einer anderen Farbe. So wird sichtbar gemacht, dass Angenehmes und Unangenehmes gleichzeitig im Leben präsent sein können. Wenn die Ängste und Sorgen überwiegen, das Kind fragen, welche Ressourcen ihm einfallen, was ihm Unterstützung sein könnte und die Ressource der Gruppe nützen und so Mitgefühl fördern: Vielleicht haben die anderen Kinder auch Ideen oder liebevolle Gesten dazu.

**Auf der Suche nach den Regenbogentränen**

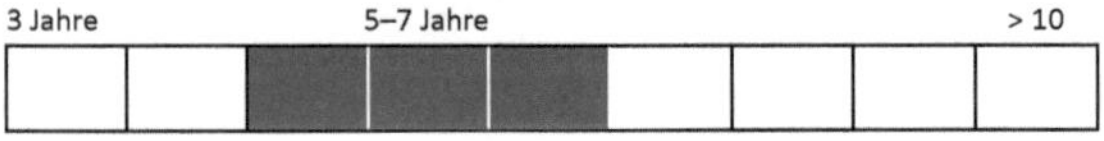

**Intention:** Kinder glauben oft, dass sie „stark“ sein müssen und nicht weinen dürfen. Oder sie haben Angst, dass die Mama/der Papa gleich mitweint. Die Geschichte vermittelt den Kindern, dass traurig sein zum Leben dazugehört und ausgelebt werden darf.

**Anleitung:** Text lesen und darüber sprechen, ob die Kinder auch schon Situationen erlebt haben, die sie traurig gemacht haben. Falls sie länger zurück liegen, wie geht es ihnen heute damit?

*Wisst ihr, es gibt kein schöneres Geschenk für einen traurigen Menschen als andere Menschen, die ihn verstehen und ihm zeigen, dass sie ihn mögen, auch wenn er traurig ist. Mitfühlende Herzen sind sehr wichtig im Leben. Jeder von uns braucht sie, weil niemand uns vor Ereignissen, die uns traurig machen, beschützen kann.*
*Das Leben ist ein langer Weg. Auf diesem Weg begegnen wir vielen Menschen und Dingen, die wir lieb gewinnen. Aber irgendwann kommt der Zeitpunkt, wo wir von dem, was wir lieben, wieder getrennt werden.*
*Wenn wir Glück haben, dauert die gemeinsame Zeit recht lange. Aber das kann uns keiner versprechen. Manchmal kommt der Augenblick der Trennung schon früh, und oft auch dann, wenn wir gar nicht damit rechnen.*
*Dann müssen wir uns von dem, was nicht mehr da ist, verabschieden und auf unserem Lebensweg weitergehen. Das tut weh und macht uns sehr, sehr traurig. Aber wir können es nicht ändern.*
*Vor einem solchen Schmerz kann uns niemand behüten. Wenn wir ihn aushalten und mitfühlende Arme und Worte uns zur Seite stehen, wird unser blutendes Herz nach einer Weile wieder heil.*

*Wir werden dann irgendwann wieder neue Menschen und neue Dinge treffen, die uns wichtig sind, und mit ihnen werden wir wieder ein Stück gemeinsam gehen.*
*So ist das im Leben. Geburt und Tod, Zusammentreffen und Abschiednehmen gehören zusammen. So ist es immer gewesen, und so wird es immer sein.*
*(aus: Canakakis 1994, S. 50 f.)*

## Angstpuzzle

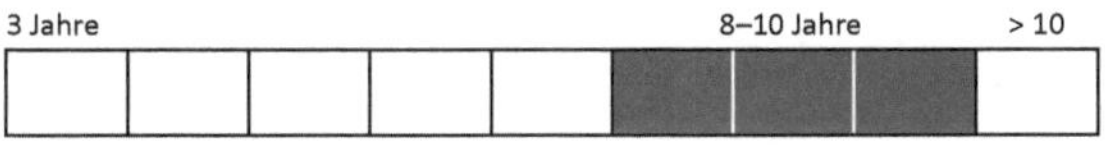

**Material:** kleine Puzzlesteine aus Papier ausgeschnitten (Kopiervorlage s. S. 242), Stifte, Kuverts

**Intention:** loslassen von belastenden Ängsten und Sorgen

**Anleitung:** Kinder schreiben auf, was ihnen Angst macht – pro Puzzlestein einen Buchstaben –, alle Puzzlesteine pro Kind kommen in ein Kuvert; beim letzten Treffen oder in einem schönen Ritual können diese verbrannt werden.

### Wenn sich meine Eltern streiten

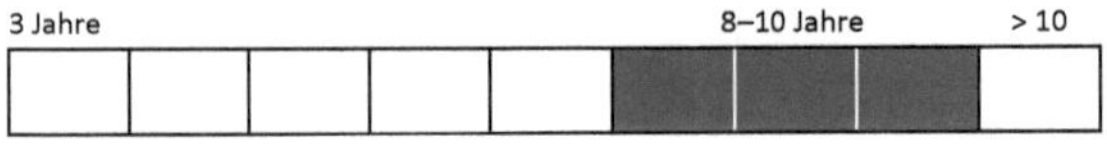

**Intention:** Die Kinder sollen sich in dem Text wiederfinden und ihre eigene Situation reflektieren.

**Anleitung:** Gedicht lesen und darüber sprechen. Mögliche Fragen dazu:

- Wer kennt solche Situationen?
- Wie ist es bei euch?
- Wie könnte das Gedicht weitergehen?

> *Wenn sich meine Eltern streiten, kann ich beide nicht mehr leiden. Ängstlich sitz ich zwischen ihnen, spüre ihre bösen Mienen. Vati tobt mit viel Geschrei.*
> *Hoffentlich geht's schnell vorbei!*
> *Wenn mein Vater schimpft und wütet, meine Mutter eisig brütet, wenn sie böse Blicke tauschen, sich am eignen Gift berauschen, löffle ich den Haferbrei.*
> *Hoffentlich geht's schnell vorbei.*
> *Hör ich meine Mutter keifen und den Vater höhnisch pfeifen, wenn sie sich mit Blicken messen, haben sie mich ganz vergessen. Meine Füße sind wie Blei.*
> *Hoffentlich geht's schnell vorbei!*
> *Wenn sie sich mit Worten schlagen, wenn sie ganz Gemeines sagen, wenn sie dann die Köpfe neigen, böse miteinander schweigen, wird es mir ganz schlecht dabei.*
> *Hoffentlich geht's schnell vorbei!*
> *(Quelle unbekannt)*

## Süße Träume und bedrohliche Träume

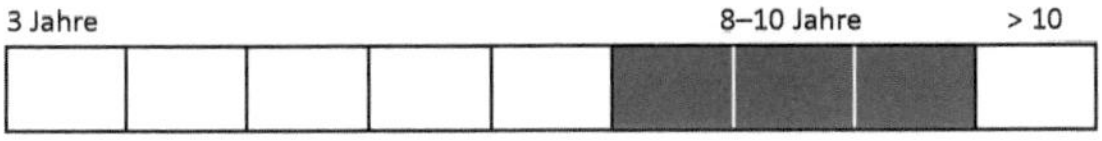

**Material:** Kärtchen in zwei verschiedenen Farben, Taschenlampe, verdunkelter Raum, wenn möglich

**Intention:** Angst auslösende Situationen gemeinsam bearbeiten

**Anleitung:** Es gibt Kärtchen in zwei verschiedenen Farben: süße Träume und bedrohliche Träume. Jedes Kind schreibt pro Karte eine Sache auf, die jemandem Angst machen könnte oder ihm persönlich Angst macht, dann werden die Karten verdeckt auf den Tisch gelegt und gemischt. Eine/r zeigt mit einer Taschenlampe auf eine Karte, die umgedreht wird, und alle diskutieren gemeinsam, ob der Inhalt ihnen Angst macht und was helfen könnte, mit der Angst gut umzugehen.

## Post-it-Wand

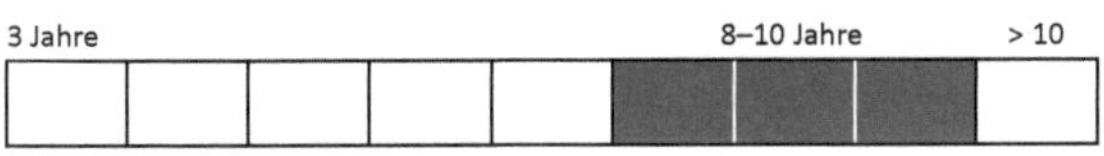


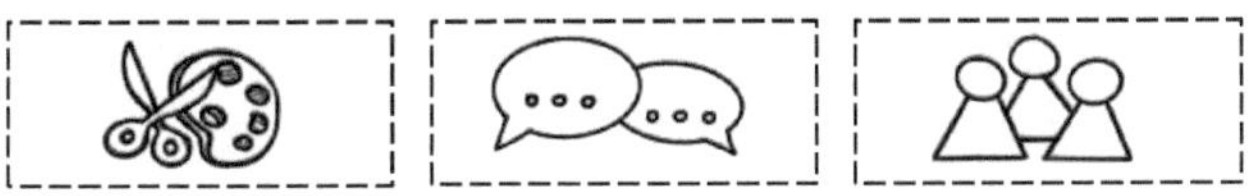

**Material:** Flipchart-Bogen, Stifte, viele Post-its

**Intention:** Ängste ausdrücken

**Anleitung:** Jede*r sammelt auf Post-its, was ihm/ihr gerade Angst, Kummer, Sorgen macht. Die Post-its werden dann auf den Flipchart-Bogen geklebt.

**Anregung:** Wenn diese Übung im Rahmen eines Kindergottesdienstes gemacht wird, können Fürbitten dazu gesprochen werden. Schön, wenn diese von den Eltern kämen, ansonsten die anderen Kinder dazu einladen, zu manchen Post-its gute Wünsche zu sagen.

### Deine Sorgen möchte ich haben!

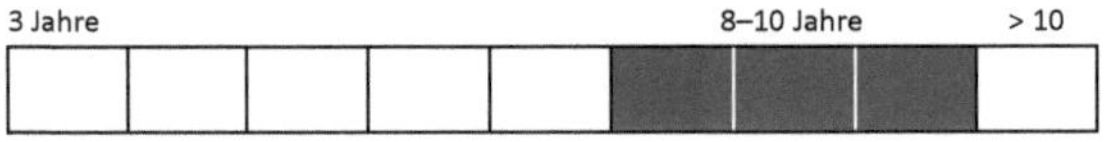


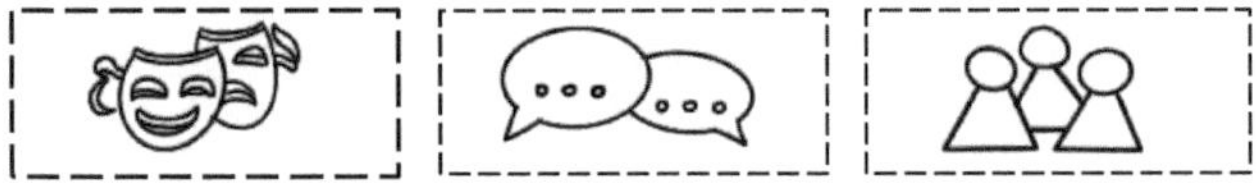

**Material:** Kärtchen mit Sorgen (Problemsituationen)

**Intention:** verschiedene Lösungen zu Problemsituationen finden

**Anleitung:** Die Kinder teilen sich in zwei Gruppen ein. Die eine Hälfte der Kinder bekommt Kärtchen mit Problemsituationen. Von den anderen sucht sich jede*r ein Kind aus und fragt es, warum es traurig ist und lässt sich die Situation erklären. Dann versucht es herauszufinden, was dem Kind helfen kann (vielleicht nur zuhören, vielleicht eine Pro-und-Kontra-Liste machen, vielleicht nachdenken, wen das Kind um Hilfe bitten könnte, ....).
Da mehrere Kinder gleichzeitig mit Problemen und Lösungsvorschlägen beschäftigt sind, wird erst im Plenum, wenn alle zuhören können, reflektiert, wer welches Problem hatte und welche Vorschläge ihm geholfen haben. Folgende Situationen werden auf Kärtchen vorbereitet:

- Immer, wenn du deinen Vater besuchst, spricht er schlecht über deine Mutter und umgekehrt.
- Niemand weiß, dass deine Eltern geschieden sind und du hast die Hausaufgaben bei deinem Vater/deiner Mutter vergessen.
- Du musst dein Zimmer mit deiner Stiefschwester teilen, die immer deine Sachen nimmt, ohne zu fragen.

- Du hast lange nichts von deinem Vater/deiner Mutter gehört und die Ferien kommen. Sollst du ihm/ihr eine Karte schicken?
- Du hast deine Verwandten seit der Trennung nicht mehr gesehen und vermisst sie sehr. Jetzt hat eine Tante Geburtstag und du würdest ihr gerne gratulieren, weißt aber nicht, wie deine Mutter darauf reagieren wird, wenn sie es erfährt.
- Deine Mutter/dein Vater kommt erst sehr spät nach Hause, wenn sie/er ein Rendezvous hat, und du hast Angst allein zu Hause.
- Du hast das Gefühl, du musst zu viel Hausarbeit übernehmen, weil du die/der Älteste bist und deine Mutter länger arbeiten muss.
- Du bist übersiedelt und hast noch keine Freunde.

### Stimmungscollage

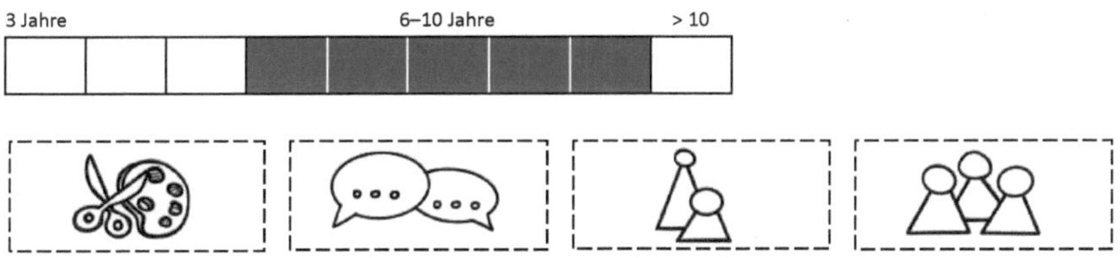


**Material:** Papier (entweder pro Kind ein Bogen oder für alle gemeinsam ein großer Flipchart-Bogen), Stifte, Scheren, Klebstoff, Zeitschriften

**Intention:** Ängste und Sorgen an die Oberfläche bringen

**Anleitung:** Kinder sollen eine Collage entwerfen zum Thema „Ängste und Sorgen". Es kann auch ein Thema, zum Beispiel „unheimlich gruselige Fantasietiere", vorgegeben werden. Wenn die Collage fertig ist, gemeinsam besprechen, was alles darauf zu sehen ist, wer ähnliche Situationen aus seinem Leben kennt, was helfen könnte, damit heilsam umzugehen ...

## Was mir (keine) Angst macht

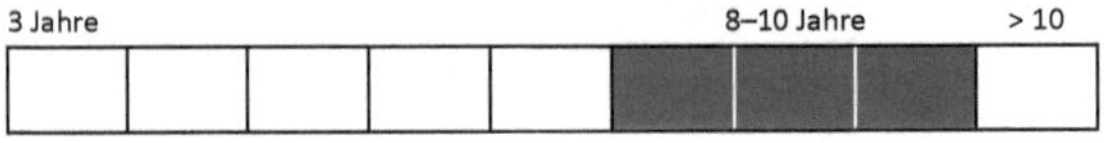


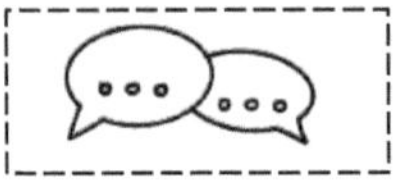

**Material:** Kärtchen mit den nachstehenden Begriffen in Wort und/oder Bild

**Intention:** Über das Austauschen der üblichen Ängste (vor Spinnen, Schlangen, Dunkelheit …) und dem Bemerken, dass es jedem dabei ähnlich ergeht, kann man langsam auf das Thema Trennung und die damit verbundenen Ängste überleiten. Heilend wirkt die Erfahrung, dass das Kind mit seinen Gefühlen nicht allein ist, dass es anderen ähnlich geht, und das Darüber-sprechen-Können.

**Anleitung:** Auf dem Tisch liegen – ähnlich wie bei Memory – Karten mit der Begriffsseite nach unten. Karte für Karte wird umgedreht und die Kinder werden gefragt, ob sie schon einmal vor dem Genannten Angst gehabt haben. Mögliche Fragen:

- Wie seid ihr mit der Angst umgegangen?
- War sie begründet oder unbegründet?
- Was hat euch geholfen?

**Begriffe:**

Schlangen
Dunkelheit
Dass der andere Elternteil auch weggehen könnte
Geräusche im Dunkeln
Sitzenbleiben in der Schule
Schmerzen
Krankheit eines geliebten Menschen
Flugangst
Zahnarzt
Nach Hause kommen, wenn niemand zu Hause ist

Stürme
Höhe
Einen Elternteil nie wiederzusehen
Spinnen
Umzug
Ins Spital kommen
Unbeliebt sein
Verloren gehen
Verlassen werden
Ausgelacht werden

### Gefühle-Memo

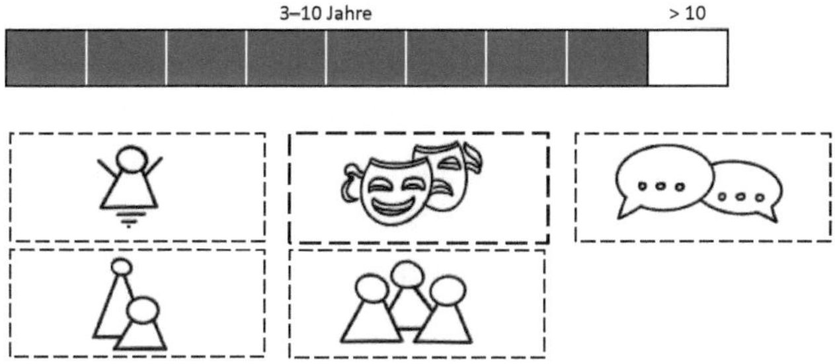


**Material:** Gefühle-Memo Box (Beltz, 2021)

**Intention:** In dieser Box finden Sie großartig illustrierte Bildpaare, die sich herrlich dafür eignen, mit Kindern die unterschiedlichsten Gefühle zu benennen und zu bearbeiten.

**Anleitung:** In der beigelegten Anleitung finden Sie außer dem klassischen Memory zahlreiche Spielvariationen, wie die Gefühlskarten sinnvoll eingesetzt werden können. Zusätzlich sind angenehme Gefühle mit einem grünen und unangenehme mit einem roten Rand gekennzeichnet, so dass Sie die Karten auch gezielt nur für eine der beiden Themenbereiche einsetzen können.

### Gefühls-Scrabble

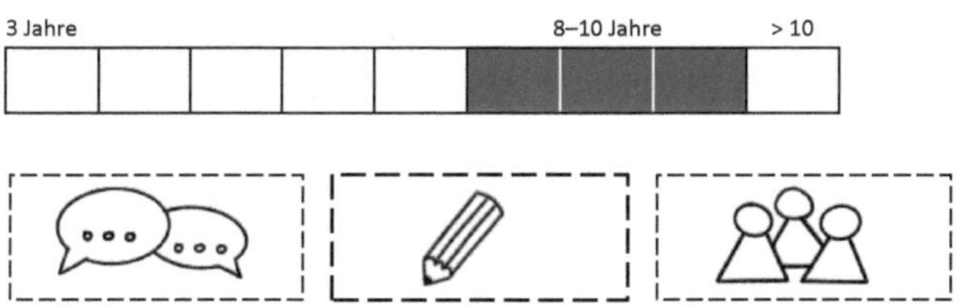


**Material:** Zettel und Stifte

**Intention:** an die Oberfläche kommen und verbalisieren von Ängsten

**Anleitung:** Jeder Spieler schreibt auf einen Bogen Papier senkrecht oder waagerecht ein Gefühl, mit dem er sich in der letzten Zeit viel beschäftigt hat. Dazu schreibt er im Kreuzworträtselstil, was dieses Gefühl in ihm auslöst oder welche Wörter ihm dazu einfallen. Dann gibt er das Blatt seinem linken Nachbarn. Dieser setzt nun seine Gedanken und Gefühle dazu und gibt das Blatt wieder weiter usw. So erhält jeder alle „Gefühls-Scrabble" der anderen und kann diese jeweils mit seinen Assoziationen erweitern. Hat er schließlich sein eigenes Blatt wieder in der Hand, sollte sich zunächst jeder allein damit auseinandersetzen, bevor eine gemeinsame Gesprächsrunde das Spiel beendet.

### Seinen Himmel gestalten

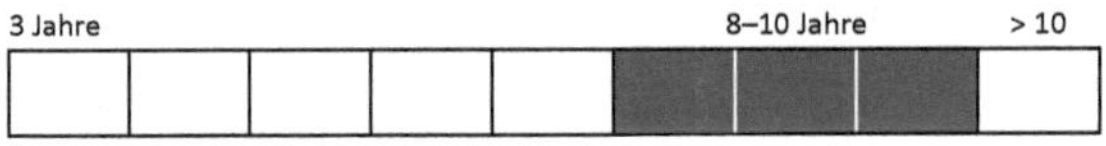

**Material:** blaues und gelbes Naturpapier, Sterne, Wolken, Schere, Klebstoff, Stifte (Kopiervorlage Wolke + Stern, s. S. 234 + 235)

**Intention:** kreatives Sichtbarmachen der aktuellen Stimmung, eignet sich gut zum Ausklang

**Anleitung:** Jedes Kind bekommt Naturpapier, Sterne und Wolken (je nach Alter bereits vorbereitet ausgeschnitten oder zum Selbst-Ausschneiden) und soll seinen persönlichen Himmel gestalten.

- Welche Wolken sind noch da?
- Welche Sterne leuchten?
- Wie hell ist die Sonne?
- Wo verdeckt noch eine Wolke die Sonne?

### Hoffnung pflanzen

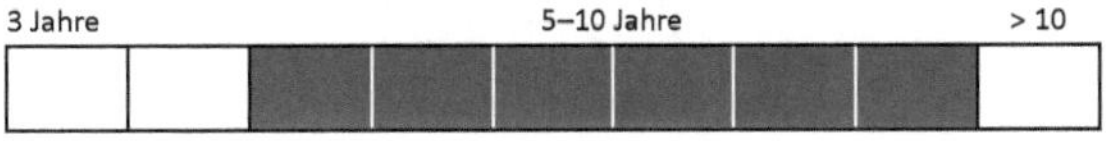

**Material:** Blumentöpfe (oder einen Platz im Garten), eventuell Farben für den Blumentopf, Erde, Blumenzwiebeln oder Pflänzchen

**Intention:** sehr hilfreiches Ritual für den Neubeginn

**Anleitung:** Text lesen und mit den Kindern symbolisch Blumenzwiebeln oder auch kleine Pflänzchen setzen, um die sie sich stellvertretend für den Elternteil, der nicht mehr mit ihnen zusammenlebt, kümmern können. Die Blumentöpfe können auch vorher bemalt werden. Wichtig ist es, Pflanzen zu wählen, die garantiert wachsen.

> *„Einen Baum pflanzen ist etwas Bedeutsames“, begann er leise. „Es ist etwas Heiliges, das Passende in dieser Situation, angemessen, um Brads Weggang zu gedenken, seiner Zukunft. Indem wir diesen Baum pflanzen, würdigen wir dieses Ereignis, diesen Abschnitt in seinem Leben und auch in unserem.“…*
>
> *„Einen Baum zu pflanzen ist das Optimistischste, was man tun kann, finde ich“, fuhr Gene leise fort, als spreche er mehr zu sich selbst.*
>
> *„Einen Baum zu pflanzen ist nicht in erster Linie etwas, was man für sich selbst tut, es ist ein Zugeständnis an die Zukunft. Es ist so etwas wie ein Geschenk an andere, die später einmal an dieser Stelle vorbeikommen, an Reisende, die wir nicht kennen.“ …*
>
> *„Wir können diesen Baum hier in unserem Garten pflegen. Wir können uns um ihn kümmern. Und auch wenn Brad nicht mehr hier ist, können wir zusehen, wie der Baum wächst, und wir können für ihn sorgen und hoffen und uns vorstellen, dass es Brad gut geht, dass er ebenfalls wächst und dass für ihn gesorgt ist, wo immer er gerade sein mag.“*
>
> *(aus: Larson 1998, S. 227)*

# 6. Heilsamer Umgang mit Wut und Aggression

## 6.1 Hintergrund

Kinder, die unter einem schweren Verlust leiden, müssen erst lernen, ihre Gefühle auszudrücken. Da unser Verhalten auch von unseren Emotionen beeinflusst wird, muss ein Kind seine Gefühle erkennen und ausdrücken können – das ist ein wesentlicher Teil der Problemlösung. Es verhilft zu einem authentischen Ausdruck, zu einem neuen Zugang zum eigenen Innenleben und damit zu neuen Einsichten und Sichtweisen. Aus diesen heraus wird Problemlösung erst möglich. Auf dem Weg dorthin tritt an die Stelle von Rachsucht, Bosheit und Aggression der ehrliche und vernünftige Ausdruck von Gefühlen.

Wut ist eine sehr typische, unmittelbare Reaktion nach einem Todesfall, einer Trennung oder einem anderen schmerzlichen Verlust. Für ein Kind, das ab jetzt bei einem Elternteil lebt, ist diese Wut schwer auszudrücken, da es Angst hat, auch diesen Elternteil zu verlieren beziehungsweise den anderen Elternteil gar nicht mehr zu sehen. Kinder in Verlustsituationen unterdrücken ihre Aggression aus Angst vor Reaktionen beziehungsweise noch mehr Veränderungen. Daraus ergibt sich, dass die Aggressionen an anderer Stelle zu Tage treten, wo sie auf wenig Verständnis stoßen. Ein bekanntes Beispiel dafür ist das „Ausrasten“ von Kindern aus nichtigen Anlässen oder körperliche Attacken gegen andere Kinder im Kindergarten oder in der Schule. Dahinter steht allerdings ein enormer innerer Druck, der von den Kindern nicht mehr kontrolliert werden kann.

Auch wird die Beziehung zum verbliebenen Elternteil auf ihre Haltbarkeit hin getestet! Wie belastbar ist die Beziehung zur Mutter/zum Vater? Kann es sein, dass ich der/die nächste bin, der/die gehen muss?

Selbstverständlich trifft das auch neue Partner der Eltern. Kinder, von denen man annimmt, dass sie sich freuen, wieder eine zusätzliche Bezugsperson zu haben, reagieren für die Eltern oft völlig überraschend mit Ablehnung und aggressivem Verhalten. In dem Buch „Ein Papa für Paula“ finden sie dieses Gefühlschaos des Kindes treffend beschrieben. Das Mädchen wünscht sich sehnlichst einen Papa, wenigstens einen „Meckerpapa“, wie ihre Freundin einen hat. Ihr Wunsch ist so groß, dass sie sich sogar einen Papa malt, den sie heimlich auf die Innenseite ihrer Schranktüre klebt. Als die Mama jedoch einen Freund mit nach Hause bringt, reagiert Paula patzig und aggressiv und verbarrikadiert sich in ihrem Zimmer. Eine ganz typische Reaktion, doch die Mutter steht vor einem Rätsel.

Ein ähnliches Muster finden Sie auch bei Pflege- und Adoptivkindern. Die ersten drei bis sechs Monate sind für die neue Familie die härtesten. In dieser Zeit testet das Kind aus, wie belastbar die neue Umgebung ist. Wie sehr es geliebt wird. Es ist sich nicht sicher, dass die neue Familie nicht auch wieder an Konflikten und Krisen zerbricht.

Für Kinder ist es notwendig zu erkennen, dass ihre Aggression keine Auswirkungen auf ihre Beziehungen und ihre Sicherheiten haben. Sie müssen erfahren, dass Liebe und Wut zusammengehören, und wir auf Menschen, die wir lieben, auch einmal wütend sein dürfen. Ärger, der nicht ausgedrückt wird, richtet sich gegen einen selbst und kann zu Depressionen führen. Solange Emotionen nicht verarbeitet werden, poppen sie immer wieder auf! Unverarbeitete Emotionen sind oft Auslöser für psychosomatische Krankheiten. Wenn das Kind seine Wutgefühle zulässt, hinterfragt und artikuliert, kann die innere Verletzung gut heilen.

Wichtig ist auch, die Versöhnung zu ritualisieren! Lassen Sie die Versöhnung immer durch eine Geste (zum Beispiel Umarmung), eine Handlung (zum Beispiel gemeinsam eine Tasse Kakao trinken, einen gemeinsamen Spaziergang machen) oder eine spezielle Aussage (zum Beispiel: „Schön, dass wir uns wieder vertragen!“) ausklingen. Das Kind gewinnt auch dadurch Sicherheit. Es hängt im Konflikt nicht in der Luft mit der Angst, was nachher sein wird, sondern es weiß, was kommt, wenn der Konflikt bereinigt ist.

## 6.2 Intention

- Dem Kind soll vermittelt werden, dass Aggression ein wichtiges Gefühl ist, das auf entsprechende Weise ausgelebt werden muss.
- Das Kind soll Möglichkeiten kennenlernen, Gefühle der Wut und Aggression zu benennen, und vielfältige Anregungen bekommen, Wut abzubauen, ohne anderen dabei zu schaden.
- Das Kind soll erfahren, dass es normal ist, auf jemanden, den man liebt, von Zeit zu Zeit wütend zu sein, dass es dabei nicht gleich den Verlust von Liebe und Zuneigung riskiert und dass es sich seiner Bezugspersonen sicher sein darf.

## 6.3 Spielerische Integration

### Regenkonzert

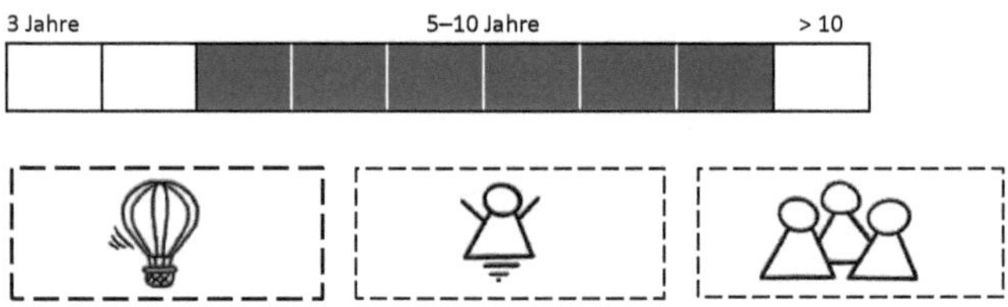


**Intention:** Dieses Spiel soll sensibilisieren für weitere Übungen, die das Thema „Ausdruck von Wut" zum Thema haben, und eignet sich sehr gut, um auch eine größere Gruppe oder Klasse fokussiert zusammenzuführen.

**Anleitung:** Alle Kinder sitzen auf Stühlen im Kreis, dann dreht sich jedes Kind 45° nach links und schaut so mit dem Gesicht zum Rücken des linken Nachbarn. Nach Anleitung zeichnen die Kinder mit den Fingerspitzen das Wetter auf dessen Rücken. Wir beginnen ganz zart mit leicht wehendem Wind, Wolken ziehen über den Himmel, es beginnt feiner Nieselregen, der Mond kommt hervor, die Sterne glitzern, Wolken ziehen auf, der Wind steigert sich in einen Sturm, einige Hagelkörner fallen, der Regen wird stärker, es blitzt und donnert … Wenn der

Regen langsam nachlässt, ziehen die Wolken weiter ... Lassen Sie ruhig die Kinder weitererzählen. Wenn die Stimmung passt, kommen von allein ganz tolle Geschichten heraus.
(„Meine“ Kinder fuhren auf einem Schiff, das im Sturm strandete, sie landeten auf einer einsamen Insel – natürlich durfte jeder eine Person oder ein Tier mithaben ...)

### Zeitlupenkampf

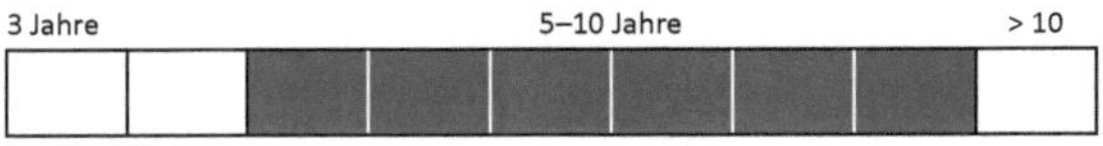

**Intention:** Einstieg ins Thema

**Anleitung:** Je zwei Kinder „kämpfen“ miteinander, ganz langsam in Zeitlupen-Bewegungen, ohne einander zu berühren.
Folgende Reflexionsfragen können im Anschluss behandelt werden:

- Wie hat es sich angefühlt zu kämpfen, ohne sich zu berühren?
- Wie fühlst du dich jetzt?
- Wie würdest du dich jetzt fühlen, wenn ihr wirklich gekämpft hättet? Wenn du oder der andere vielleicht dadurch Nasenbluten hätte?
- Gab es Momente, in denen du Angst hattest?
- Gab es Momente, in denen du dich sicher gefühlt hast?

### Wilde Tiere

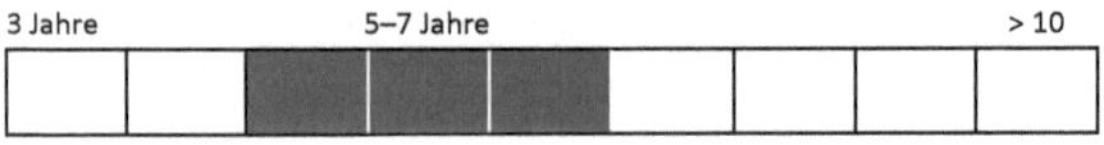

**Intention:** Einstieg ins Thema – diese Übung passt auch zum Thema „Angst“.

**Anleitung:** Die Kinder gehen (auf allen Vieren) wie wilde Tiere durch den Raum. Sie fauchen, knurren, drohen mit den Pfoten ... Wenn zwei aufeinander treffen, dürfen sie einander aber nicht berühren. Je nach Platz und Gruppengröße kann ein Kind oder mehrere zwischen den wilden Tieren durchgehen und schauen, ob und wovor es Angst hat. Folgende Reflexionsfragen können im Anschluss behandelt werden:

- Wie fühlt es sich an, wenn du ein wildes Tier sein darfst, das knurrt, kratzt und kämpft?
- Was hat in dir beim Durchgehen Herzklopfen erzeugt?
- Wovor hast du dich am meisten gefürchtet?
- In welcher Position hast du dich sicher und wohl gefühlt?
- Was hat dir Sicherheit vermittelt?

### Gefühle unterdrücken

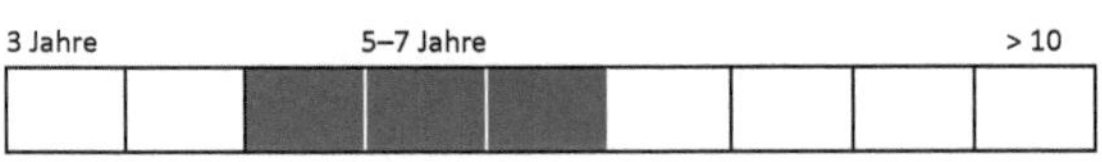

**Material:** Luftballons, Pumpe zum Aufblasen, wasserfeste dicke Stifte

**Intention:** Bei dieser Übung geht es darum, den Kindern zu vermitteln, dass Gefühle nicht auf Dauer unterdrückt werden können und sollen.

Wichtig ist es, wie man Gefühle von Wut und Aggression, die ganz natürlich und gut (!) sind, ausdrückt. Man soll dabei weder andere noch sich selbst verletzen!

**Anleitung:** Die Kinder sollen mit der Scheidung verbundene Wutgefühle auf die Luftballons schreiben (pro Luftballon ein Gefühl!), diese werden in einer Ecke des Raumes zusammen hingelegt und dann soll ein Kind versuchen, sich vorsichtig auf die Ballons zu legen, ohne dass einer darunter hervorkommt. Sie erfahren, dass es fast unmöglich ist, alle Luftballons bedeckt zu halten bzw. unangenehme Gefühle zu unterdrücken. Diese Gefühle müssen heraus!

### Wutkonzert

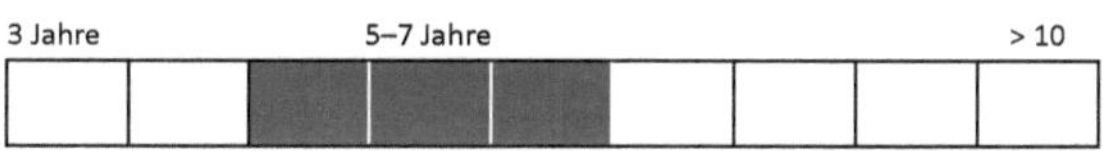

**Material:** Joghurtbecher, Blechdosen, Blumentöpfe, Pergamentpapier, Holzkochlöffel, Schuhkartons, Erbsen, Nägel, Papprohre, Kieselsteine, leere Kokosnüsse ...

**Intention:** Wut und Aggression sind oft negativ behaftete Gefühle und viele Kinder versuchen, diese zu unterdrücken, aus Angst, dann nicht geliebt zu werden. Das Ergebnis ist, dass sie unbewusst an falschen Orten (zum Beispiel Kindergarten, Schule, Spielplatz) ihre Wut über die Trennung der Eltern abreagieren oder wegen „Nichtigkeiten" zu Hause in die Luft gehen. Die Kinder sollen mit dieser Übung eine Möglichkeit finden, Wut und Aggression in dafür geeigneten „Räumen" herauszulassen.

**Anleitung:** Die Kinder sollen aus vorhandenen Materialien Instrumente basteln und dann gemeinsam ein richtig lautes Wutkonzert geben. Ermuntern sie die Kinder, richtig wild wie eine Punk-Band dabei zu hüpfen und zu lärmen.

**Anregung:** Sehr gerne schreien Kinder auch, was sie selten dürfen! Fragen Sie dann, wer am lautesten schreien kann, motivieren Sie die Kinder zu noch lauterem Geschrei und schon herrscht drei Minuten später völlige Ruhe, da alle fix und fertig, aber zufrieden sind!

## Wut wahrnehmen und gezielt ausdrücken

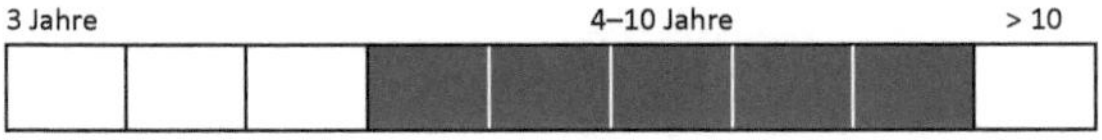

**Intention:** Den Kindern soll bewusst werden, wie sie nach außen reagieren, wenn sie wütend oder ärgerlich sind. Kinder sollen sensibilisiert werden dafür, was sie wütend macht, verletzt oder kränkt und herausfinden, wie sie solche Situationen im Vorfeld vermeiden oder anders damit umgehen können.
Sehr gut, um bei diesem Thema in die Tiefe zu gehen, eignet sich das Lied „Lass mich bloß in Ruh!" von der CD „In mir wohnt eine Sonne" von Sonja Blattmann, mebes & noack. Diese Übung eignet sich auch gut, um im Anschluss Gruppenregeln festzulegen.

**Wichtig:** nicht bewerten!! Ein Kind brüllt rum, wenn es wütend ist, ein anderes wirft mit Gegenständen und ein drittes unterdrückt die Wut. *Wut ist gut!* Sie zeigt mir auf, dass etwas für mich nicht in Ordnung ist, vielleicht jemand meine Grenzen überschreitet, Vereinbarungen nicht einhält, meine Bedürfnisse nicht ernst nimmt.

**Anleitung:** Die Kinder werden aufgefordert, Wut und Ärger körperlich auszudrücken. Ein Kind beginnt: „Wenn ich wütend bin, schaue ich so ..." Alle Kinder machen den Gesichtsausdruck nach und verharren einige Augenblicke in der Position, um die Wut nachzuspüren. Dann kommt das nächste Kind: „Wenn ich wütend bin, macht meine Hand/ mein Fuß/mein Kopf/mein Körper ..."

Es soll danach ein Gespräch darüber folgen, was ihnen in der jeweiligen Ärger-Situation helfen könnte – Wollen sie in Ruhe gelassen werden, möchten sie sich bewegen, mit einem anderen über die Ursache des Ärgers sprechen, umarmt werden …? – und wie solche Situationen vielleicht sogar vermieden werden können.

## Wutpalme

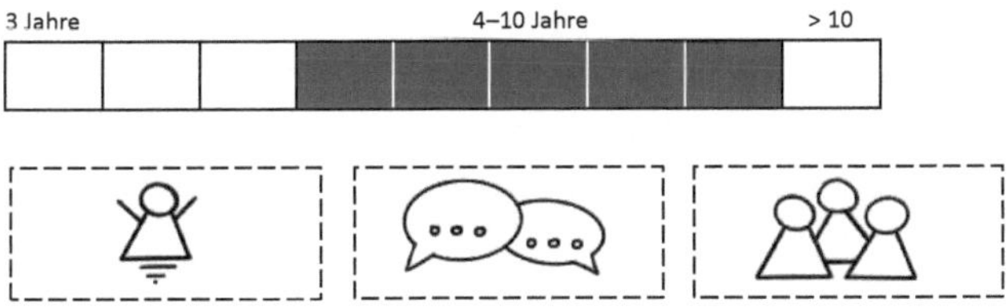


**Material:** entweder eine große oder pro Kind eine kleine Palme aus Naturpapier (s. S. 236), pro Kind eine Figur aus buntem Karton (s. S. 228 + 229), Stifte, Klebstoff, ein höherer Sessel

**Anleitung:** Kinder malen oder schreiben in ihre Figur, was sie auf die Palme bringt; dann erklären sie es den anderen und kleben die Figur auf die Palme. Danach setzt sich jedes Kind einmal mit angezogenen Beinen auf die Palme (den hohen Sessel) und wird gefragt:

- „Wie fühlst du dich da oben?" (wütend, ärgerlich, böse, beleidigt, gekränkt, verletzt …)
- „Wie fühlst du dich so ohne Boden unter den Füßen?"
- „Was muss passieren, damit du wieder herunterkommst?"
- „Willst du überhaupt herunter?"
- „Willst du lieber oben bleiben?"

## Sich Luft machen

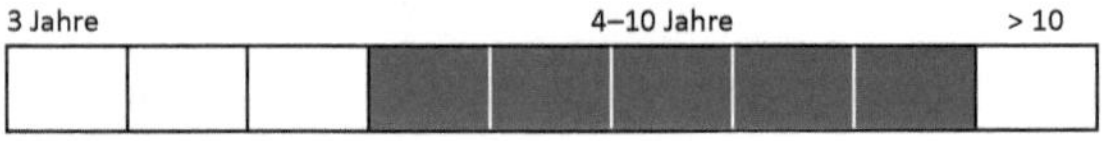

**Material:** viele Luftballons, Karton, Scheren, Filzstifte, kleine Zettel, Tixo

**Intention:** Die Kinder sollen erkennen, dass es wichtig ist, seinem Ärger Luft zu machen, bevor man platzt oder explodiert.

**Anleitung:** Die Kinder basteln eine (oder mehrere) Figur(en) aus Karton mit einem Luftballon als Bauch. Auf diesen Ballon werden kleine Zettel geklebt, auf denen Situationen stehen, in denen sich die Kinder geärgert haben. Wenn der Bauch voll Ärger ist, wird er platzen.
Die Kinder können im Anschluss auch überlegen, was sie tun können, damit der Bauch nicht platzt, und Zettel an die entsprechenden Körperstellen kleben, z. B. auf den Mund (darüber sprechen), auf die Hände (auf ein Kissen boxen ...), auf die Füße (sich bewegen, laufen) ...

## Wut rauskneten

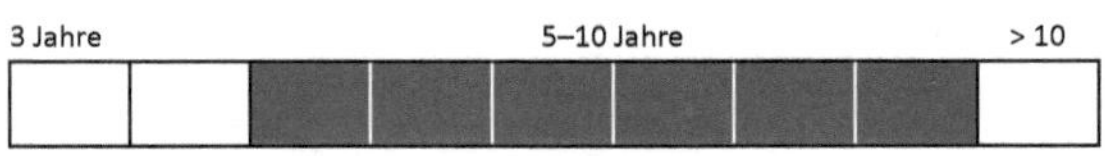

**Material:** Salzteig oder Ton (hinterlässt wesentlich mehr Spuren – nur ideal im Freien!), eine Unterlage, auf der nichts kleben bleibt (eventuell Klarsichtfolie), Gelegenheit zum anschließenden Händewaschen

**Intention:** Bei dieser Übung geht es darum, die Kinder anzuregen, auf das zu schauen, was sie wütend macht, sich innerlich der Situation zu stellen und diese kreativ zu bearbeiten.

**Anleitung:** Die Kinder sollen die Augen schließen und sich eine Situation vorstellen, die sie wütend gemacht hat. Stellen Sie Fragen, damit sich jedes Kind noch einmal so richtig hineinversetzen kann: Wer war beteiligt, können sie sich noch an einen Geruch oder Geschmack im Mund erinnern? Wenn sie das Gefühl wieder so richtig spüren, sollen sie es in den Salzteig kneten. Sie können ihn auch mit aller Kraft auf den Tisch werfen. Wenn die Wut ganz draußen ist, kann aus dem Teig ja noch etwas Schönes entstehen!
Die Kinder müssen nicht erzählen, um welche Situation es sich gehandelt hat, aber es hilft, zu fragen, ob die Situation heute gelöst ist; wenn nicht, wie sie sich jetzt nach der Übung fühlen.

### Probleme wegschicken

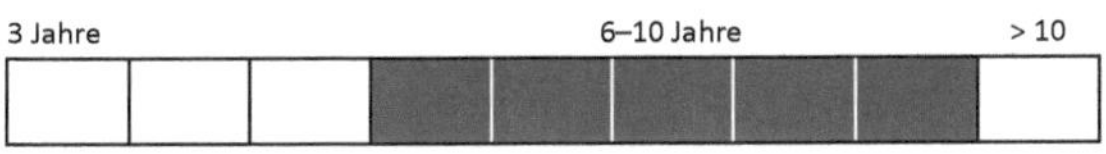


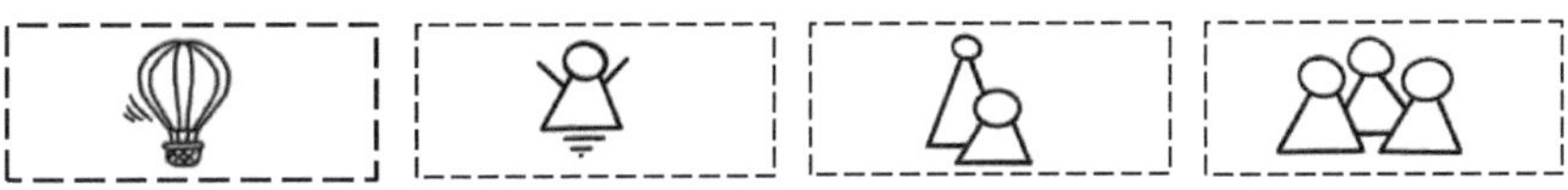

**Material:** Entspannungsmusik, Luftballons

**Intention:** Eine Fantasiereise ist eine weitere Möglichkeit, Zugang zu Kindern zu finden und ihre Mitmach-Bereitschaft zu wecken. Ziel ist auch hier, den Blick auf die Situationen zu lenken, die Wut oder Ärger beim Kind auslösen, und Entlastung anzubieten.

**Anleitung:**
*Jeder Mensch erlebt manchmal auch unangenehme Gefühle, vielleicht Zorn, Wut oder Ärger. Man kann vor etwas Angst haben oder wir haben Sorgen, die uns belasten. In dieser Fantasiereise kannst du üben, alle unguten Gefühle und belastenden Gedanken wegzuschicken.*

*Setze oder lege dich entspannt hin und wenn du möchtest, schließe deine Augen. Mach es dir noch ein wenig bequemer. Du atmest ruhig und gleichmäßig ein und aus, ein und aus.*
*Stell dir nun einen Luftballon vor, der noch nicht aufgeblasen ist. Gib ihm deine Lieblingsfarbe.*
*Mit diesem Luftballon kannst du belastende Gefühle, Gedanken und Sorgen wegschicken. Blase deinen Luftballon auf und mit jedem Ausatmen kannst du alles, was dich wütend macht oder dich belastet, in den Luftballon hineinatmen. Du siehst, wie der Luftballon wächst, spürst wie er größer und größer wird.*
*Und nun lässt du den Luftballon los. Langsam steigt er höher und höher, immer höher. Und du spürst, wie du selbst ganz leicht und frei wirst je weiter sich der Luftballon entfernt. Du fühlst dich erleichtert, frei.*
*Du weißt, dass du jederzeit einen neuen Luftballon nehmen und alle deinen Ärger hineinblasen und den Luftballon davonfliegen lassen kannst.*
*Versuche dein Gefühl von Erleichterung zu behalten und komm mit einer Bewegung deines Körpers wieder hierher in den Raum und die Gruppe zurück.*
*(aus: Teml 1998)*

**Anregung:** Um die Kinder ganz „zurückzuholen“, teile ich dann echte Luftballons aus, die aufgeblasen werden sollen und gebe den Kindern auch welche mit, um in Krisensituationen gleich einen bei der Hand zu haben. Natürlich dürfen die Luftballons auch zerplatzen oder den Übergang zu einem gemeinsamen Ball- oder Balancierspiel bilden, das alle wieder in die Realität zurückbringt (und sicher wächst das Selbstwertgefühl eines Kindes, das den Luftballon besonders lang vom Boden fernhalten kann! –Sie sehen, es ist ganz einfach, in eine Übung gleich mehrere positive Aspekte einzubauen! Haben Sie Vertrauen in das, was von den Kindern kommt! Die Kinder wissen selbst am besten, was sie gerade brauchen!).
Besonders lustig finden Kinder Luftballons in der Form von Tieren, die sie aufblasen können und beim Loslassen wirr durch den Raum fliegen.

## Wut-Brainstorming

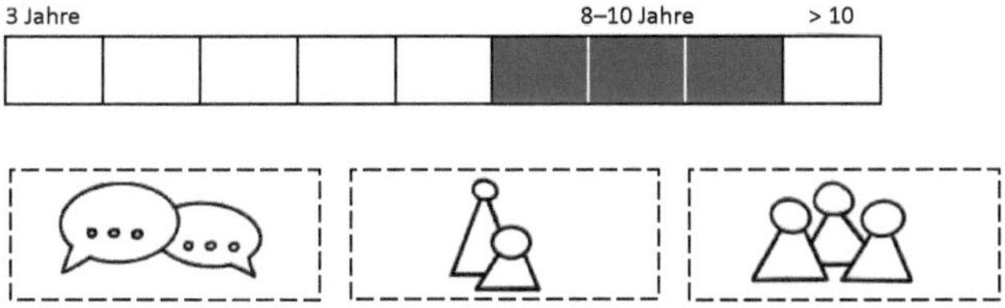


**Material:** 2 Flipchart-Bögen, Stifte

**Intention:** Die Erkenntnis, dass andere über dieselben oder ähnliche Themen wütend werden, entlastet sehr. Gemeinsam können Vorschläge erarbeitet werden, was die Kinder in solchen Situationen brauchen oder wie solche Situationen vermieden werden können.

**Anleitung:** Mit den Kindern am Flipchart sammeln, in welchen Situationen sie wütend werden. Gibt es Ähnlichkeiten zwischen den Situationen oder zwischen den Kindern? Was brauchen die Kinder, wenn sie wütend sind?

## Reizwortplakat

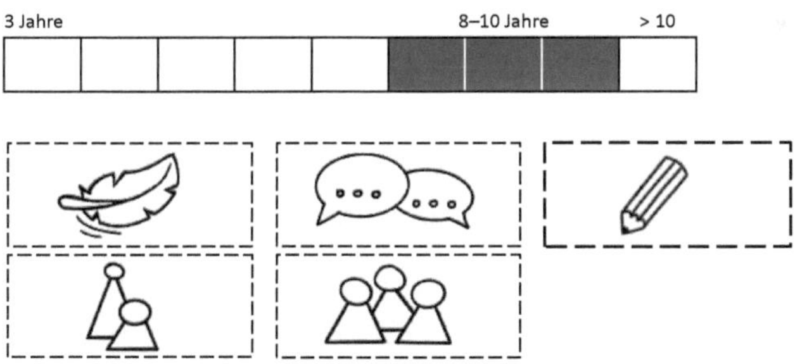


**Material:** 1 Flipchart-Bogen, Stifte

**Intention:** Bei dieser Übung geht es darum, die Gedanken und Gefühle der Kinder an die Oberfläche zu bringen. Selbstverständlich sind alle Themenbereiche erlaubt, nicht nur rund um die Trennung der Eltern.

Wenn es gerade Ärger in der Schule gab, hat das Vorrang! Auch hier entlasten wieder die Gemeinsamkeiten unter den Kindern! Auch können „Tipps“ von anderen Kindern leichter angenommen werden als von Erwachsenen.

**Anleitung:** Auf dem Papier steht groß das Wort *„Wut“*. Jedes Kind soll, ohne mit den anderen zu sprechen, dazuschreiben, was ihm dazu einfällt. Danach wird gemeinsam darüber gesprochen, was auf dem Plakat steht.

### Pauls/Susis geheimes Tagebuch

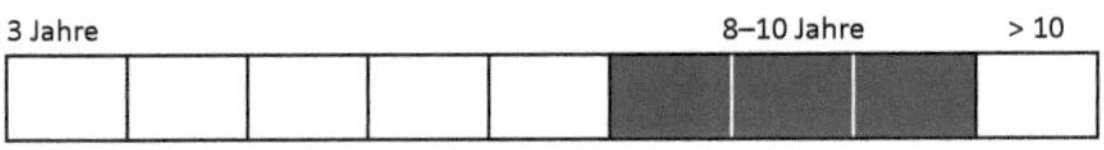

**Material:** Nöstlinger, C., Pauls/Susis geheimes Tagebuch, 1993

**Intention:** Dieses Buch beschreibt großartig, wie Paul unter der Trennung der Eltern leidet, aber mit niemandem darüber reden kann oder will. Seinen Ärger darüber reagiert er mit Aggression gegen seine neuen Mitschüler ab, die wiederum gar nicht verstehen, was los ist, da sie Pauls familiären Hintergrund nicht kennen. Dieses Buch weckt einerseits bei Nicht-Scheidungskindern Verständnis für Betroffene, andererseits zeigt es Scheidungskindern, wie hilflos Außenstehende sind, wenn sie nicht Bescheid wissen. Gemeinsam können Lösungen für Paul gesucht werden. *Und:* Das Reden „über andere“ fällt oft leichter, als über die eigenen Schwierigkeiten und Sorgen zu sprechen. In diesem Fall kann die Lösungssuche für Paul auch Anregungen für das Leben Einzelner aus der Gruppe bringen.

**Anleitung:** Das ganze Buch oder markante Szenen daraus lesen und mit den Kindern darüber sprechen:

- Wie fühlt sich Paul?

- Wie drückt er seine Aggressionen aus?
- Erreicht er damit, was er möchte?
- Wie geht es den anderen Kindern mit Paul?
- Was könnte beiden Seiten helfen?

**Räuber und Gendarm**

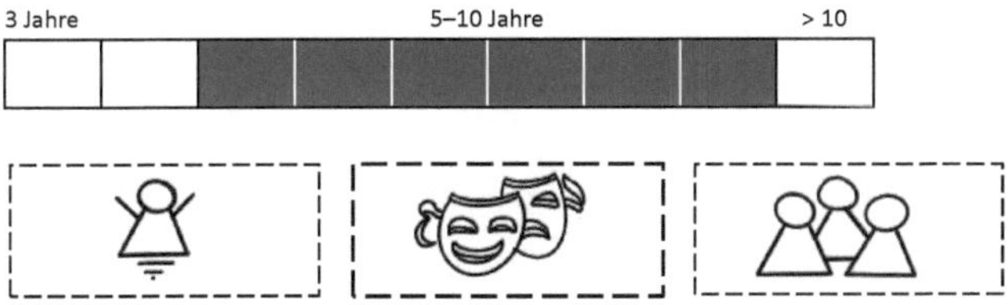


**Material:** (Stirn-)Bänder, um die Polizisten zu kennzeichnen, viel Platz (am besten im Freien)

**Intention:** Ein altbewährtes Spiel, bei dem Kinder im geschützten Rahmen „kriegerisch" sein dürfen. Das spielerische Ausagieren von Wutfantasien ist, auch wenn es oft kritisch gesehen wird, eine der zentralen und unerlässlichen Zugänge zum Abbau von Aggression. Solche Spiele sind deshalb so wichtig, damit Aggressionen einen „erlaubten Betätigungsrahmen" erhalten und nicht grenzüberschreitend im Alltag ausagiert werden müssen. Setzen Sie klare Spielregeln und bleiben Sie offen bei dem, was dann kommt. Es ist nicht nur erlaubt, sondern vor allem unverzichtbar!

**Anleitung:** Eine Hälfte der Gruppe spielt die Räuber, die andere die Gendarmen (Polizisten). Die Räuber bekommen einen Vorsprung, um sich zu verstecken. Die Polizisten schwärmen dann aus und versuchen die Räuber zu finden und „abzuklatschen". „Getroffene" Räuber werden in einen markierten Bereich an den Rand des Spielfeldes gebracht (= Gefängnis). Dieser Bereich wird von einem oder zwei Polizisten bewacht. Durch das „Abklatschen" eines Räubers in Freiheit kann ein Gefangener „ausbrechen" und wird wieder Teil des Spiels. Wer traut sich in die Nähe eines Polizisten, um einen Räuber zu befreien? Jedes Kind soll einmal Räuber und einmal Gendarm sein.

**Anregung:** An einem heißen Tag können die Polizisten auch mit Spritzpistolen ausgestattet werden, um die Räuber zu fangen. Setzen Sie hier klare Schutzmaßnahmen, z. B.: nicht ins Gesicht zielen.

## Geh weg!

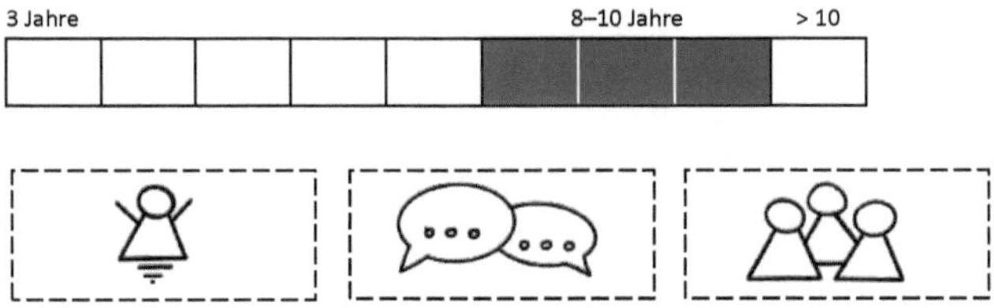


**Material:** Musik oder Gong, um das Ende der Übung anzuzeigen

**Intention:** Einstiegsübung, bei der es um unangenehmen Körperkontakt geht

**Anleitung:** Alle gehen durcheinander durch den Raum und versuchen, einander dabei anzurempeln. Wie ging es den Kindern dabei? Gab es eine/n, die/der versucht hat, nicht angerempelt zu werden? Wer kennt das aus dem Alltag?

**Anregung:** Es kann weiter philosophiert werden, ob man auch seelisch „angerempelt" werden kann? Wodurch? Wer kennt das? Was kann man da machen?

## Wochenplan

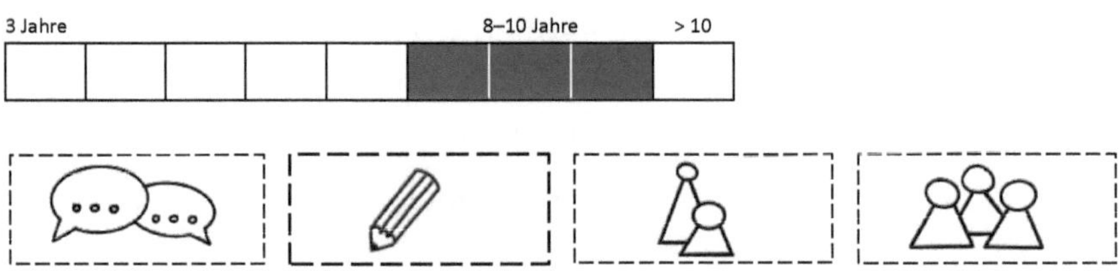


**Material:** Papier mit 7 Spalten (A4, Querformat), Stifte

**Intention:** Ziel dieser Übung ist es, Situationen, die die Kinder verärgern oder wütend machen, zu erkennen und anzuschauen, was die Kinder gern geändert hätten, was sie selbst ändern können oder wie manche Situationen vermieden werden können. Wichtig bei dieser Übung ist es, gemeinsam mit den Kindern Strategien zu entwickeln und die Erfolge und Misserfolge bei regelmäßigen Treffen zu reflektieren.

**Anleitung:** Die Kinder bekommen ein Blatt Papier, das in sieben Spalten unterteilt ist, für jeden Wochentag eine. Sie sollen aufschreiben, was sie im Laufe der Woche alles geärgert hat. (Das Blatt kann auch für die Folgewoche mitgegeben und dann reflektiert werden.)
Folgende Fragen können in der anschließenden Diskussion behandelt werden:

- In welchen Situationen entsteht Ärger, Wut? (zum Beispiel nicht erfüllte Erwartungen, unfaires Verhalten, Angst, Ohnmachtsgefühl, unerfüllte Liebe, eigenes Fehlverhalten ...)
- Wie könntest du solche Situationen im Vorhinein vermeiden?
- Gab es Situationen, in denen du, im Nachhinein gesehen, auch anders hättest reagieren können?
- Warst du jemals wütend über die Trennung deiner Eltern?
- Wie hast du deinem Ärger Ausdruck verliehen?
- Wie geht es dir mit Freunden, bei denen die Eltern noch zusammen sind?
- Bist du ärgerlich über Leute, die sich keine Gedanken darüber machen, wie es dir innerlich geht?
- Warst du jemals auf den Elternteil wütend, der weggegangen ist?
- Warst du schon einmal auf einen Elternteil wütend, bist aber auf den anderen oder andere Menschen losgegangen?

## Schneckenhaus

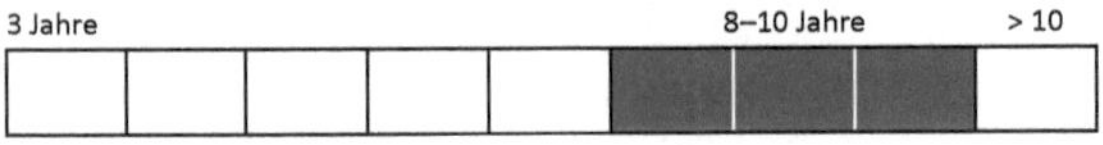

**Intention:** Die Kinder sollen körperlich nachspüren, wie es ihnen mit Gefühlen, wie Ärger, Wut, beleidigt sein, geht und was sie brauchen, um sich wieder besser zu fühlen.

**Anleitung:** Je zwei Kinder gehen zusammen. Eines zieht sich in sein Schneckenhaus zurück, ist beleidigt, nicht ansprechbar. Es setzt sich auf den Boden, rollt sich eng zusammen, steckt den Kopf zwischen die Knie, hält die Beine mit den Armen umschlossen, schließt die Augen und bleibt stumm.

Es versucht dabei, sich das Gefühl „beleidigt sein" intensiv ins Bewusstsein zu rufen. Der/die andere überlegt inzwischen, wie er/sie seinen/ihren Partner/in aus dem Schneckenhaus befreien kann. Er/sie denkt an Situationen, wo er/sie aus seinem/ihrem Schneckenhaus geholt wurde.

Dann versucht er/sie mit Worten, Gesten oder vorsichtigen Berührungen, den/die andere/n aus seiner/ihrer Erstarrung zu lösen. Anschließend sollen sich beide darüber unterhalten, was in ihnen vorgegangen ist, was ihnen geholfen hat. Dann werden die Partner getauscht, sodass jeder einmal im Schneckenhaus war.

Wichtig ist, dass es im Raum leise ist, sodass die „Paare" wirklich Ruhe haben, aufeinander einzugehen.

## Der Gemütsvogel

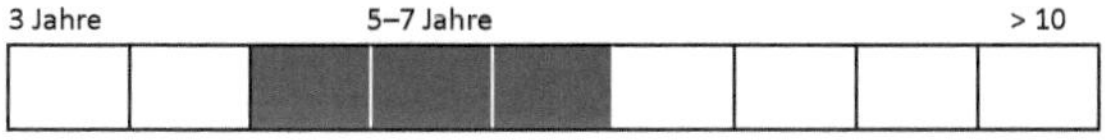


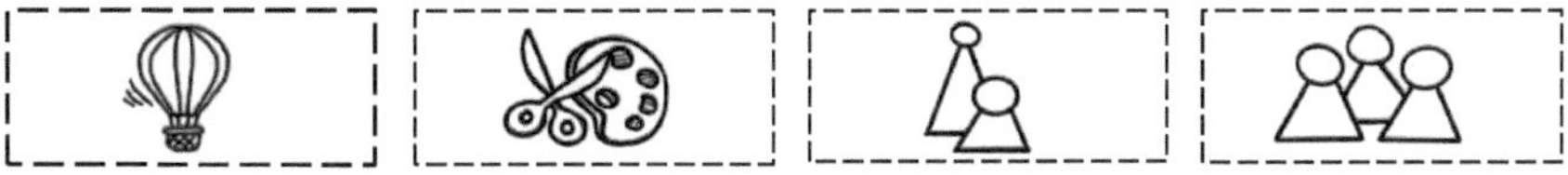

**Material:** Geschichte, runde Kartonscheiben (für den Körper) oder Naturpapier, Buntstifte, Filzstifte, Bast, Klebstoff, Schere, Federn zum Aufkleben, Karton für Schnabel, eventuell Wackelaugen

**Intention:** Je jünger Kinder sind, desto mehr brauchen sie Bilder, mit denen sie sich identifizieren können, die ihnen aus ihrer kindlichen Welt bekannt und vertraut sind. Die Symbolik eines Vogels, der „mitfühlt“, lieben alle Kinder. Die Meditation ermöglicht es, angenehme und unangenehme Gefühle bei sich selbst wertfrei anzunehmen und mit anderen verständnisvoller umzugehen.

**Anleitung:** Meditation erleben, darüber sprechen, was die Kinder für Gedanken dazu haben, danach können die Kinder ihren ganz persönlichen Gemütsvogel basteln oder malen.

*Ich lade dich ein, dass du es dir so gemütlich als möglich machst. Ob du nun sitzt oder liegst – versuche dich dabei zu entspannen und deine Aufmerksamkeit auf deinen Atem zu legen. Wenn du magst, kannst du auch gerne deine Augen schließen.*
*Nimm ein paar tiefe Atemzüge und versuche deine Aufmerksamkeit auf dein Inneres zu richten. Tief in dir, an einer Stelle, die nur du kennst, lebt dein Gemütsvogel. Dein Gemütsvogel ist ein Leben lang an deiner Seite, so wie dein Atem. Er ist einfach immer da – ob du ihn nun bewusst wahrnimmst, oder nicht. Dein persönlicher Gemütsvogel ist ein bunter, prächtiger Vogel, dessen Federn in Regenbogenfarben strahlen. Jeder weiß, dass es ihn gibt. Jeder spürt, dass er da ist. Aber nur manche wissen, dass er auch helfen kann.*

*Am liebsten steht dein Gemütsvogel fest auf seinen Beinen, den Schnabel munter nach vorne gereckt, die Augen leuchten und seine Federn strahlen so richtig.*
*Wenn dich jemand mit Worten oder Taten verletzt, dann braust das Tier in dir herum und leidet, so wie du. Wenn dich jemand ärgert, dann schimpft dein Gemütsvogel und stampft in dir fest auf. Manchmal, wenn er traurig ist, beginnt er auch zu weinen, macht sich ganz klein und versteckt sich – so wie du.*
*Wenn es dir aber gut geht, weil du dich wohlfühlst und Freude am Leben hast, dann hüpft der Vogel aufgeregt in dir hin und her – wie ein kleiner bunter Gummiball. Dann quietscht er vor Freude, lacht und wird größer und größer. Und dein Gemütsvogel bewegt sich wiegend und streichelt dich innerlich, wenn du liebgehabt, umarmt oder geknuddelt wirst.*
*Fällt es dir auf? Ja, genau! Dein Gemütsvogel fühlt so, wie du fühlst. Er spürt all das, was du auch spürst. Er nimmt wahr, was du wahrnimmst. Manchmal sogar noch genauer und intensiver als du.*
*Weißt du, das ist seine Aufgabe. Zu spüren, wahrzunehmen, da zu sein und deine Gefühle in Laden zu verwahren. Denn dein Gemütsvogel ist der Chef deiner Gemütskommode. Er ordnet alle Gefühle, die in dir sind, in Schubladen und hält Ordnung. Er räumt dein Inneres immer wieder auf, Tag für Tag.*
*Und so gibt der Gemütsvogel Erlebnisse, in denen du wütend bist in die „Wut-Lade" und Momente, in denen du dankbar bist in die „Dankbarkeits-Lade". Liebevolle Berührungen, Umarmungen oder Worte, die dir zeigen, wie lieb man dich hat, hütet der Gemütsvogel in der „Lieb-haben-Lade".*
*Je öfter du ein Gefühl erlebst, desto häufiger macht der Vogel diese Lade auf und gibt ein Erlebnis hinein. Schöne, unangenehme, unbekannte Gefühle – der Gemütsvogel weiß genau, in welche der unzähligen Gefühlsladen welcher Moment gegeben werden muss.*
*Manche Laden werden selten befüllt, andere nie geöffnet und dann gibt es Laden, die so voll sind, dass sie nicht mehr geschlossen werden können. Weil sie einfach ständig in Gebrauch und überfüllt sind.*

*In solchen Momenten wird dein Gemütsvogel unruhig, beginnt in dir wild herumzulaufen und verwandelt sich zu diesem Gefühl. Dann kannst nur mehr du ihm helfen!*
*Nimm Kontakt mit ihm auf, wenn du merkst, dass dein Vogel überfordert ist. Atme tief aus. Puste die Unordnung in deinem Inneren aus. Hilf deinem Gemütsvogel beim Großputz und stell dir vor, wie mit jedem Atemzug deine übervollen Schubladen leerer werden. Spüre nach, wie sich dein Gemütsvogel beruhigt und auch du ruhiger wirst. Nimm wahr, dass sich der Vogel in dir bei dir bedankt, indem die innere Unruhe sich legt und dein Gemütsvogel die Dankbarkeits-Lade und die Freude-Lade öffnet. Du beginnst wieder zu lachen und steckst andere mit deinem Lachen an.*

**Anregung für ältere Kinder:** Schreibe Momente, Situationen oder Menschen auf, die dich in angenehme oder unangenehme Emotionen versetzen. Ordne die unterschiedlichen Erlebnisse einzelnen Emotions-Laden zu.

- In welcher Schublade deiner Kommode sind die meisten Zettel?
- Welche Lade ist leer?
- Was brauchst du, um manche Laden zu leeren und andere zu befüllen?

### Anna und die Wut

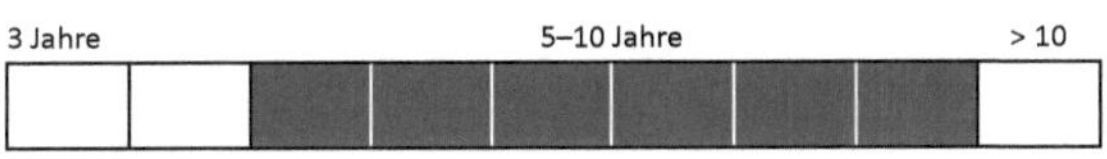

**Material:** Nöstlinger, C., Anna und die Wut, 1990

**Intention:** Anna reagiert auf alles, was ihr nicht recht ist, mit extremen Wutausbrüchen. Mit der Zeit mag sie sich selbst nicht mehr – da hat ihr Opa eine Lösung, wie sie ihre Wut abreagieren kann. Mit dieser Methode findet sie sogar Freunde. Auch bei dieser Geschichte geht es darum, den Kindern aufzuzeigen, dass Wut und Ärger nicht unterdrückt werden können, sondern dass das Wichtige daran ist, wie man damit umgeht. Die Kinder können für sich Alternativen herausfinden.

**Anleitung:** Geschichte mit den Kindern lesen und darüber reden

Mögliche Reflexionsfragen:

- Wie geht es Anna manchmal?
- Was tut sie dann?
- Kennt ihr dieses Gefühl auch?
- Was macht ihr dann?
- Fühlt ihr euch danach besser?
- Was könntet ihr noch machen?

### Schimpfwörter in Papiertüte

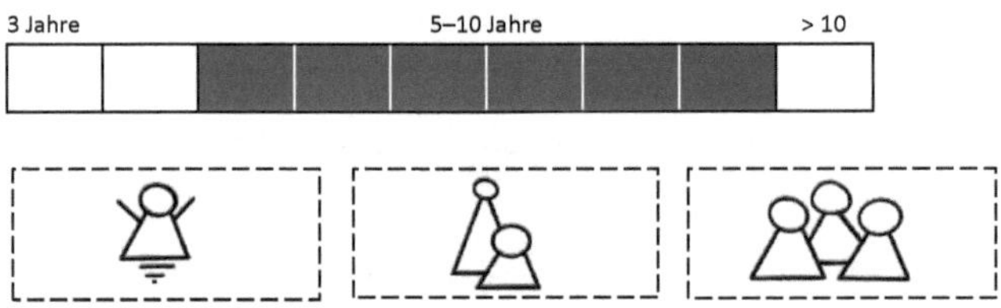


**Material:** Papiertüten

**Intention:** Diese Übung dient dem Abreagieren. Das Kreieren neuer Schimpfwörter eignet sich als Übergang zum Abschluss der Übung. Vom Toben über das Lachen finden die Kinder wieder ihre Mitte.

**Anleitung:** Kinder dürfen alle Schimpfwörter, die ihnen einfallen, in eine Papiertüte schreien und diese am Schluss zerplatzen. Am Schluss können neue „Schimpfwörter“ kreiert werden, die als solche niemanden verletzen, und die Wut geht beim Ausdenken solcher Wörter in Spaß über, zum Beispiel: du Schnittlaucherbsenbär, du Bananenkarottenjogurt ... Ich habe immer wieder die Rückmeldung von Eltern erhalten, dass die Kinder diese neuen Schimpfwörter zu Hause einsetzen – und niemand reagiert verletzt, sondern man kann gelassen auf dieses Signal eingehen („Ich glaube, dich stört gerade etwas!“, „Was ärgert dich?", „Können wir gemeinsam etwas ändern?"). Es steht und fällt eben doch alles mit der Bedeutung, die wir den Dingen geben!

### Wutraupe basteln

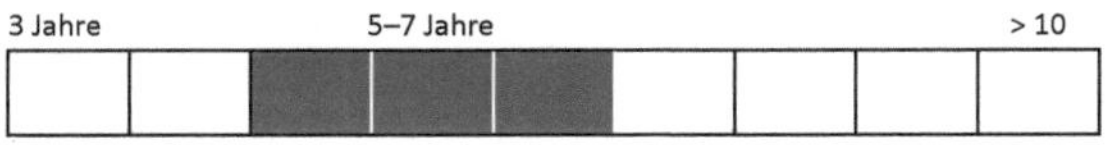

**Material:** Kreise aus farbigem Karton, Musterklammern, Locher, Stifte

**Intention:** Auch bei dieser Übung geht es um das An-die-Oberfläche-Bringen und Sichtbarmachen von Problemsituationen der Kinder. Macht man diese Übung in einer Gruppe, wird den Kindern gezeigt, dass sie mit ihren Gefühlen nicht alleine sind. Sie können dadurch voneinander lernen und fühlen sich einander verbunden.

**Anleitung:** Jedes Kind bekommt für jedes Wutgefühl einen runden Kreis aus Karton/Papier (siehe Abbildung); diese werden dann zu einer Raupe zusammengehängt (entweder eine pro Kind oder eine ganz lange gemeinsame). Viele Gefühle werden öfter vorkommen und die Kinder sehen, dass auch die anderen dieselben Gefühle haben. Die Raupen können dann zum Beispiel verbrannt werden oder sich in Schmetterlinge verwandeln und „davonfliegen".

### Wutfigur basteln

3 Jahre 5–7 Jahre > 10

**Material:** Luftballons, Rundkornreis, Sand, Mehl, Linsen oder Ähnliches (ca. ½ kg pro Kind), Trichter (pro Kind einen), Staubsauger

**Intention:** Herstellung eines Hilfsmittels, an dem die Kinder ihre Aggressionen auslassen können

**Anleitung:** Reis o. ä. wird in die Luftballons gefüllt (diese vorher nicht aufblasen!), die anschließend zugeknotet werden und als Aggressionsfänger/Wutbälle dienen können, indem die Kinder sie kneten, darauf boxen oder sie durch den Raum werfen. (Vorsicht, sie können auch zerplatzen.)

### Wutklöße

3 Jahre 5–7 Jahre > 10

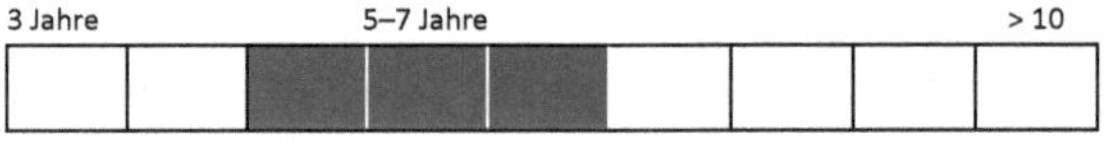

**Material:** Zeitungspapier

**Intention:** Abreagieren von aufgestauten Aggressionen

**Anleitung:** Kinder sollen Zeitungspapier zu Wutklößen knüllen, die dann mit aller Kraft in eine Ecke oder an die Wand geworfen werden können. Lassen Sie es ruhig zu, wenn sich die Kinder gegenseitig damit bewerfen!

## Was kann ich tun, wenn ich wütend bin?

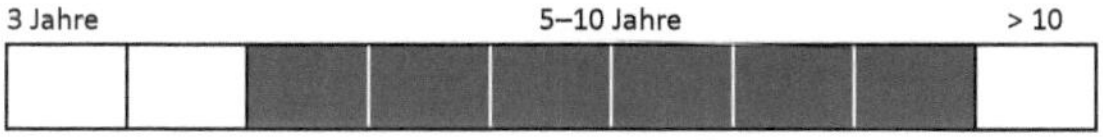

**Material:** Zeitungspapier, Luftballons, Papier, Ölkreiden, Musik ...

**Intention:** Sammeln von Möglichkeiten, wie Kinder mit Wut umgehen können

**Anleitung:** Mit den Kindern sammeln, was man tun kann, wenn man wütend ist, ohne einem anderen dabei weh zu tun, und so viel wie möglich davon gleich ausprobieren. Zum Beispiel:

- Wutbälle aus Zeitungspapier machen und diese in eine Ecke schleudern
- mit den Füßen stampfen
- alle Wut in einen Luftballon blasen und den zerplatzen oder aus dem Fenster fliegen lassen
- laut Musik hören
- ein Haustier streicheln
- ein Kuscheltier in die Ecke werfen (nicht mit dem Haustier verwechseln!)
- laut singen
- laut schreien (im Freien, im Keller – wo stört es niemanden?)
- ums Haus laufen
- ein Wutbild malen (mit Fingerfarben, Wasserfarben oder Ölkreiden)
- ein Telefonbuch, einen Katalog zerfetzen
- Zeitungen zerreißen
- in mein Tagebuch schreiben (Sie können auch Hefte mitbringen und mit den Kindern gleich Einbände gestalten!)
- meine beste Freundin/meinen besten Freund anrufen
- mir vorstellen, dass der-/diejenige, der/die mich geärgert hat, jetzt da ist, und ihr ins Gesicht sagen, was mich wütend macht
- ...

## Schimpfwörter auf Luftballons

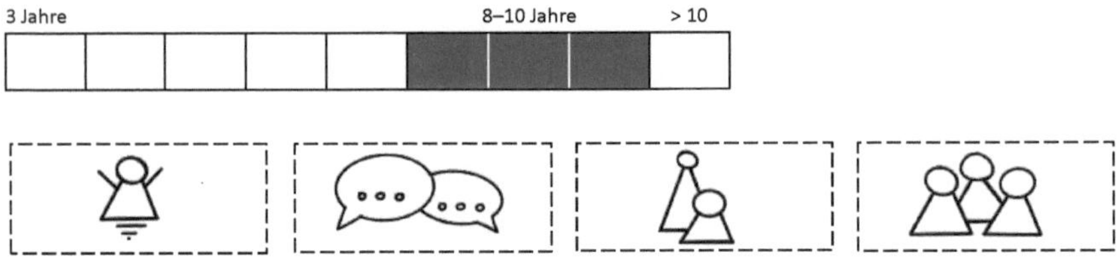


**Material:** Luftballons, wasserfeste Stifte

**Intention:** Abbau von Wut und Aggressionen

**Anleitung:** Kinder schreiben alle Schimpfwörter, die ihnen einfallen, auf Luftballons, die sie durch den Raum fliegen lassen und am Schluss zerplatzen. Es darf dabei laut zugehen!

## Wutsteine (Ritual)

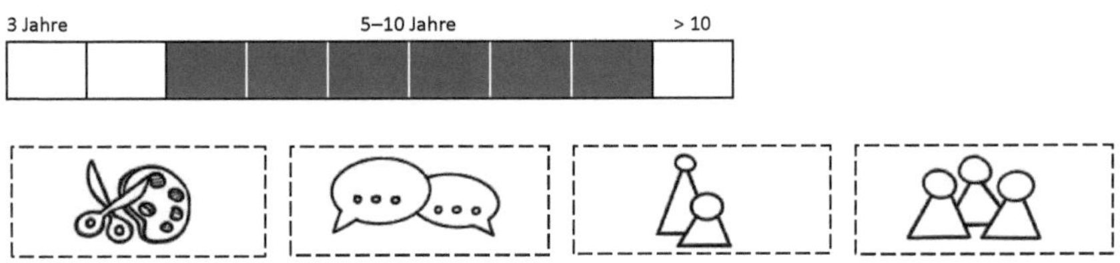


**Material:** Steine, wasserfeste Stifte, einen Ort, um Steine loszuwerden

**Intention:** rituelle Übung zum Benennen und Loslassen von negativ behafteten Gefühlen

**Anleitung:** Steine liegen in der Mitte des Tisches. Jedes Kind sucht sich für jedes Wutgefühl einen Stein aus und schreibt die Gefühle darauf. Wenn ein Kind es nicht „öffentlich" machen möchte, regen Sie die Kinder an, den Wut- und Ärgergefühlen „versteckte" Namen zu geben, das kann „Krixikraxi" als „japanisches Schriftzeichen" oder ein Symbol sein, so weiß nur das Kind selbst, was damit gemeint ist. Die Steine werden dann im Garten vergraben oder in einem See/Fluss/Teich versenkt.

## Gefühle-Figur

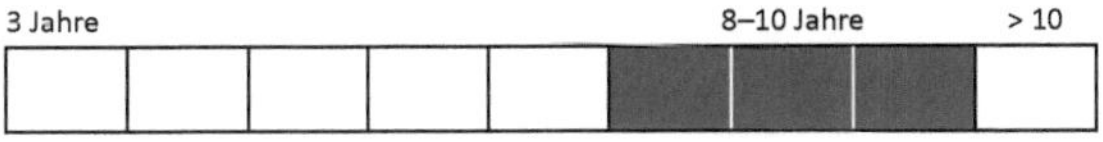

**Material:** große Rolle Packpapier, dicke Stifte für die Konturen, farbige Stifte, eventuell Wasserfarben zum Ausmalen der Zwischenräume

**Intention:** Wütende, aggressive Kinder können sich selbst nicht leiden. Die Kinder sollen erkennen, dass die Aggressionen nur ein Teil von ihnen sind, dass noch genug Positives da ist. Wichtig ist auch zu betonen, dass Gefühle sich verändern und auch Wut und Aggressionen wieder verschwinden können. Lenken Sie den Blick der Kinder auf die beständigen Dinge, auf das, was den Kindern Freude macht, was sie gut können.

**Anleitung:** Ein Kind legt sich auf einen Bogen Packpapier auf den Boden, ein anderes zeichnet die Umrisse nach. Dann schreibt und malt jedes Kind alles, was ihm Spaß macht, was es gut kann, hinein und auch alles, was es wütend macht, jedoch mit einer anderen Farbe. So wird sichtbar gemacht, dass es nicht nur Wut im Leben des Kindes gibt, sondern auch viele positive Anteile.
Der Selbstwert profitiert von Stolz auf die guten Dinge und lässt damit die unangenehmen Seiten leichter zu!

### Stimmungscollage

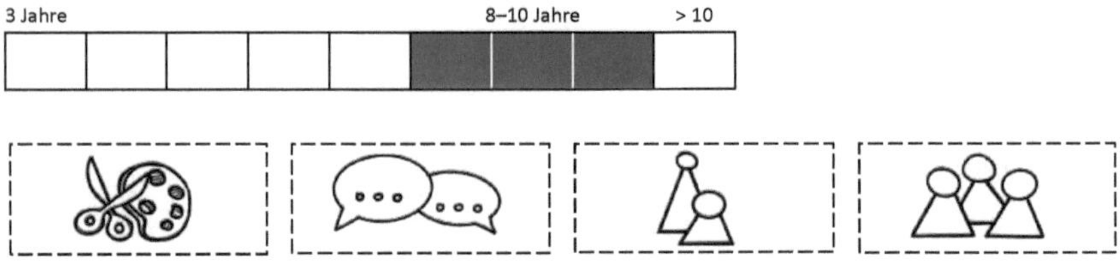


**Material:** Papier (entweder pro Kind ein Bogen oder für alle gemeinsam ein großer Flipchart-Bogen), Stifte, Scheren, Klebstoff, Zeitschriften

**Intention:** Wichtig ist bei dieser Übung, dass sich die Kinder mit dem Thema „Wut und Aggression“ auseinandersetzen, an die Oberfläche bringen, was sie wütend macht, und Bilder und Namen für diese Gefühle finden.

**Anleitung:** Kinder sollen eine Collage entwerfen zum Thema „Wut“. In Zeitschriften blättern alle Kinder gern, und die Situationen aus Werbungen eignen sich hervorragend zum Darüber-Reden. Am Schluss können die restlichen Zeitschriften zusammengeknüllt werden und die Kinder dürfen sich damit bewerfen (auf diese Idee kommen sie sowieso meist von alleine!).

### Kettenreaktion

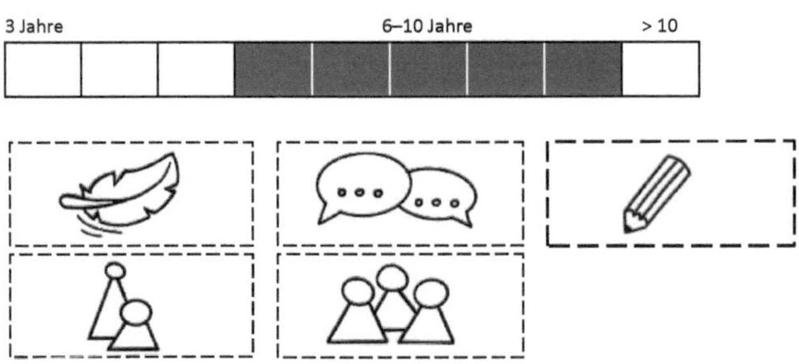


**Material:** Papier und Stifte für jedes Kind oder Flipchart und Stifte

**Intention:** Verständnis für emotionale Kettenreaktionen wecken

**Anleitung:**
*Heute wollen wir einmal erkunden, wie eng Körper, Gedanken und Gefühle verbunden sind. Hier ein Beispiel: Gerade hat sich Lisa noch supergut gefühlt, aber dann hat Leonie triumphierend ihr neues Handy gezeigt. Lisa hat es gebührend bewundert, aber innerlich fühlte sie sich plötzlich komisch: genervt, traurig, auch ein bisschen wütend. Und dann ging es los, das Gedanken-Emotionskarussell: Leonie bekam von ihren Eltern immer alles, ihre eigenen Eltern waren einfach fiese Spießer, die immer sparen wollten und ihr nichts gönnten, na ihrem Bruder schon, der war ja der Liebling, hatte auch immer bessere Noten....und so weiter und so weiter.*
*Es gibt einen Trigger, einen Anlass, und schon verdüstert sich eure Laune und es kommen immer mehr Gedanken, die einen immer tiefer in eine miese Stimmung hineinziehen. Die Gedanken wiederum versetzen den Körper in Stress, ihr werdet zum Beispiel feindseliger, miesepetriger. Vielleicht hat Lisa dann einen Streit angezettelt mit Leonie.*
*Beobachtet euch einmal in den nächsten Tagen, ob ihr ähnliche Kettenreaktionen erlebt und ein ähnliches Gedanken-Gefühlskarussell einsetzt. Was sind eure Trigger?*

Laden Sie die Kinder ein, jetzt eine Geschichte zu schreiben: „Anjas/Leos Abwärtsspirale: Eben fühlte sich X noch gut, aber dann....“, oder sie lassen eine Kettenreaktion graphisch darstellen mit Stichworten für jede Eskalationsstufe.
(aus: Kaltwasser 2020)

## Aus dem Gedankenkarussell aussteigen

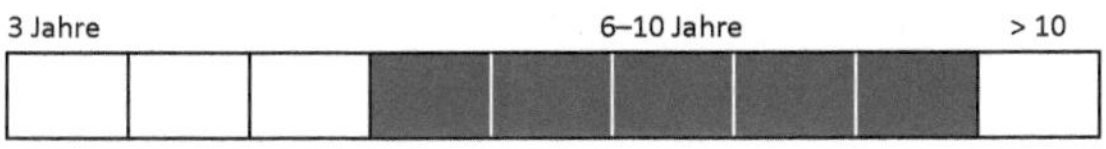

**Material:** Flipchart und Stifte

**Intention:** Zeigen, dass wir unseren Gedanken nicht „ausgeliefert“ sind, sondern jederzeit Einfluss nehmen können; negative Gedanken bewusst und wertfrei wahrnehmen und sich distanzieren können.

**Anleitung:** Diese Übung sollte zeitlich nach der Übung „Kettenreaktion“ (siehe vorherige Übung) angeleitet werden.

*Erinnert ihr euch noch an die Geschichte von Leonies neuem Smartphone und Lisas Kettenreaktion – den vielen negativen Gedanken und Überlegungen? Aus ihrer fröhlichen Stimmung kippte sie plötzlich in diesen Strudel von negativen Gedanken.*
*Plötzlich fühlte sie sich beengt und niedergeschlagen. Die Achtsamkeitsforschung hat herausgefunden, dass es Wege gibt, diese Abwärtsschleifen zu unterbrechen.*
*Ihr könnt euch in so einer Situation dem Atem zuwenden, so steigt der innere Stress nicht weiter an. Ihr könnt immer wieder bewusst eure Aufmerksamkeit auf euren Atem lenken. Da wir Gedanken nur nacheinander denken können und nicht zwei Gedanken gleichzeitig, wandert unsere Aufmerksamkeit sofort von den negativen Gedanken zum Atem und unterbricht dadurch die Spirale.*
*Ihr könnt aber noch mehr tun: Ihr könnt Einfluss nehmen auf euer inneres Selbstgespräch. Wir können unsere gedanklichen Abwärtsschleifen unterbrechen mit Gegen-Gedanken, die uns wieder Zuversicht spenden und uns in ein inneres Gleichgewicht bringen. Wie könnte das gehen? Welche Aussagen könnten die Abwärtsspirale aufhalten? Formuliert einmal, was Lisa sich innerlich sagen könnte, damit es ihr wieder besser geht.*

**Wichtig:** Auf dem Flipchart brainstormingartig sammeln, welche Ideen die Kinder haben. Nicht bewerten! Es geht nur darum, den Kindern aufzuzeigen, dass sie Handlungsspielraum haben.

(nach: Kaltwasser 2020)

## Gefühls-Scrabble

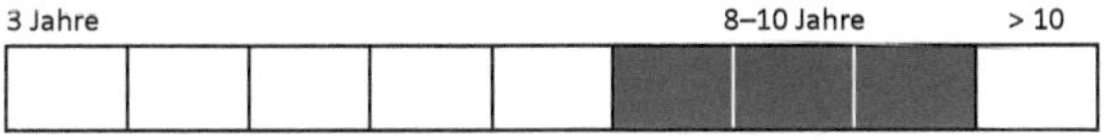

**Material:** Zettel und Stifte

**Intention:** Ziel dieser Übung ist es, alles, was die Kinder mit Aggression verbinden, an die Oberfläche zu bringen. Wird die Arbeit in einer Gruppe gemacht, entlastet natürlich die Erfahrung, dass andere ähnlich empfinden.

**Anleitung:** Jedes Kind schreibt auf einen Bogen Papier senkrecht oder waagerecht das Wort „Aggression“ oder „Ärger“ beziehungsweise ein Gefühl, mit dem er sich in der letzten Zeit viel beschäftigt hat. Dazu schreibt es im Kreuzworträtselstil, was dieses Gefühl in ihm auslöst oder welche Wörter ihm dazu einfallen. Dann gibt er das Blatt seinem linken Nachbarn. Dieser setzt nun seine Gedanken und Gefühle im Kreuzwortstil dazu und gibt das Blatt wieder weiter usw. ... So erhält jeder alle „Gefühls-Scrabble“ der anderen und kann diese jeweils mit seinen Assoziationen erweitern. Hat er schließlich sein eigenes Blatt wieder in der Hand, sollte sich zunächst jeder allein damit auseinandersetzen, bevor eine gemeinsame Gesprächsrunde das Spiel beendet.

## Freude-Ärger-Kuchen

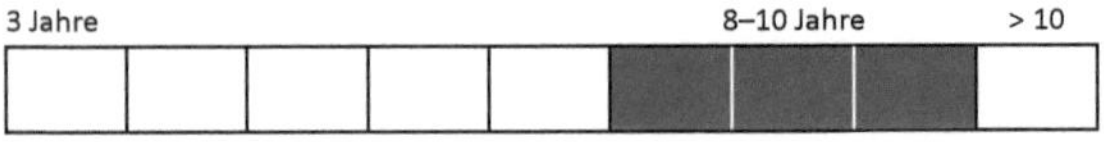

**Material:** für jedes Kind einen Freude-Ärger-Kuchen (s. S. 234) oder für alle gemeinsam ein großes Plakat, verschieden starke und verschiedenfarbige Stifte

**Intention:** herausfinden, was die Kinder ärgert oder wütend macht, und gemeinsam nach Lösungsmöglichkeiten suchen; Entlastung finden durch die Erfahrung, dass andere ähnliche Gefühle haben

**Anleitung:** Kinder schreiben alles, was ihnen Freude bereitet oder sie ärgert, in den jeweiligen Kuchen – je nach Stärke des Ärgers unterschiedlich stark.

- Überwiegt eine Seite, gibt es Dinge, die alle ärgern?
- Was kann die/der Einzelne zur Veränderung beitragen?

## Anti-Wut-Schachtel

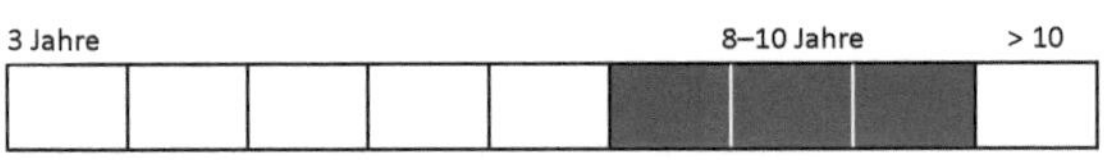

**Material:** Schachteln (s. S. 238) auf Karton (je zwei pro Kind in zwei Farben) kopieren, Scheren, Stifte

**Intention:** Ziel ist einerseits das Loslassen von alten, belastenden Situationen, andererseits

Lösungsvorschläge zu sammeln für zukünftige Ärger auslösende Situationen.

**Anleitung:** Kinder schreiben alles, was sie wütend macht, in die Wutschachtel, diese kann im Anschluss verbrannt werden. In die andere Schachtel schreiben sie alles, was sie tun können, wenn sie wütend sind, um sich abzureagieren (einige Zeit im Freien herumlaufen; Haustier streicheln; laute Musik hören und mittanzen; sich aufs Bett werfen und strampeln; Tagebuch führen; Freund/in anrufen; ...); diese „Erste-Hilfe-Schachtel" soll an die Zimmertür oder Wand geklebt oder über den Schreibtisch gehängt werden.

### Skulptur stellen

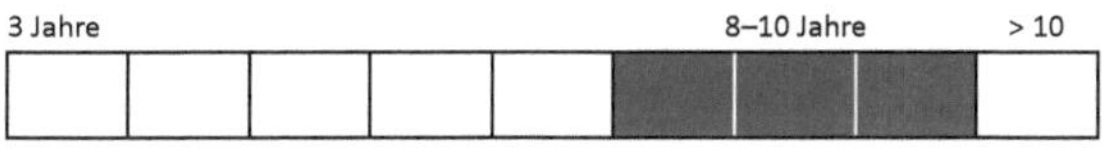


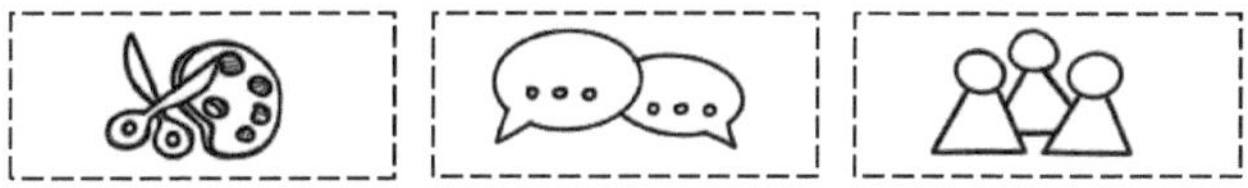

Intention: Hier geht es darum, sichtbar zu machen, wie ein sich Kind fühlt.

**Anleitung:** Jede/r hat eine gewisse Zeit zur Verfügung, um seine Familiensituation im Alltag oder während eines Familienkonfliktes darzustellen. Die anderen bekommen die Rollen der Familienmitglieder und des Kindes mit genauer Anweisung, wie und wo sie stehen/hocken/liegen sollen. (Die Stellungen der Personen geben die Hierarchie an: stehend, gebückt, hockend ...)

- Wie nahe, wie weit entfernt fühle ich mich meinen Familienmitgliedern?
- Habe ich eher eine unterlegene Rolle oder eine partnerschaftliche?
- Wie ist die Situation der Eltern untereinander?
- Wie erlebe ich mich in Verbindung mit meinen Geschwistern?

Bei ausreichender Übung kann dem Kind die Frage gestellt werden, wie es sich wohler fühlen würde, und es kann so lange die anderen umstellen, bis sich alle wohl fühlen. Mit dieser Technik sollten nur Fachleute und Geübte arbeiten!

### Der leere Stuhl

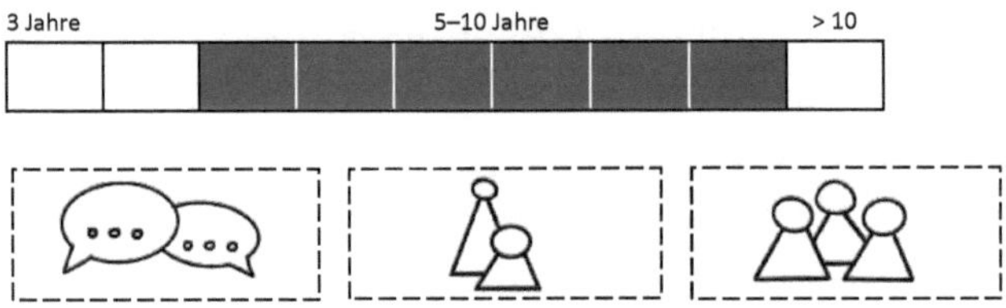


**Material:** ein leerer Stuhl

**Intention:** Kinder hegen oftmals Groll gegen ihre Eltern, weil diese sich getrennt haben. Sie können oder wollen diesen Ärger aber aus Angst vor Konsequenzen nicht an den Betroffenen auslassen. Eine Möglichkeit, Wut und Enttäuschung an die Stelle zu bringen, wo sie hingehören, ist die Technik des leeren Stuhls.

**Anleitung:** Ein leerer Stuhl wird in die Mitte des Raumes gestellt. Sie bitten ein Kind, sich eine Person darauf sitzend vorzustellen, auf die es wütend ist. Dann hat das Kind Gelegenheit, im geschützten Rahmen der Person alles zu sagen, was es belastet. Man kann das Kind auch ermutigen, die Rolle der Person auf dem Stuhl zu übernehmen, um so zu erfahren, wie sich die andere Person vielleicht fühlt.

**Alternative:** In ähnlicher Weise wie ein leerer Stuhl kann ein (Spielzeug-)Telefon benutzt werden. Das Kind hat die Möglichkeit, eine Person anzurufen, und eine imaginäre Konversation zu führen. Bei jüngeren Kindern kann dieses Gespräch auch von Handpuppen oder Stofftieren geführt werden!

(nach: Ryan/Walker 2007, S. 92 f.)

# 7. Familie – Zugewinnfamilie – Patchworkfamilie

## 7.1 Hintergrund

In der Ursprungsfamilie kannten sich die Familienmitglieder gut, ihre Beziehungen hatten sich im Laufe der Zeit entwickelt. In einer Stieffamilie (zeitgemäßer nach Jesper Juul „Zugewinnfamilie") oder Patchworkfamilie entsteht abrupt eine neue Ausgangssituation, die eine unbekannte und unvorhersehbare Familiendynamik mit sich bringt. In der Regel ist diese Situation für alle Beteiligten sehr schwierig. Unsicherheit prägt die neuen Beziehungen. Kinder werden mit Beziehungen konfrontiert, unter denen sie sich nichts vorstellen können, die sie nicht mögen. (Wer sagt, dass sich Stiefgeschwister so mögen müssen, wie sich ihre Eltern lieben?) Vieles ist schon begrifflich negativ besetzt (Stiefvater, Stiefmutter ...).

Neue Familienmitglieder, zusätzliche Verwandte und weniger Zeit und Raum für sich allein kennzeichnen den Alltag. Unweigerlich vergleichen die Kinder Stiefeltern mit den leiblichen Eltern. Kinder leiden oft sehr darunter, nicht zu wissen, wo sie hingehören. Wenn aus einer Eineltern- eine Stief- oder Zugewinnfamilie wird, irritiert das ein Kind sehr. Es braucht neue Orientierung, was der neue Elternteil jetzt für das Kind ist, wer wofür zuständig ist und was vom Kind erwartet wird. Manche Eltern gehen neue Partnerschaften ein, bevor das Kind die Trennung verarbeitet hat. Das bringt das Kind in einen schweren Loyalitätskonflikt gegenüber dem anderen Elternteil, und der „Eindringling" hat es wesentlich schwerer, akzeptiert zu werden. Kinder müssen erkennen, dass es zwischen ihnen und ihren Eltern ein starkes Band gibt, das ewig hält, wo auch immer sie leben oder wie viel andere Menschen in ihr Leben treten.

Wie schon im Kapitel „Wut und Aggression" angesprochen, testen Kinder in der ersten Phase der Beziehung neue Bezugspersonen auf ihre

Belastbarkeit hin aus. Erst wenn sich beide Partner sicher sind, miteinander eine neue Beziehung eingehen zu wollen, wenn sie Zeit hatten, einander gut kennenzulernen, und auch schon kleinere Beziehungskrisen überstanden haben, können sie auch miteinander überlegen, zu welchem Zeitpunkt und auf welche Weise sie ihr(e) Kind(er) miteinbeziehen.

Der Zeitfaktor spielt eine große Rolle. Kinder brauchen reichlich Zeit, sich mit neuen, geänderten Situationen anzufreunden; Zeit, um Sicherheit, Vertrauen zu gewinnen. Trennen sich Eltern zu Gunsten neuer Lebenspartner und gründen diese rasch eine neue Familie, ist die Belastung für Kinder enorm hoch. Eine Beziehungspause lässt dem Kind den Rahmen, vorerst einmal die Trennung der Eltern zu verarbeiten. Sie brauchen diese Pause dringender als Erwachsene, die auf eine größere Lebenserfahrung zurückblicken können.

Natürlich ist es gerade für alleinerziehende Mütter schwer, einen neuen Partner ohne Beisein des Kindes näher kennenzulernen, geschweige denn Zeit mit dem neuen Partner alleine zu verbringen. Viele Mütter bringen auch als Argument: Ich muss ja sehen, ob sich mein neuer Freund mit den Kindern versteht. Das ist ein Trugschluss! Der Partner, die Partnerin ist in erster Linie als Frau oder Mann von Bedeutung! Das Kind wird eines Tages seine eigenen Wege gehen; Die Partnerschaft soll aber länger bestehen. Wenn Partner und Partnerin einander gut verstehen, wenn sie ein offenes Gesprächsklima und eine gute Konfliktkultur haben (das heißt: Probleme ansprechen, fair miteinander umgehen, dem anderen zuhören, sich in den anderen hineinversetzen können ...) und klare Vereinbarungen in Bezug auf die Kinder (wer ist wofür zuständig?), gibt es deutlich weniger Probleme mit den Kindern. Es kann beobachtet werden, dass Kinder jede negative, aber auch jede positive Schwingung in der Beziehung spiegeln.

Zu bedenken ist auch immer, dass Beziehungen gepflegt werden müssen. Egal, wie viel Stress Job, Haushalt und Kinder mit sich bringen – nichts ist so wichtig wie die Zeit mit Partner/Partnerin, wie auch mit den Kindern. Das gilt es im Alltagstrott nicht zu übersehen! Die Arbeit daran macht Spaß und lohnt sich! Die Partnerschaft profitiert mehr davon und wird harmonischer und liebevoller sein, wenn man

abends bei einem Glas Wein zusammensitzt und Musik hört, ein Gesellschaftsspiel spielt oder sich gegenseitig vom Tag erzählt.
Wenn Kinder ständig quengeln und mit allen möglichen Dingen Aufmerksamkeit erregen wollen, ist das oft ein Zeichen dafür, dass sie sich zu wenig beachtet fühlen. Widmen Eltern ihnen nur eine halbe Stunde intensive Zuwendung und volle Aufmerksamkeit, werden viele Störungen erst gar nicht entstehen. Im anderen Fall nerven Kinder stundenlang, und die Eltern selbst kommen mit ihrer Arbeit auch nicht weiter, weil sie abgelenkt, unkonzentriert und ärgerlich sind.

*„Mäxchen, warum warst du gestern nicht in der Schule?“*
*„Wir haben Familienzuwachs bekommen.“*
*„Das freut mich aber – ein Brüderchen oder ein Schwesterchen?“*
*„Keins von beiden – meine Mutter hat wieder geheiratet.“*

## 7.2 Intention

- Dem Kind erklären, dass es verschiedene Arten von Familien gibt.
- Das Kind durch klare Rahmenbedingungen und Aufgabenteilungen unterstützen, mit seiner neuen Familiensituation zurechtzukommen.
- Dem Kind vermitteln, dass jedes Familienmitglied eine eigene Persönlichkeit ist, eigene Qualitäten hat und Respekt und Achtung verdient.
- Dem Kind helfen, verschiedene Menschen, die ihm wichtig sind, in seine Familie einzuordnen.
- Dem Kind versichern, dass das Band zwischen ihm und seinen leiblichen Eltern nie zerstört werden kann.
- Ein Kind, das seine/n leiblichen Eltern/teil nicht kennt, ermuntern, andere liebevolle Menschen, die es in seinem Leben begleiten, akzeptieren zu dürfen.
- Das Kind darin bestärken, auch Beziehungen zu anderen vertrauenswerten Menschen in seinem Leben einzugehen und zu erkennen, dass es verschiedene Arten von Beziehungen gibt.

**Definitionsklärung**

**Kernfamilie:**
Kind + (leibliche) Eltern

**erweiterte Kernfamilie:**
Kind + (leibliche) Eltern + Großeltern

**Großfamilie:**
Kind + leibliche Eltern + Großeltern + Urgroßeltern + Onkel, Tanten ...

**Einelternfamilie:**
Kind + Vater oder Mutter

**Stief-, Bonus- oder Zugewinnfamilie:**
Kind + ein leiblicher Elternteil + ein Stief-/Bonus-Elternteil (mit oder ohne Kind)

**Patchworkfamilie:**
Mutter mit Kind + Vater mit Kind + gemeinsames Kind

## 7.3 Spielerische Integration

### Komm (nicht) näher

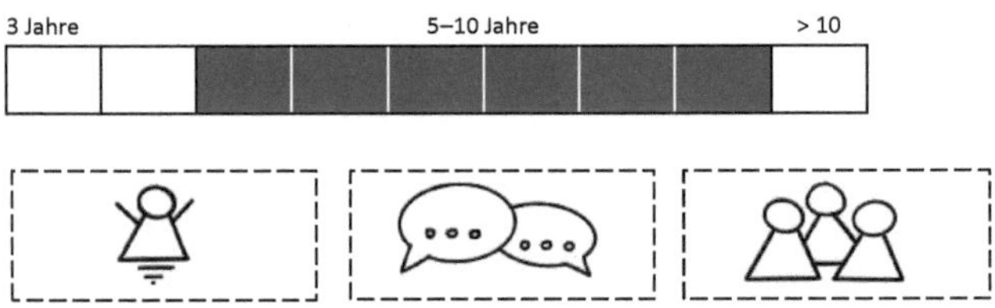


**Intention:** Nicht alle Menschen drücken Sympathie und Zuneigung durch körperliche Nähe aus. Jeder Mensch empfindet einen anderen Abstand als angenehm, oft auch abhängig von der jeweiligen Verfassung. Die Kinder sollen ein Gespür dafür entwickeln, welche Nähe oder Distanz ihnen angenehm ist und was für einen anderen angenehm oder unangenehm ist.

**Anleitung:** Die Kinder gehen zu zweit zusammen; einer steht, der andere geht aus gewisser Entfernung langsam auf ihn/sie zu und versucht dabei herauszufinden, wie nah es dem anderen angenehm ist, wie weit er/sie „gehen kann".

- Worauf hat der Näherkommende geachtet (Blick, Körpersprache, ...)?
- Was hat ihn/sie veranlasst, näher zu kommen beziehungsweise nicht?
- Wie ging es dem, der stehengeblieben ist?

## Angestiftet

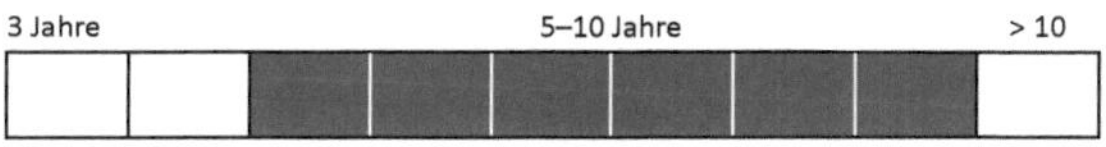


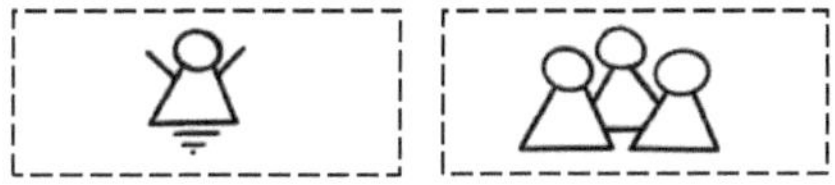

**Material:** Filzstifte mit Schutzkappe

**Intention:** ein lustiges Bewegungsspiel, das die Sensibilität wecken soll, auf den anderen richtig einzugehen beziehungsweise angemessen auf die Reize des anderen zu reagieren und selbst aktiv zu werden, ohne den Partner zu überfordern

**Anleitung:** Jede/r sucht sich eine*n Partner*in, mit der*dem er sich „anstiftet". Zwischen die ausgestreckten Zeigefinger kommen die Filzstifte. Um diese nicht zu verlieren, muss jedes Kind Druck ausüben beziehungsweise ein wenig nachgeben, falls der andere stärker drückt. Das heißt, es geht darum, sensibel auf den anderen zu reagieren. Mit der Zeit versuchen die beiden ihre Arme zu heben, sie seitwärts zu strecken oder durch den Raum zu gehen, ohne dass der Stift zwischen ihren Zeigefingern herunterfällt.
Anschließend Reflexion, wie sich die Übung angefühlt hat, ob einer immer geführt hat oder beide sich abgewechselt haben. Dann Partnertausch und noch eine Runde!

## Puzzle

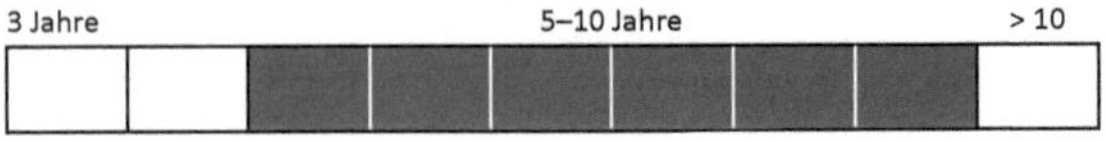


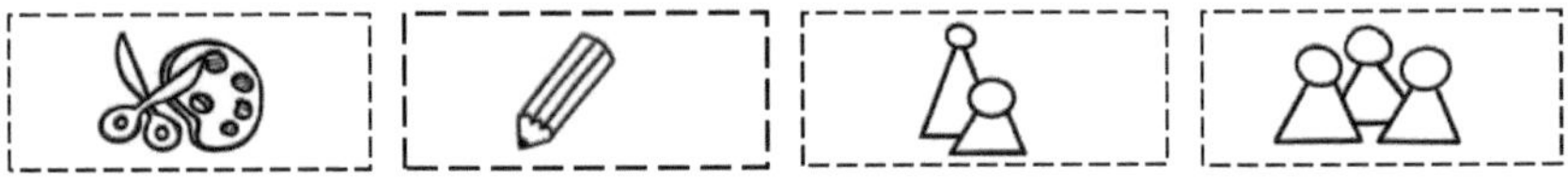

**Material:** Puzzleteile (Kopiervorlage Puzzlefigur s. S. 239), Stifte

**Intention:** Es soll sichtbar gemacht werden, dass die Familie nicht nur aus den Eltern und dem Kind besteht, sondern auch andere Personen dazugehören, die dem Kind auch nach der Trennung der Eltern erhalten bleiben sollten.
**Anleitung:** Auf jedes Puzzleteil schreibt/zeichnet jedes Kind, wer alles zu seiner Familie gehört (auch Haustiere!), und setzt dann das Puzzle zusammen. Übrige Teile können bemalt werden oder sie bleiben leer für Menschen, die die Kinder erst kennenlernen werden. Regen Sie die Kinder an, die Puzzlefigur selbstständig zu ergänzen!

**Anregung:** Als ich merkte, wie alleingelassen sich mein Sohn in manchen Momenten nach unserer Trennung fühlte, nahm ich einfach ein Blatt Papier, ließ ihn alle Menschen, die ihn lieb haben (auch seine Lehrerin, Schulfreunde, auch Freunde, die im Ausland leben ...), aufzählen und schrieb mit. Dieses Blatt hängten wir dann in seinem Zimmer auf. Später wurde daraus ein richtiges gerahmtes Bild mit einem bemalten Seidentuch und darauf eine Collage mit Fotos jeder Person. Die Erkenntnis, dass er sich trotz gefühltem „Verlust" des Vaters von einer Hängematte an Liebe getragen fühlen kann, half ihm sehr!

## Sag, wer wohnt bei dir?

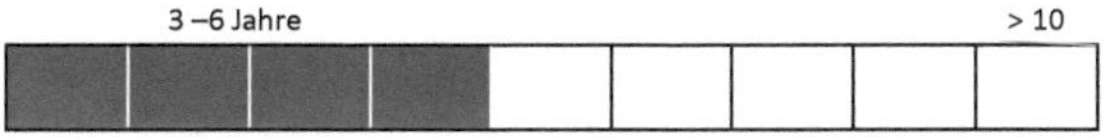

**Material:** Lied „Sag, wer wohnt bei dir?“ von der CD von Sonja Blattmann: „In mir wohnt eine Sonne“, mebes & noack

**Intention:** Kinder anregen, über verschiedene Familienformen zu sprechen – jede ist in Ordnung, jede kann sich auch wieder verändern.

**Anleitung:** Lied mit Kindern anhören; die Kinder erzählen, wer in ihrem Familiennest wohnt, und malen es.

## Ein Papa für Paula

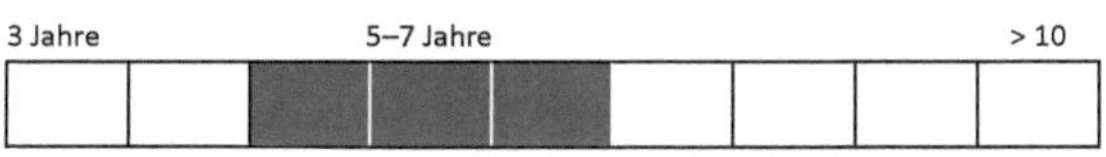

**Material:** Geschichte

**Intention:** In dieser Geschichte wünscht sich Paula sehnlichst einen Papa („wenigstens einen ‚Meckerpapa‘ oder einen ‚Fußballpapa‘, wie ihre Freundinnen ihn haben“), doch als die Mutter einen Mann nach Hause bringt, überwiegen bei Paula die Ängste. Ein sehr schönes Buch, das die innere Zerrissenheit des Kindes anspricht.

**Anleitung:** Buch mit Kindern lesen und darüber reden, wie es ihnen mit neuen Partnern der Eltern geht, welche Ängste sie hatten und ob sich diese mittlerweile aufgelöst haben. Welche Bedenken bestehen noch? Ideal ist diese Übung für eine Gruppe, wenn Kinder mit Stiefeltern anderen, die die neuen Partner der Eltern noch nicht kennen, ihre Erfahrungen mitteilen können.

*Nur manchmal träumt Paula von einem Papa. Das ist so. Eine Mama ist eben kein Papa. Und wenn es nur so ein Fernsehpapa wäre, wie Jule ihn hat, der nur nach Hause kommt, um ins Fernsehen zu gucken. Oder ein Fußballpapa, der fast noch mit dem Fußball ins Bett geht. Oder wenigstens ein Meckerpapa wie Anjas Papa. Doch Mama sagt, das ist ihr zu wenig.*
*Paula denkt: „Traumpapas gibt es nicht wirklich!" Und sie hat ja schließlich eine Mama! Aber eine Mama ist eben kein Papa!*
*An einem Mittag, als Mama noch im Gericht ist bei der Arbeit, da hat Paula eine Idee: „Ich mal mir", ruft sie, „ich mal mir einen Papa! Ich mal mir einen Papa und pinn ihn an die Wand!" Sie holt sich Pinsel und Farbe und Papier und malt: Einen tollen Papa, einen Traumpapa. Nur für sich will sie ihn haben. Einen mit braunen Locken und einem großen, schönen Gesicht. Die Nase ist ein bisschen groß und ein bisschen klein. Und einen Lachmund hat er. Aber nur an einer Seite, an der anderen ist der Mund ernst. Denn Papas lachen nicht immer. Das weiß Paula. Er bekommt noch eine Fliege und große, schöne Lauscherohren. Dann kann sie ihm viel erzählen. Paula findet ihren Papa schön! Er ist ein bisschen wie sie: mit den dunklen Haaren und dem Mund, der ein bisschen lacht und ein bisschen ernst ist. Und Paula hat ihren Papa an die Wand gepinnt. Aber was würde Mama sagen? „So ein Papa ist schließlich auch Mamasache – und einen Papa kann man nicht für sich alleine haben", hat Paula überlegt. Und sie hat den Papa innen an ihren Schrank geklebt, wo die Mama nicht so oft hinguckt.*
*Doch mit Mama ist etwas anders in letzter Zeit. Das sagt Paula. Da druckst Mama herum. „Weißt du", sagt sie, „weißt du", sagt sie noch mal, „ich hab' einen Freund."*
*Da schreit Paula und stampft mit dem Fuß. „Wir brauchen keinen Papa! Echt, brauchen wir nicht, und ich will keinen Papa", und sie rennt in ihr Zimmer. Bums, Tür zu – weg. „Ich will keinen Papa, damit du es weißt", schreit sie noch einmal und knallt die Tür wieder zu. „Wir brauchen keinen Papa!"*

*Dann denkt sie nach. Ist ja klar, sie ist jetzt Luft. Mama wird nur noch ihn sehen, den ollen Mondkopp. Und dann baut sie einen Wall hinter die Tür, einen Wall aus Federbett und Kissen, damit nie wieder einer hereinkommt! Vor allem nicht der Mondkopp. Und dahinter baut sie eine Mauer aus ihrem Tisch und den Stühlen, damit sie für immer allein bleiben kann. Auch die Wurstfinger sollen hier nicht herein! Und hinter die Mauer stellt sie das Puppenhaus und die Kasperlebühne und wirft all ihre Kleider drüber, damit keiner, keiner mehr durchkommt zu ihr. Besonders nicht der Spinatkopp. Und sie wird immer wütender und der Berg immer höher. Vor die Heizung unter dem Fenster baut sie sich eine Bude. Da will sie bleiben. Paula allein.*

*Als sie allein ist, für sich ganz allein, kann Paula ihr Herz pochen hören. Und ihre Tränen kann sie fühlen, die auf einmal kullern. Und plötzlich kommen alle ihre Geheimnisse hoch. Alles, was in ihr drinnen ist, läuft an ihr vorbei. Das Bild von ihrem geheimen Papa. Und von Mama und ihr, wie sie nachmittags immer gemütlich dasitzen und erzählen. Auch die Spiele mit Mama sind da und die Bilder vom Kastaniensammeln im Herbst-Raschel-Wald. Auch ihre Lehrerin ist da und Lena, ihre Freundin, und Ole, der blöde Nachbarsjunge, der immer die Zunge rausstreckt.*

*Wie ein großes Buch ist es in Paula. Aber das Buch macht sie jetzt zu. Es soll keiner mehr hinein, nicht der blöde Spinatkopp, das Mondgesicht. Basta.*

*Es klopft. Jemand drückt gegen die Tür. Aber der Wall ist davor. Licht fällt durch den Türspalt. Eine Hand kommt, die Wurstfinger. „Ich will keinen Papa!", ruft Paula. Sie hat Hunger, verflixten Hunger.*

*Jetzt guckt das Mondgesicht. „Ich will keinen Papa!", sagt Paula noch einmal und will etwas werfen. Doch da kommt der Spinatkopp, die Wurstfinger nehmen das Bett. Ganz langsam und vorsichtig legen sie es zur Seite. Er lächelt, der Spinatkopp. Echt. Er lächelt, und Paula hat Hunger und ist schon so lange allein. „Ich will keinen Papa", sagt Paula – doch sie sagt es jetzt leise.*

*Der Mondkopp schiebt langsam den Tisch zur Seite, danach die Stühle. Paula will etwas sagen – und tut es doch nicht. Sie schaut ihn an.*

*„Paul heiß' ich", sagt er und hebt die Kasperlebühne auf. Er kämpft sich weiter durch den hohen Berg, immer weiter zu Paula. Vorsichtig. Ein*

*Teil nach dem anderen nimmt er und legt es zur Seite. Behutsam. Jetzt ist er bei ihr. Er lächelt.*
*„Paul heißt du?" fragt sie. „Ich heiße Paula. Das finde ich witzig." Sie muss lachen. „Dann bist du fast mein Zwilling", sagt er und schaut sie an.*
*„Aber er ist ein blöder Mondkopp", denkt sie für sich und muss wieder lachen.*
*„Ein bisschen bin ich schon dein Zwilling", meint sie. „Ich dachte, dass du mit uns isst", sagt Paul. Paula schweigt, kneift die Lippen zusammen. Das heißt: „Ich will aber nicht." „Schade" lacht er. „Dann machen wir ...", sagt er. Und er dreht sich um. „Dann machen wir ...", sagt er, und er dreht sich noch einmal um. „Ja, was machen wir denn?" fragt Paula. Aber da ist er schon weg, der Mondkopp.*
*Auf einmal steht er wieder in der Tür und hat einen Korb in der Hand. „Das machen wir!", ruft er und wirft eine Decke auf den Boden, mitten ins Zimmer. „Wir machen ein Picknick. Picknickmachen ist das, was ich am allerliebsten mag ..."*
*„Da sind wir ja schon wieder Zwillinge", lacht Paula. „Picknickmachen ist nämlich das, was ich auch am aller-aller-allerliebsten mag."*
*Besonders, wenn es Kartoffelsalat gibt!" Und er reicht ihr einen Teller. „Und Würstchen!" Und sie gibt ihm ein Würstchen.*
*„An mich denkt ihr wohl gar nicht!", sagt Mama und setzt sich auf den Boden. Alle sitzen im Schneidersitz. Das ist schön, findet Paula. Sie beißt in ihr Würstchen. „Ein bisschen ist er doch ein Mondkopp", denkt sie, „aber ein gemütlicher. Vielleicht ist er aber auch eine gute Stachelbacke oder ein Brummbär."*
*(gekürzt aus: Elisabeth Zöller, Ein Papa für Paula. München: dtv junior 1992)*

## Puppenspiel

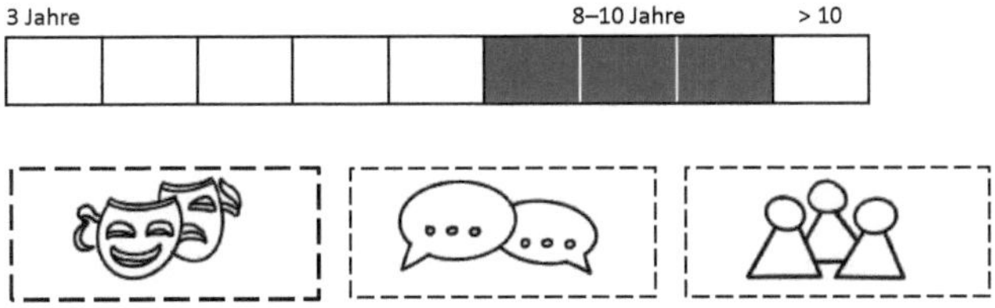


**Material:** Hand-/Fingerpuppen, Kärtchen mit Situationen

**Intention:** Über das Rollenspiel bringen die Kinder ihre eigene Problematik, über die sie sonst nicht reden können oder wollen, an die Oberfläche und haben so die Möglichkeit, von anderen Anregungen zu erhalten.

**Anleitung:** Kinder sollen mit Hand-/Fingerpuppen folgende Rollenspiele inszenieren oder sich selbst welche ausdenken:

- Deine Mutter erzählt dir, dass sie demnächst wieder heiraten möchte.
- Dein Vater hat kürzlich eine Frau mit drei Kindern geheiratet, die du noch nicht besonders gut kennst.
- Dein Vater/deine Mutter nimmt dich zu neuen Verwandten mit.
- Dein Vater/deine Mutter hat ein Rendezvous und du hast Angst, Teil einer Stieffamilie zu werden.

## Kerzenritual

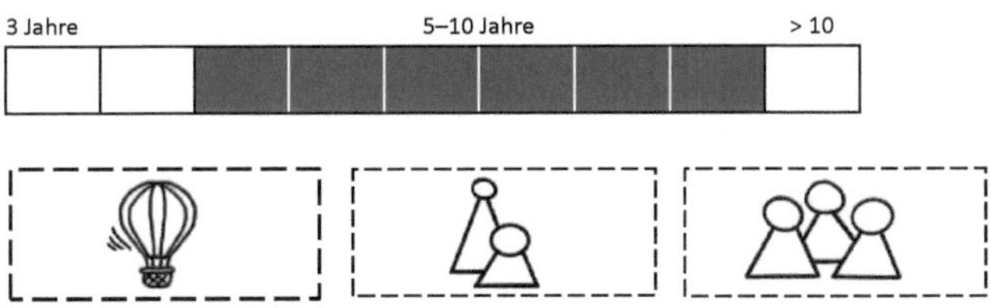


**Material:** Kerzen (oder Teelichter), Zündhölzer

**Intention:** Dieses Ritual ist eine Möglichkeit, Kindern im Stadium der „Überbrückung“ zu veranschaulichen, dass jeder Mensch mehreren Menschen gleichzeitig verbunden sein kann.

**Anleitung:** Eine Reihe von Kerzen wird benutzt, um all die Personen zu repräsentieren, die das Kind in seinem Leben geliebt hat. Vor dieser Reihe platziert man eine Kerze, um das Kind zu symbolisieren. Während zuerst diese Kerze angezündet wird, erklärt man, dass sie die Geburt des Kindes darstellt, als es mit der angeborenen Fähigkeit, Menschen zu lieben, auf die Welt kam. Als Nächstes zündet man die erste Kerze an, die die leibliche Mutter repräsentiert und erklärt, dass dies die erste Person war, die vom Kind geliebt wurde. Diese Prozedur wird der Reihe nach fortgeführt und für jede neue Situation, in die das Kind kam, beziehungsweise für jede neue Person, die geliebt wurde, wird eine Kerze angezündet. Sagen Sie dem Kind, dass es nicht notwendig ist, die Liebe zu einem Menschen auszulöschen, wenn jemand Neuer ins Leben dazukommt.
Diese Technik veranschaulicht dem Kind, das in einer neuen Familie leben wird, dass es ungefährlich ist, Kerzen anzuzünden für neue Familienmitglieder und diese zu lieben.
(nach: Ryan/Walker 2007, S. 80 f.)

### Familienaufstellung mit Fingerabdrücken

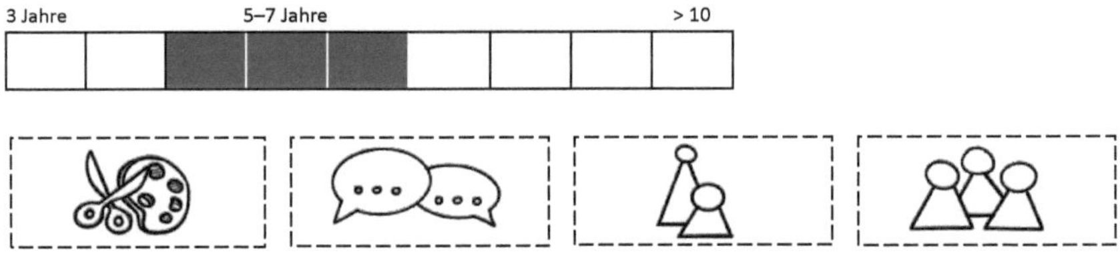


**Material:** Papier oder weißer A4-Karton, Buntstifte, Farben für Fingerabdrücke (zum Beispiel Wasserfarben)

**Intention:** Es geht dabei nur um ein Sichtbarmachen, wie sich das Kind selbst sieht (eingebettet in die Mitte oder abseits, weit weg von allen anderen oder sehr nahe bei jemandem; wer steht dem Kind besonders nahe?). Und sichtbar zu machen, wer alles zur Familie gehört oder dazugezählt werden darf.

**Anleitung:** Jedes Kind bekommt einen Bogen Papier und macht für jedes Familienmitglied (auch Haustiere und schon Verstorbene sind willkommen) einen Fingerabdruck; die Abdrücke können dann mit Buntstiften noch Haare, Hände, Beine etc. und ihre Namen bekommen.

### Schäfchen-Mobile basteln

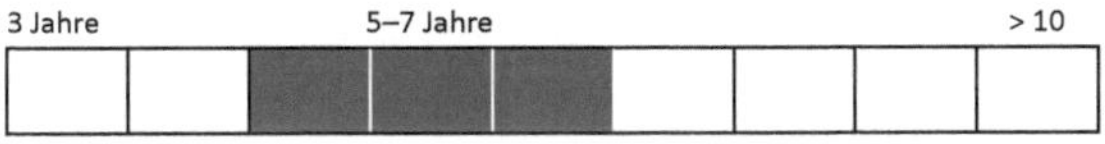

**Material:** je Kind zwei Holzstäbchen oder ein Kleiderbügel, Schere, Kartonschäfchen (in zwei Größen, s. S. 240), farbige Stifte, Schnur, Locher, Watte oder Aquarien-Filterwatte

**Intention:** Ziel dieser Übung ist es, sichtbar zu machen, wer für das Kind zur Familie gehört. Nicht ständig anwesende Elternteile oder Familienmitglieder behalten durch das stellvertretende Schäfchen einen Platz im Familiensystem. Ich habe auch oft beobachtet, dass Kinder mit Geschwistern nur für sich selbst und ihre Eltern Schäfchen basteln wollen. Auch das ist in Ordnung! Damit rückt sich das Kind symbolisch mehr in den Mittelpunkt der Eltern.

**Anleitung:** Die Kinder sollen die Schäfchen bemalen und mit Watte bekleben. Jedes Schäfchen steht für ein Familienmitglied und bekommt ein Loch mit einer unterschiedlich langen Schnur, die dann an dem Kleiderbügel oder Holzkreuz befestigt wird.

## Schmetterlingsfamilie basteln

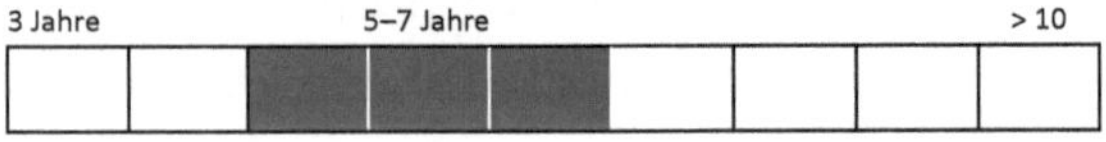

**Material:** Wellkarton, Klebstoff, Scheren, eventuell Glasaugen, Klebepunkte (Kopiervorlage s. S. 241)

**Intention:** Diese Übung hilft bei der Klärung, wer zur Familie gehört, welche Eigenschaften das Kind von wem hat und welche es individuell besitzt.

Die Symbolik der Schmetterlinge bietet auch die Möglichkeit, die Kinder darauf hinzuweisen, welche Wandlung Schmetterlinge durchmachen. Ebenso gibt es auch Situationen im Leben, die durch Trauer oder Hoffnungslosigkeit belastet sind, und doch geht es nach einiger Zeit wieder aufwärts.

**Anleitung:** Kinder basteln ihre Blumen-/Schmetterlingsfamilie aus Wellkarton; sie erklären dann, wer wer ist und welche Eigenschaften jeder hat. Sie zeichnen dafür die Flügel- und Körpervorlage auf den Wellkarton, schneiden beides aus, kleben die Augen und Flügel auf den Körper. Wer will, verziert noch die Flügel.

## Familienfragen

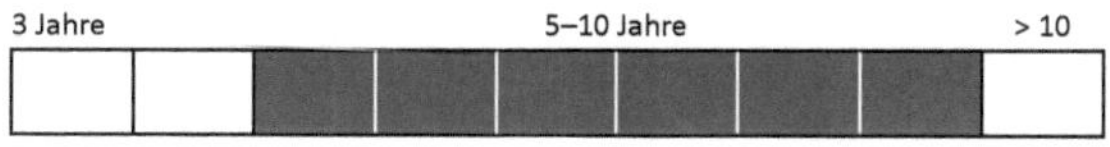


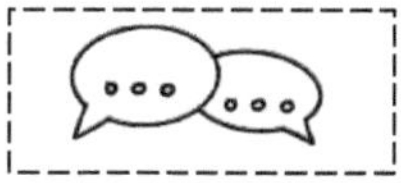

**Material:** Fragekarten, Behälter zum Ziehen der Karten

**Intention:** Diese Übung soll das Verständnis unterschiedlicher familiärer Rollen, Stärken und Systeme auf eine spielerische Weise bewusst machen und verstärken.

**Anleitung:** Die Karten mit den Fragen werden in einen Hut geworfen, und die Kinder ziehen sie abwechselnd heraus und beantworten sie oder stellen die Frage einem anderen Kind. Wenn ein Kind keine Antwort weiß, kann es versuchen, bis zu einem späteren Treffen eine Antwort zu finden, oder es gibt eine lustige, unsinnige Antwort. Am besten wird das Spiel mit einer lustigen Frage beendet – zum Beispiel „Wer trägt die lustigsten Socken?“. Mögliche Fragen:

- Wer in deiner Familie liest am meisten?
- Wer mag Tiere am liebsten?
- Wer hilft dir, wenn du traurig bist?
- Wer weiß am meisten über Autos?
- Wer ist der/die Stärkste?
- Wer steht morgens als Erster auf?
- Wer erzählt die lustigsten Geschichten?
- Wer lacht am lautesten?
- Wer putzt sich seine Zähne am längsten?
- Wer wird am schnellsten ärgerlich?
- Wer backt den besten Kuchen?
- Wer ist am meisten kitzelig?
- Wer schaut am meisten fern?

## Alles Familie

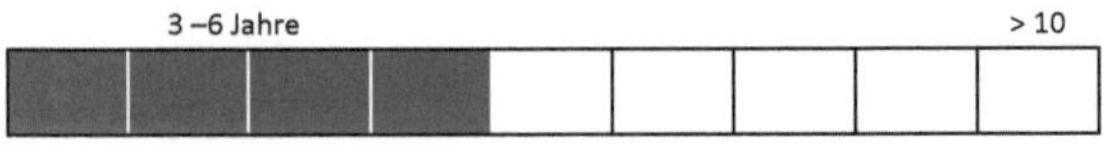

**Material:** Lied „Alles Familie" von der CD von Sonja Blattmann: „In mir wohnt eine Sonne", mebes & noack; Zeitschriften, Klebstoff, Scheren, Papier oder farbiger Karton

**Intention:** Mit Kindern über verschiedene Familienformen sprechen. Kinder sind gesellschaftlich immer noch stark geprägt, nur das klassische Vater-Mutter-Kind-Bild als „normal" anzuerkennen. Das Lied macht Mut, sich auf verschiedene Familienformen einzulassen, ohne eine dabei abzuwerten, und nachzuspüren, welche Lebensform im Moment die richtige für einen selbst ist.

**Anleitung:** Mit den Kindern das Lied öfter anhören, selbst mit ihnen singen und darüber sprechen, in welcher Familienkonstellation sie selbst gerade leben und welche Familienformen sie noch kennen (Pflegefamilien, Kinder, die bei Großeltern leben, Adoptivfamilien ...). Im Anschluss können die Kinder aus eigenen Familienfotos oder Zeitschriftenbildern Collagen zum Thema „Alles Familie" gestalten.

## Stadtmaus und Landmaus

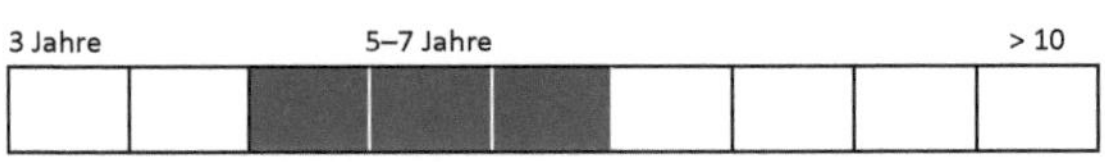

**Material:** Buch „Stadtmaus und Landmaus", 1998

**Intention:** Dieses Buch eignet sich hervorragend, um mit Kindern das Thema „unterschiedliche Wohnorte“ zu besprechen. Jedem Elternteil gefällt etwas anderes und jeder lebt in Zukunft so, wie es für ihn am besten passt und am angenehmsten ist. Das Kind muss für sich einen Weg finden, mit diesen Unterschiedlichkeiten zu leben.

**Anleitung:** Das Buch mit den Kindern lesen und die folgenden Fragen diskutieren:

- Kennt Ihr das Gefühl, dass Ihr euch darauf freut, jemanden zu besuchen und dann enttäuscht seid?
- Wie fühlt Ihr euch in anderen Wohnungen, z. B. bei Freunden oder Freundinnen? Alle Dinge sind an anderen Plätzen als zu Hause, riecht es dort auch anders?
- Was braucht Ihr, um euch „zu Hause“ zu fühlen?

### Wort-Scrabble

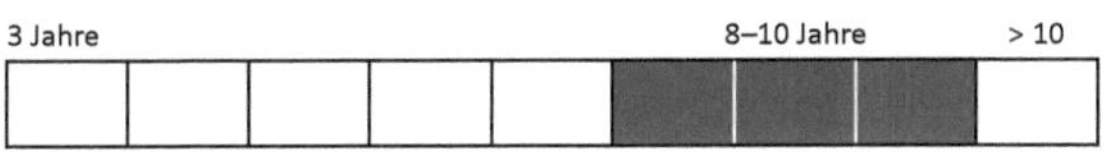

**Material:** Ein Bogen Papier pro Kind, farbige Stifte

**Intention:** Der Begriff „Familie“ kann positiv und auch negativ behaftet sein. Bei dieser Übung geht es darum, sichtbar zu machen, wie ein Kind seine Familie erlebt, und darum, eventuell von anderen Anregungen für eine positivere Sichtweise zu bekommen.

**Anleitung:** Jeder soll zu den Buchstaben des Wortes „Familie“ Eigenschaftswörter oder Begriffe, die für ihn/sie dazugehören, schreiben; anschließend Gespräch darüber, was unterschiedlich erlebt und was von vielen ähnlich erlebt wird.

### Wenn einer eine Reise tut …

3 Jahre 8–10 Jahre > 10

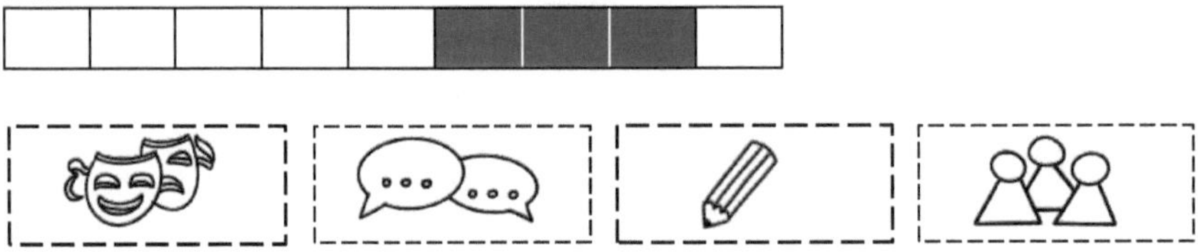

**Material:** Situationskarten, leere Reisetasche, Korb, kleiner Koffer oder Ähnliches, kleine Gepäck-Zettel (wer viel Liebe zum Detail in die Vorbereitung investieren möchte, kann z. B. die Koffervorlage verkleinern, auf braunen Karton kopieren und viele davon ausschneiden), Stifte

**Intention:** Das Thema „Umzug“ soll mit dieser Übung angesprochen werden. Die Kinder sollen herausfinden, was ihnen helfen kann, mit der veränderten Situation gut zurechtzukommen.

**Anleitung:** Auf Karten stehen verschiedene Situationen, die mit Reisen oder Übersiedeln zu tun haben. Ein Kind zieht eine Karte, liest sie vor und die anderen packen ihm hilfreiche Dinge ein (können auch immateriell sein). Diese werden einzeln auf Zettel geschrieben und in den Koffer, die Tasche, den Korb eingepackt. Das Kind darf dann die Tasche aufmachen, jedes „Geschenk“ vorlesen, das darin ist, und sagen, ob ihm das Eingepackte helfen würde.

### Familienaufstellung mit Muscheln

3 Jahre 4–10 Jahre > 10

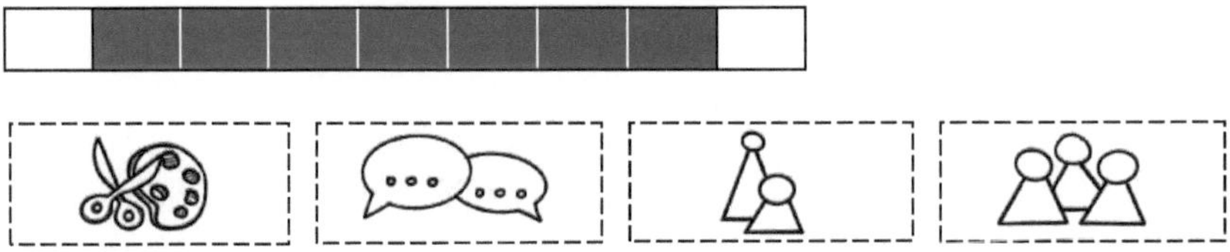

**Material:** Muscheln (auch verschiedene Knöpfe eignen sich gut!), A4-Karton, Buntstifte

**Intention:** Es geht dabei darum, sichtbar zu machen, wie sich das Kind selbst sieht (eingebettet in die Mitte oder abseits, weit weg von allen anderen oder sehr nahe bei jemandem; wer steht dem Kind besonders nahe?).
Diese Übung wird auch von sehr jungen Kindern sehr konzentriert gemacht! Sie hilft dem Kind, sich seines eigenen Platzes bewusster zu werden.

**Anleitung:** Jedes Kind sucht sich für sich und jedes Familienmitglied (auch Haustiere und Verstorbene miteinbeziehen!) je eine Muschel aus und legt diese entsprechend angeordnet (je nachdem wie nahe der/die Verwandte dem Kind steht) auf den Karton. (Wichtig: Konturen der Muscheln nachzeichnen und Namen hineinschreiben, damit man die Familie noch erkennen kann, wenn die Muscheln wieder weg sind, denn diese darf jedes Kind behalten!)

# Literatur und Empfehlungen für Bücher, Kartensets und CDs

Berenz, C./Fischer, K.: Verwirrend. Wenn Eltern sich scheiden lassen. In: Welt des Kindes 4/2001.

Bernadette: Stadtmaus und Landmaus. Nord-Süd-Verlag, Zürich 1998.

Bichsel, P.: Amerika gibt es nicht (Auszug). Aus: Ders.: Kindergeschichten. Suhrkamp, Frankfurt a. M. 1997.

Blattmann, S.: In mir wohnt eine Sonne. CD. mebes & noack

Botved, A./Gräßer, M./Hovermann, E.: Gefühle benennen mit Kindern und Jugendlichen. Kartenset mit 120 Bildkarten. Beltz, Weinheim und Basel 2016.

Brett, D.: Ein Zauberring für Anna. Therapeutische Geschichten für Kinder von 3–8 Jahren. Iskopress, Salzhausen 2000.

Canakakis, J.: Auf der Suche nach den Regenbogentränen. Bertelsmann, München 1994.

Carnavas P.: Die wichtigen Dinge. Carl-Auer, Heidelberg 2015.

Djurdjevic, B.: Theoretische Konzeptionen des Scheidungsprozesses; in: Werneck, H. u. S. (Hrsg.): Psychologie der Scheidung und Trennung. Facultas, Wien 2003.

Dowling, E./Gorell Barnes, G.: Working with children and parents through separation and divorce. Palgrave, London 2000.

Edition LebensTraum: Loslassen im Annehmen & vertraue deiner Trauer. Sequoy-ah, Gutenstein 1997.

Egger, R./Smolka-Woldan, A.: Zufallsküsse. Verlag Johannes Heyn, Klagenfurt 2012.

Friedl, J.: Trennung und Scheidung. Gesprächshilfen für Erzieherinnen in Kindergarten und Hort. Kaufmann, Lahr 2001.

Gottwald, C.: Trennung und Scheidung positiv bewältigen. Ueberreuter, Wien 2000.

Gräßer, M./Botved, A./Hovermann, E.: Gefühle-Memo. 30 Bildpaare für die therapeutische und pädagogische Arbeit mit Kindern und Jugendlichen. Beltz, Weinheim und Basel 2021.

Haller, M.: Kinder und getrennte Eltern. Wien 1996.

Harranth, W.: Michael hat einen Seemann. Jungbrunnen, Wien 1975.

Hobday, A./Ollier, K.: Helfende Spiele. Kreative Lebens- und Konfliktberatung von Kindern und Jugendlichen. Juventa, Weinheim und München 2006.

Hofer, M.: Ohne Väter geht es nicht. Dokumentation des Männerbüros der Katholischen Kirche Vorarlberg. Feldkirch 1998.

Hofer, M.: Kinder brauchen Väter. Söhne und Töchter über ihre Väter. Topas plus, Mainz 2001.

Jaede, W./Wolf, J./Zeller-König, B.: Gruppentraining mit Kindern aus Trennungs- und Scheidungsfamilien. Beltz, Weinheim und Basel 1996.

Kaltwasser, V.: Kartenset Achtsamkeit in der Schule. 60 Übungen für die Klasse. Beltz, Weinheim und Basel 2020.

Keyserlingk, L. von: Neue Wurzeln für kleine Menschen. Herder, Wien 1998.

Kübler-Ross, E.: Sterben lernen, leben lernen. Silberschnur, Güllesheim 1993.

Kübler-Ross, E.: Kinder und Tod. Kreuz, Stuttgart 1984.

Larson, R.: Schmetterlingssommer. Erika Klopp, München 1998.

Lenarz, J.: Ein gutes Gefühl. Gefühlstagebuch für Kinder. Ein guter Verlag, Berlin 2020.

Lionni, L.: Frederick. Beltz, Weinheim und Basel 2003.

Lobe, M./Weigel, I.: Das kleine Ich bin Ich. Jungbrunnen, Wien 2016.

Mangold, J.: Wir Eltern sind auch nur Menschen! Selbstmitgefühl zwischen Säbelzahntiger und Smartphone. Arbor, Freiburg 2018.

Mayer-Skumanz, L.: Jakob und Katharina. Herder, Wien 1989.

Müller, E.: Auf der Silberlichtstraße des Mondes. Fischer TB, Frankfurt a. M. 1996.

Nouwen, H. J. M.: In ihm das Leben finden. Einübungen. Herder, Freiburg 1996.

Nöstlinger, C.: Pauls/Susis geheimes Tagebuch. dtv Junior, München 1993.

Nöstlinger, C.: Anna und die Wut. Fischer Sauerländer, Frankfurt a. M. 1990.

Proksch, R.: Vermittlung; in: Menne K., Schilling H., Weber M. (Hrsg.): Kinder im Scheidungskonflikt, 2. Auflage. Juventa, Weinheim und München 1997.

Rossa, R./Rossa, J.: Gefühle-Monster-Mix. 64 Bildkarten + Booklet. Beltz, Weinheim und Basel 2018.

Ruhe, H. G.: Methoden der Biografiearbeit. Juventa, Weinheim und München 2009.

Ryan, T./Walker, R.: Wo gehöre ich hin? Biografiearbeit mit Kindern und Jugendlichen. Juventa, Weinheim und München 2007.

Schärer, K.: So war das! Nein, so! Nein, so! Atlantis, Zürich 2007.

Siegel D./Bryson T.: Achtsame Kommunikation mit Kindern. Zwölf revolutionäre Strategien aus der Hirnforschung für die gesunde Entwicklung Ihres Kindes. Arbor, Freiburg 2013.

Spangenberg, B.: Märchen für Scheidungskinder. Orac, Wien, München und Zürich 1996.

Strobach, S.: Mehr Zeit für mich! Eltern ohne Burnout. Goldegg, Wien 2007.

Teml, H. und H.: Komm mit zum Regenbogen (Originaltitel: Ein Verbündeter). Veritas, Linz 1998.

Vahle, F.: Der Himmel fiel aus allen Wolken. Beltz, Weinheim und Basel 1994.

Weinberger, S.: Kindern spielend helfen, 6. Auflage. Beltz Juventa, Weinheim und Basel 2015.

Werneck, H. u. S. (Hrsg.): Psychologie der Scheidung und Trennung. Facultas, Wien 2003.

Yamada, K.: Was macht man mit einem Problem? Adrian, Berlin 2018.

Zöller, E., Ein Papa für Paula. dtv junior, München 1996.

# Anhang: Kopiervorlagen

Alle Kopiervorlagen finden Sie auch als Online-Material (www.beltz.de) zum einfachen Ausdrucken. Sie kommen zu den Materialien, indem Sie auf die Seite des Titels gehen und den Link zu den Materialien anklicken.

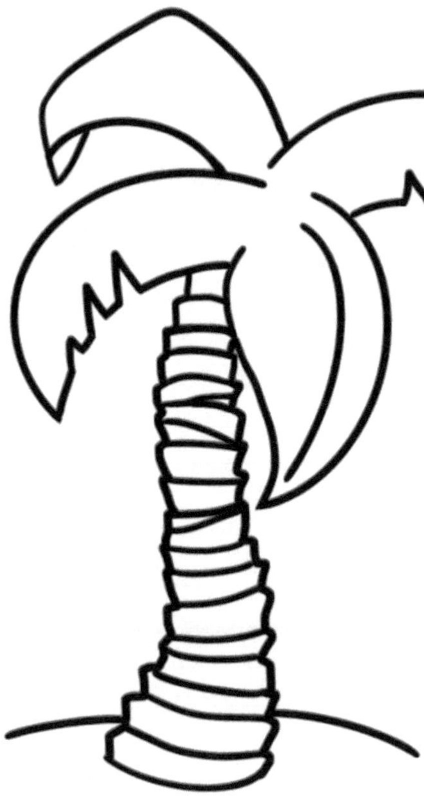

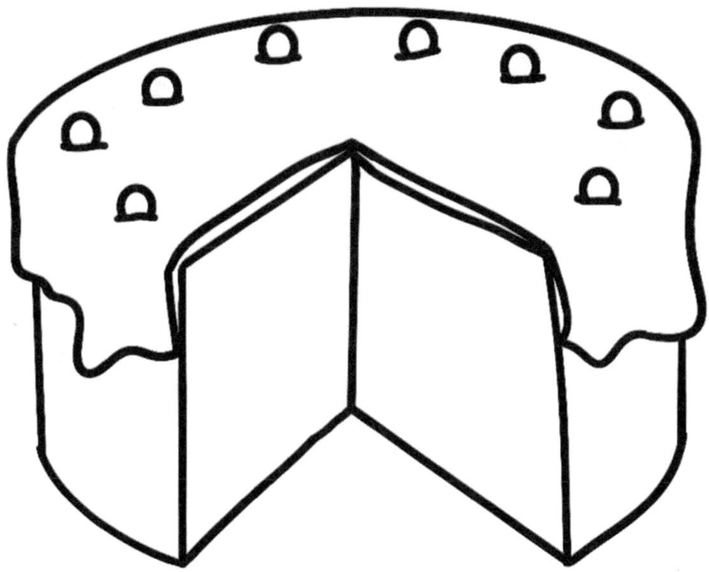

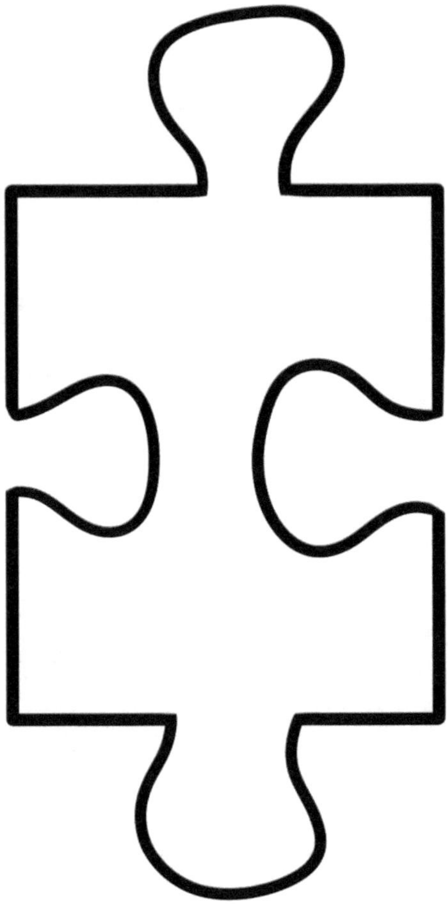

Wilma Weiß
**Philipp sucht sein Ich**
Zum pädagogischen Umgang mit Traumata
in den Erziehungshilfen
9. Aufl. 2021, 348 Seiten, broschiert
ISBN: 978-3-7799-6252-6
Auch als E-BOOK erhältlich

Nicole schnippelt, Jana kotet ein, Philipp missbraucht kleinere Jungen. In den Einrichtungen der Jugendhilfe und in Bildungseinrichtungen leben nicht wenige dieser Mädchen und Jungen. Sie brauchen Menschen an ihrer Seite, die solche Verhaltensweisen als mögliche Folgen traumatischer Lebenserfahrungen bewerten können und ihnen helfen, jene Erfahrungen und das daraus resultierende Verhalten zu verstehen und zu korrigieren. Ergänzend stellt die Autorin die Fachrichtung Traumapädagogik vor und diskutiert das schwierige Verhältnis von Pädagogik und Therapie aus der Sicht einer Pädagogin.

Zudem wird diese 9. Auflage bereichert durch eine um die Bedeutung des gemeinsamen Verstehens und die Anerkennung des Schmerzes weiterentwickelte Pädagogik der Selbstbemächtigung – »Traumapädagogik reloaded«.

www.beltz.de
Beltz Juventa · Werderstraße 10 · 69469 Weinheim